하나님의 사람은 어떻게 살아야 하는지를 보여주시고 담대하게 걸어가도록 길을 열어주신 홍정길 목사님께 이 책을 드립니다. 왕의 자녀로 사는 것이 얼마나 자랑스러운 것인지를 가르쳐 주셨습니다.

하정완 목사와 성경읽기

마태복음,

왕이신
예수 그리스도

하정완 목사와 성경읽기

마태복음, 왕이신 예수 그리스도

지은이 · 하정완
펴낸이 · 이충석
꾸민이 · 성상건
편집디자인 · 자연DPS

펴낸날 · 2016년 8월 16일
2쇄펴낸날 · 2022년 1월 10일
펴낸곳 · 도서출판 나눔사
주소 · (우) 10270 경기도 고양시 덕양구 푸른마을로 15
　　　301동 1505호
전화 · 02)359-3429　팩스 02)355-3429
등록번호 · 2-489호(1988년 2월 16일)
이메일 · nanumsa@hanmail.net

ⓒ 하정완, 2016

ISBN 978-89-7027-189-7-03230

값 12,000원
잘못된 책은 바꾸어 드립니다.

이 도서의 국립중앙도서관 출판예정도서목록(CIP)은 서지정보유통지원시스템 홈페이지
(http://seoji.nl.go.kr)와 국가자료공동목록시스템(http://www.nl.go.kr/kolisnet)에서 이용하실 수 있습니다.
(CIP제어번호 : CIP2016018586)

하정완 목사와 성경읽기

마태복음,

왕이신 예수 그리스도

하정완 | 지음

나눔사

성경을 읽어야 사람은 살 수 있다

"태초에 하나님이 천지를 창조하시니라"(창1:1)

'하나님이 세상을 창조하셨다.' 하나님이 만드셨습니다. 여기서 잊지 말아야 할 것은 창조 이전의 모습입니다. 창세기는 이렇게 기록하였습니다.

"땅이 혼돈하고 공허하며 흑암이 깊음 위에 있고 하나님의 영은 수면 위에 운행하시니라"(창1:2)

하나님이 창조하시기 전 세상의 진실은 상상할 수 없는 혼란이었고, 어둠이었고, 절망이었습니다. 아무 것도 없었던 완벽한 카오스였습니다. 이 모습이 세상이었습니다.

그런데 우리도 이 세상의 일부였습니다. 창세기 2장에 나오는 하나님이 사람을 창조하시는 장면에서 우리의 근거가 기술되는 것을 알 수 있습니다.

"여호와 하나님이 땅의 흙으로 사람을 지으시고"(창2:7)

여기에서 "흙"이라는 말로 사용된 히브리어 '아파르'는, 단순한 흙이 아니라 '찌꺼기 더미'라는 뜻입니다. 그것이 혼돈과 공허한 것의 내용입니다. 우리의 본질적인 모습입니다.

'세상의 본질, 사람의 근거는 허무와 혼돈, 무지와 사악 그리고 무질서, 결핍과 공허였다.' 이것이 창세기가 말하고 있는 이 세상과 사람의 뿌리입니다. 한마디로 말해서 'nothing' 아무 것도 아니었습니다. 그런데 그 같은 허무와 공허에서 하나님이 창조하신 것입니다. 이 창조의 핵심은 말씀이었습니다.

"하나님이 이르시되 빛이 있으라 하시니 빛이 있었고... 그대로 되니라"(창1:3,7)

'빛이 있으라 하시니 빛이 있었다.' 세상이 바뀐 것입니다. 혼돈과 어둠이 밝혀진 것입니다. 그러나 중요한 것은 빛이 생긴 것이 아니라, 빛의 원인이 바로 하나님이 말씀하신 것에서 시작되었다는 것입니다. 하나님이 혼돈과 무질서한 세상에 말씀으로 질서를 두신 것입니다. 이 아름다운 창조를 요한복음은 이렇게 기록하였습니다.

"태초에 말씀이 계시니라 이 말씀이 하나님과 함께 계셨으니 이 말씀은 곧 하나님이시니라 그가 태초에 하나님과 함께 계셨고 만물이 그로 말미암아 지은 바 되었으니 지은 것이 하나도 그가 없이는 된 것이 없느니라"(요1:1-3)

창조의 핵심은 말씀이었습니다. 말씀으로 세상을 창조하신 것입니다. 말씀, 곧 성경이 중요한 이유입니다. 우리가 성경을 읽어야 하는 이유입니다. 말씀하는 순간 세상은 공허에서 질서가 잡혔고, 혼돈에서 소망이 생겼고, 죽음에서 생명이 드러났기 때문입니다. 그것이 창세기 1장이 말하고 있는 내용입니다.

"하나님이 이르시되 빛이 있으라 하시니 빛이 있었고"(창1:3)

그러므로 크리스천은 무조건 하나님의 말씀, 곧 성경으로 살아야 합니다. 더욱이 우리의 본질은 혼돈과 공허함이었기 때문입니다. 오로지 성경만이 우리를 다시 새롭게 빚으시고 창조하실 것이기 때문입니다. 성경을 읽어야 사람이 살 수 있는 결정적인 이유입니다. 성경 없이 우리가 살 길은 없기 때문입니다.

성경 66권 전부를 읽고 묵상하는 것은 모든 크리스천의 로망입니다. '하정완 목사와 성경읽기' 시리즈는 그 같은 로망에 대한 개인적인 응답이자 한국 교회와 함께 하고 싶은 열망이기도 합니다.

이 근사한 성경읽기를 할 수 있었던 것은 꿈이 있는 교회라는 토양 때문입니다. 그래서 꿈이있는교회와 staff들 특히 원고를 정리해준 김유빈 전도사에게 감사를 드리며, 동시에 이 같은 출간을 흔쾌히 받아주신 나눔사 성상건 장로님과 직원들에게도 감사를 드립니다. 그러나 무엇보다 나의 신앙의 큰 지원자인 아내 서은희와 나의 주 하나님께 감사를 드립니다.

성서 한국을 꿈꾸며
하정완 목사

책 사용 가이드

'하정완 목사와 성경읽기' 시리즈는 성경을 읽되 가능한 깊이 묵상하며 읽는 것을 돕기 위하여 만들어졌습니다. 단순 통독이 아니라 깊은 묵상을 할 수 있도록 준비하였습니다.

1. 가능한 성경 본문을 읽고 생각하십시오.

가장 좋은 방법입니다. 제시된 성경 본문을 먼저 읽는 것입니다. 그리고 자신에게 주신 단어 혹은 구절에 대한 느낌을 꼭 적으시기 바랍니다.

2. 성경을 읽지 않아도 묵상할 수 있게 배려했습니다.

매우 성경 중심으로 글을 썼기 때문입니다. 비록 성경을 읽지 못한 상태로 읽어가도 충분히 이해할 수 있도록 성경을 인용하였습니다.

3. 묵상일기를 남기십시오.

반드시 글을 읽고 난 후에 '묵상' 란에 오늘 말씀을 통하여 깨닫게 된 것을 한 줄이라도 남기셔야 합니다. 일종의 묵상일기입니다.

4. 전체를 이어서 읽어도 됩니다.

매일 한 개씩 읽으면서 진행해도 되지만 전체를 이어 읽으면서 성경을 묵상하는 것도 좋은 방법입니다.

'성경 66권을 묵상하면서 읽다!'
이것이 목표입니다.

::차례::

서문 : 성경을 읽어야 사람은 살 수 있다   06
책 사용 가이드   09

제1부   나사렛 예수   17

사복음서의 시작 (1:1)   18
예외는 없다 (1:2–11)   20
남자 요셉 (1:12–20)   22
우리와 함께 계시다 (1:21–25)   24
예수를 먹는다 (2:1–12)   26
마음대로 즐길 수 없는 크리스마스 (2:13–18)   28
나사렛 예수 (2:19–23)   30
기본(基本) (3:1–6)   32
회개에 합당한 열매 (3:7–12)   34
하나님의 아들, 고난 받는 종 (3:13–17)   36
하나님의 아들이어도 (4:1–4)   38
하나님 나라는 과시가 아니다 (4:5–7)   40
영적 전쟁 (4:8–11)   42
Radical Discipleship (4:12–22)   44

제2부   하나님 나라의 윤리   47

하나님 나라가 이루어지다 (4:23–25)   48
마음이 가난한 자 (5:1–3)   50
슬퍼하는 자 (5:4)   52
온유한 자 (5:5)   54
의에 주리고 목마른 자 (5:6)   56
긍휼히 여기는 자 (5:7)   58
마음이 깨끗한 자 (5:8)   60
화평하게 하는 자 (5:9)   62
의를 위하여 박해를 받는 자 (5:10–12)   64
소금과 빛 (5:13–16)   66
윤리적으로도 우월해야 한다 (5:17–20)   68
바리새인보다 더 낫다는 뜻 (5:21–26)   70
어느 누구도 피할 수 없다 (5:27–32)   72
단순하고 정직하게 진정성을 가지고 (5:33–37)   74
네게 꾸고자 하는 자에게 (5:38–42)   76
하나님의 자녀라면 (5:43–48)   78

제3부 하나님 말씀대로   81

사람에게 하는 기도 (6:1–6)   82

하나님에게 하는 기도 (6:7–15)   84

돈을 섬기는 신앙 (6:16–24)   86

하나님이 나의 아버지시다 (6:24–26)   88

믿음의 문제이다 (6:27–34)   90

다른 사람을 판단할 때 (7:1–6)   92

예외 없는 무조건적 응답의 이유 (7:7–12)   94

좁은 길의 아름다움 (7:13–14)   96

무엇을 향하는지를 주의하라 (7:15–20)   98

내가 너희를 도무지 알지 못한다 (7:21–23)   100

하나님 말씀대로 살자 (7:24–29)   102

제4부 하나님의 시선   105

주님은 원하신다 (8:1–4)   106

믿음이 희귀해지다 (8:5–13)   108

외롭지만 행복하다 (8:14–22)   110

모든 것은 믿음의 문제 (8:23–27)   112

예수에게 사로잡히는 것 (8:28–34)   114

믿음의 아름다움 (9:1–8)   116

부르심의 무차별성 (9:9–13)   118

금식의 윤리 (9:14–17)   120

일방적인 소원에도 (9:18–26)   122

대단한 축복 (9:27–34)   124

주님의 시선 (9:35–38)   126

제5부 　구원의 충분성　129

우리가 기도할 때 (10:1–8)　130

사역자의 자유함 (10:9–15)　132

구원의 충분성 (10:16–23)　134

주님에게 속하여 있는 존재 (10:23–33)　136

어떤 가치보다 큰 가치 (10:34–39)　138

나는 아름답습니까? (10:40–42)　140

복음이 훼손되지 않는 이유 (11:1–11)　142

죄인과 세리의 친구 (11:12–19)　144

나는 성숙한 신앙을 가지고 있는가? (11:20–24)　146

나는 어떤 삶을 살고 있는가? (11:25–30)　148

제6부 　편견과 배척　151

사람이 중요하다 (12:1–8)　152

안식일이 괴물로 변하다 (12:9–21)　154

용서 받을 수 없는 타락 (12:22–32)　156

내가 보이다 (12:33–37)　158

악하고 음란한 세대 (12:38–45)　160

가족으로 부르시다 (12:46–50)　162

근본에 관한 문제 (13:1–9)　164

놀라운 은혜 (13:10–17)　166

나의 귀는 열려 있는가? (13:18–23)　168

매일 먼지를 쓸고 정리하고 (13:24–30)　170

말씀으로 채워지고 있는가? (13:31–43)　172

하나님 나라를 위한 대가 (13:44–46)　174

편견과 배척 (13:47–58)　176

제7부	믿음의 절박함	179
	책임을 느끼는 것만큼 (14:1–21)	180
	우리는 언제나 자유하다 (14:22–36)	182
	성경 말씀이 중요하다 (15:1–9)	184
	마음이 사람을 더럽힌다 (15:10–20)	186
	믿음의 절박함 (15:21–28)	188
	믿음이 근사하지 않은가? (15:29–39)	190
	믿음의 의지가 있는가? (16:1–4)	192
	떡의 문제가 아니었다 (16:5–12)	194
	이 고백이 나의 고백인가? (16:13–20)	196
	비로소 수준이 되다 (16:16–21)	198
	인간적인 너무나도 인간적인 (16:22–28)	200

제8부	오직 예수 그리스도	203
	오직 예수 그리스도 (17:1–13)	204
	믿음이 약해질 수 있다 (17:14–21)	206
	초연하신 주님 (17:22–18:1)	208
	어린 아이와 같다는 의미 (18:2–11)	210
	시선(視線) (18:12–14)	212
	죄에 대한 권면 절차 (18:15–20)	214
	마음의 문제 (18:21–35)	216
	몸을 나누는 행위 (19:1–12)	218
	하나님의 부자 (19:13–22)	220
	좋은 부자 (19:23–30)	222
	기분이 어떻습니까? (20:1–16)	224
	제대로 알고 있습니까? (20:17–28)	226
	간절함이 있든지 따름이 있든지 (20:29–34)	228

| 제 9 부 | 변형될 위험성 | 231 |

변형될 위험성 (21:1–11) 232
기도할 수 있는 것은 축복이다 (21:12–17) 234
녹슨 무기, 기도 (21:18–22) 236
공격1 : 두 아들 비유 (21:23–32) 238
공격2 : 포도원 농부 비유 (21:33–46) 240
공격3 : 혼인 잔치 비유 (22:1–14) 242
헤롯당의 공격 (22:15–22) 244
사두개파의 공격 (22:23–33) 246
율법사의 공격 (22:34–40) 248
논쟁의 끝 (22:41–46) 250
형제라 하라 (23:1–12) 252

| 제 10 부 | 종말론 특강 | 255 |

독설(毒舌)1 : 화 있을진저 (23:13–25) 256
독설(毒舌)2 : 뱀들아 독사의 새끼들아 (23:25–33) 258
독설(毒舌)3 : 예루살렘아 예루살렘아 (23:34–24:2) 260
종말론 특강1 : 미혹 (24:3–5,23–28) 262
종말론 특강2 : 불법 (24:6–22) 264
종말론 특강3 : 그 날과 그 때 (24:29–43) 266
종말론 특강4 : 지금의 문제 (24:44–51) 268
종말론 특강5 : 기다림의 행복 (25:1–13) 270
종말론 특강6 : 태도 (25:14–30) 272
종말론 특강7 : 적극적인 선 (25:31–40) 274
종말론 특강8 : 무관심의 악 (25:41–46) 276

제 11 부 한 시간의 영성   279

긴장의 신앙 (26:1-5,14-16)   280
누구와 아무 (26:6-13)   282
나를 믿을 수 없다 (26:17-24)   284
나는 아니지요? (26:25-30)   286
인간적이신 주님 (26:31-38)   288
한 시간의 영성 (26:36-40)   290
주를 위해 살 수 있을까 (26:40-46)   292
기막히신 주님 (26:47-56)   294
가볍거나 무지하거나 (26:57-68)   296
저주에 대한 다른 해석 (26:69-75)   298
멋있지만 아쉬운 (27:1-10)   300

제 12 부 아름다운 예수   303

악 자체가 되다 (27:11-22)   304
빌라도, 타협하는 순간 (27:23-31)   306
구레네 시몬, 억지로 (27:32)   308
저들이 몰랐던 것 (27:33-43)   310
강도가 갑자기 (27:44)   312
아름다운 예수 (27:45-56)   314
그도 제자였다 (27:57-66)   316
평생 부끄러웠을 것이다 (28:1-10)   318
플랜 B, 성공한 것입니까? (28:11-15)   320
주님, 고맙습니다 (28:16-20)   322

마태복음 이야기 : 왕이신 예수 그리스도   324

제1부

나사렛 예수

사복음서의 시작

* Lexio 읽기 / 마태복음 1:1

가능하면 오늘의 본문을 먼저 읽는 것이 좋지만 바로 아래 글을 읽어도 좋습니다. 충분히 본문을 이해하도록 배려하며 글을 썼습니다. 혹시 본문을 읽으신 분은 감동이 오는 말씀이나 단어 혹은 느낌을 간단히 적으시면 좋습니다.

"아브라함과 다윗의 자손 예수 그리스도의 계보라"(마1:1)

마태복음의 시작입니다. 마태는 구약의 주요한 두 인물인 아브라함과 다윗의 자손으로 예수의 계보를 기술합니다. 이 같은 시작은 다른 복음서들의 시작과 분명히 다릅니다.

우선 마가복음은 복음에 대한 관심으로 시작합니다. 그런 까닭에 마가복음 1장은 이사야 예언의 성취로 세례 요한을 기록하고 예수 그리스도의 세례와 광야, 그리고 제자들을 부르시는 기사로 매우 긴박하게 전개됩니다.

"하나님의 아들 예수 그리스도의 복음의 시작이라"(막1:1)

반면에 누가복음은 데오빌로 각하라는 수신인을 밝혔듯이 이방인들에게 초점을 맞추어 시작합니다.

"우리 중에 이루어진 사실에 대하여 처음부터 목격자와 말씀의

일꾼 된 자들이 전하여 준 그대로 내력을 저술하려고 붓을 든 사
람이 많은지라"(눅1:1-2)

그런 까닭에 이어지는 3장에서 족보를 기술할 때에도 누가복음은 마
태복음처럼 아브라함과 다윗에 중심을 두기보다는 아브라함을 넘어 하
나님에게 초점을 둡니다. 즉 모든 사람이 하나님에게서 비롯되었다는
것을 말하기 위한 의도임을 알 수 있습니다.

"그 위는 에노스요 그 위는 셋이요 그 위는 아담이요 그 위는 하
나님이시니라"(눅3:38)

반면에 요한복음은 당시 헬라 철학의 영향과 영지주의적 경향 앞에
변증하는 입장으로 출발합니다. 그래서 첫 시작이 로고스론에 대한 것
이었습니다.

"태초에 말씀이 계시니라 이 말씀이 하나님과 함께 계셨으니 이
말씀은 곧 하나님이시니라"(요1:1)

이 같이 각 복음서의 출발을 볼 때 마태복음은 다릅니다. 분명히 아
브라함과 다윗을 말함으로 그 중심이 정확하게 유대인들에게 초점되고
자 했음을 알 수 있습니다. 그런 까닭에 신학자들은 마태복음을 유대인
들을 위한 교리 교과서와 같은 책으로 규정합니다.

'네 가지 복음서의 시작을 읽으면서 당신은 어떤 생각이 드십니까?'

* Meditatio 묵상
오늘 말씀을 통하여 깨닫게 된 것을 짧게 적어보십시오.

예외는 없다

* Lexio 읽기 / 마태복음 1:2-11
가능하면 오늘의 본문을 먼저 읽는 것이 좋지만 바로 아래 글을 읽어도 좋습니다. 충분히 본
문을 이해하도록 배려하며 글을 썼습니다. 혹시 본문을 읽으신 분은 감동이 오는 말씀이나
단어 혹은 느낌을 간단히 적으시면 좋습니다.

"아브라함과 다윗의 자손 예수 그리스도의 계보라"(마1:1)

믿음의 조상 아브라함과 약속된 메시야의 근원인 다윗의 계보를 기록하는 것은 매우 중요합니다. 그리고 그 계보의 결론은 예수 그리스도에 이르게 됩니다.

이 같은 계보를 기술하면서 마태복음은 모든 세대를 다 기록하지 않고 아브라함부터 시작하여 예수에 이르기까지 매우 중요한 시점을 기준으로 세 부분으로 나눴습니다.

첫 부분의 14대는 아브라함으로부터 이새까지 이어집니다. 두 번째 부분은 다윗으로부터 시작하여 이스라엘의 멸망까지, 그리고 마지막 세 번째 부분은 바벨론 포로 이후부터 예수까지로 구분하였습니다. 여기서 우리는 계보가 이스라엘의 역사와 함께 하고 있음을 알 수 있습니다. 계보, 족보가 매우 중요하기 때문입니다.

그런데 족보에 이상한 기록이 등장합니다. 정서상 언급이 불필요한

여성들이 족보에 등장하는 것입니다. 그것도 단순한 등장이 아니라 치명적인 등장이었습니다.

다말(마1:3, 창38:6)은 야곱의 아들 유다의 며느리였습니다. 유다의 아들들이 다 죽은 일 때문이지만 시아버지와 동침하여 후손을 이은 여인입니다.

라합(마1:5, 수2:1)은 여호수아가 가나안을 정복할 때 정탐꾼을 숨겨주긴 하였어도 가나안 여인이면서 동시에 기생이었습니다.

우리야의 아내(마1:6, 삼하11:3)는 우리가 잘 아는 여인 밧세바입니다. 다윗과 동침한 간음한 여인이었습니다.

자랑스러운 사람만 쓰기에도 부족한 족보를 쓸 때 수치스러운 여인들을 기록한 것은 의외입니다. 그렇다면 의도가 있었던 것입니다. 감추고 싶은 것을 오히려 드러냄으로 말하고 싶은 의도가 있었다고 밖에 달리 할 말이 없습니다.

'감추고 싶지 않았던 것입니다. 그들도 하나님의 자녀들 이었던 것입니다. 하나님의 구원사역에는 예외적 존재가 없다는 뜻이기도 합니다. 어떤 느낌이 드십니까?'

---

* Meditatio 묵상
오늘 말씀을 통하여 깨닫게 된 것을 짧게 적어보십시오.

남자 요셉

* Lexio 읽기 / 마태복음 1:12-20

가능하면 오늘의 본문을 먼저 읽는 것이 좋지만 바로 아래 글을 읽어도 좋습니다. 충분히 본
문을 이해하도록 배려하며 글을 썼습니다. 혹시 본문을 읽으신 분은 감동이 오는 말씀이나
단어 혹은 느낌을 간단히 적으시면 좋습니다.

> "야곱은 마리아의 남편 요셉을 낳았으니 마리아에게서 그리스도
> 라 칭하는 예수가 나시니라"(마1:16)

다말, 라합, 우리야의 아내 밧세바에 이어 최종적으로 등장하는 여인
이 예수의 어머니 마리아입니다. 위험한 시각이지만 세상의 눈으로 볼
때 마리아는 미혼모입니다. 세상이 이해하지 못하는 동정녀 마리아를
통하여 예수가 이 세상에 태어나신 것입니다.

또 한 가지 주의할 것이 있는데, 우리는 일반적으로 예수 탄생을 말
할 때 관심이 언제나 예수와 마리아에게 집중되어있습니다. 아버지 요
셉은 놓칩니다.

아버지 요셉을 놓치는 것은 뭔가 문제가 있습니다. 우리가 지금까지
살폈듯이 마태복음에 기록된 것이 족보이기 때문입니다. 분명히 예수
의 할머니들인 여성들이 중요하지만 전체 흐름의 중심은 아닙니다. 오
히려 다말, 라합 그리고 밧세바와 관련된 인물들은 유다, 보아스, 다윗

인데, 이들은 이스라엘 역사의 매우 중심적인 인물들이기 때문입니다.

요셉 역시 그 정도의 눈높이에서 볼 필요가 있습니다. 요셉의 역할론입니다. 만일 요셉이 동의하지 않았거나 요셉이 마리아를 버렸다면 예수의 탄생은 매우 복잡한 국면으로 들어섰을 것입니다. 하지만 선한 요셉은 "그를 드러내지 아니하고 가만히 끊고자"(마1:19) 하였습니다. 물론 천사가 꿈에 요셉에게 말하였지만 요셉은 그 기막힌 이야기를 받아들인 것입니다. 상상할 수 없는 결정이었습니다.

"주의 사자의 분부대로 행하여 그의 아내를 데려왔으나 아들을
낳기까지 동침하지 아니하더니 낳으매 이름을 예수라 하니라"
(마1:24-25)

예수 탄생에는 선한 요셉이 있었던 것입니다. 바로 아브라함과 다윗의 계보를 잇는 사람이 요셉이었습니다. 어쩌면 마리아보다 더 중요할 수 있습니다. 마태복음은 그 사실을 지적하고 있는지도 모릅니다. 아브라함과 다윗 계보의 남자 요셉 말입니다. 그러니까 요셉은 성령의 설명에도 반응할 수 있는 뿌리 깊은 계보의 남자였던 것입니다.

'뿌리, 계보는 속일 수 없습니다. 믿음의 뿌리를 세우는 것은 중요합니다. 그렇지 않습니까?'

* Meditatio 묵상
오늘 말씀을 통하여 깨닫게 된 것을 짧게 적어보십시오.

우리와 함께 계시다

* Lexio 읽기 / 마태복음 1:21-25
가능하면 오늘의 본문을 먼저 읽는 것이 좋지만 바로 아래 글을 읽어도 좋습니다. 충분히 본문을 이해하도록 배려하며 글을 썼습니다. 혹시 본문을 읽으신 분은 감동이 오는 말씀이나 단어 혹은 느낌을 간단히 적으시면 좋습니다.

"주의 사자가 현몽하여 이르되 다윗의 자손 요셉아 네 아내 마리아 데려오기를 무서워하지 말라 그에게 잉태된 자는 성령으로 된 것이라"(마1:20)

"다윗의 자손 요셉아." 요셉은 보통 계보의 사람이 아니었습니다. 아름다운 남자 요셉이었습니다. 이 거룩하고 멋있는 남자 요셉에게 주의 사자가 말하는 내용은 감당할 수 없을 만큼 놀라운 것이었습니다. 그것은 하나님이 이 세상의 고통과 죄의 문제를 해결하고 구원할 방법으로 당신의 아들 예수를 이 세상에 보내시겠다는 계획이었습니다.

"아들을 낳으리니 이름을 예수라 하라 이는 그가 자기 백성을 그들의 죄에서 구원할 자이심이라 하니라"(마1:21)

예수와 함께 하는 구원사역에 담긴 하나님의 메시지는 "임마누엘", 곧 하나님이 우리와 함께 계신다는 것이었습니다.

"보라 처녀가 잉태하여 아들을 낳을 것이요 그의 이름은 임마누

엘이라 하리라 하셨으니 이를 번역한즉 하나님이 우리와 함께 계
시다 함이라"(마1:23)

"우리와 함께 계시다." 여기서 우리가 기억해야 할 것이 있습니다.
바로 주님께서 함께 하심의 방향성에 고통 당하는 자들이 있다는 점입
니다. 그 같은 주님의 마음은 나사렛 회당에서 이사야 선지자의 말씀을
인용하여 설명할 때 드러납니다.

"주의 성령이 내게 임하셨으니 이는 가난한 자에게 복음을 전하
게 하시려고 내게 기름을 부으시고 나를 보내사 포로 된 자에게
자유를, 눈 먼 자에게 다시 보게 함을 전파하며 눌린 자를 자유롭
게 하고 주의 은혜의 해를 전파하게 하려 하심이라"(눅4:18-19)

분명히 모든 사람을 구원하는 것이 주님의 메시야 사역이지만 고통
당하는 자들을 우선적으로 품고 계셨다는 사실을 놓쳐서는 안 됩니다.
그런 점에서 우리와 우리 교회들이 어떻게 하고 있는지를 돌아보는 것
은 중요합니다.

'하나님이 우리와 함께 하시는 것은 분명하지만 "우리"가 누구인지를
간과해서는 안 될 것입니다.'

* Meditatio 묵상
오늘 말씀을 통하여 깨닫게 된 것을 짧게 적어보십시오.

예수를 먹는다

* Lexio 읽기 / 마태복음 2:1-12
가능하면 오늘의 본문을 먼저 읽는 것이 좋지만 바로 아래 글을 읽어도 좋습니다. 충분히 본
문을 이해하도록 배려하며 글을 썼습니다. 혹시 본문을 읽으신 분은 감동이 오는 말씀이나
단어 혹은 느낌을 간단히 적으시면 좋습니다.

"보라 처녀가 잉태하여 아들을 낳을 것이요 그의 이름은 임마누
엘이라 하리라 하셨으니 이를 번역한즉 하나님이 우리와 함께 계
시다 함이라"(마1:23)

"우리와 함께 계시다"라는 말씀을 설명할 때 예수님의 출생지인 '베
들레헴'을 언급하는 것만큼 명쾌한 것은 없습니다. 우선 예수가 베들레
헴에서 태어나실 것은 이미 이사야와 미가 선지자의 예언에 드러나 있
었습니다. 그것을 동방박사들의 등장에 소란을 떨며 헤롯의 명령을 받
은 모든 대제사장과 서기관들이 찾아냅니다.

"이르되 유대 베들레헴이오니 이는 선지자로 이렇게 기록된 바
또 유대 땅 베들레헴아 너는 유대 고을 중에서 가장 작지 아니하
도다 네게서 한 다스리는 자가 나와서 내 백성 이스라엘의 목자
가 되리라 하였음이니이다"(마2:5-6)

예수님이 태어나신 곳, '베들레헴'의 히브리어 뜻은 '떡집'입니다. 상

징적으로 말하면 예수님은 우리를 살리는 떡, 곧 양식으로 오신 것입니다. 주님도 요한복음에서 같은 말씀을 하셨습니다.

> "내가 곧 생명의 떡이니라... 내 살을 먹고 내 피를 마시는 자는
> 영생을 가졌고 마지막 날에 내가 그를 다시 살리리니 내 살은 참
> 된 양식이요 내 피는 참된 음료로다"(요6:48,54-55)

그래서 주님은 잡히시기 전 날 밤에 제자들과 함께 유월절 만찬을 하시며 직접적으로 떡을 떼시고 포도주를 나누시면서 분명한 당신의 의지, 하나님의 마음을 전하신 것입니다

> "내 살을 먹고 내 피를 마시는 자는 내 안에 거하고 나도 그의 안
> 에 거하나니 살아 계신 아버지께서 나를 보내시매 내가 아버지로
> 말미암아 사는 것 같이 나를 먹는 그 사람도 나로 말미암아 살리
> 라"(요6:56-57)

우리의 양식이 되시기 위해서 오신 예수님, 그러니까 우리는 예수로 살아야 하는 것입니다. 그것이 사는 것입니다. 잊어서는 안 되는 사실입니다.

'매일 예수를 먹으십니까? 매일 예수로 사십니까?'

* **Meditatio 묵상**
오늘 말씀을 통하여 깨닫게 된 것을 짧게 적어보십시오.

마음대로 즐길 수 없는 크리스마스

* Lexio 읽기 / 마태복음 2:13-18
가능하면 오늘의 본문을 먼저 읽는 것이 좋지만 바로 아래 글을 읽어도 좋습니다. 충분히 본문을 이해하도록 배려하며 글을 썼습니다. 혹시 본문을 읽으신 분은 감동이 오는 말씀이나 단어 혹은 느낌을 간단히 적으시면 좋습니다.

"유대인의 왕으로 나신 이가 어디 계시냐 우리가 동방에서 그의
별을 보고 그에게 경배하러 왔노라"(마2:2)

동방박사들이 별을 좇아 "유대인의 왕으로 나신 이"를 경배하러 왔다는 소식 때문에 헤롯왕은 아기들을 살육합니다. 헤롯은 아예 두 살아래의 아이들을 다 죽입니다. 크리스마스, 대 살육이었습니다. 예레미야 선지자를 통하여 이미 예언된 일이었습니다.

"이에 선지자 예레미야를 통하여 말씀하신 바 라마에서 슬퍼하며
크게 통곡하는 소리가 들리니 라헬이 그 자식을 위하여 애곡하는
것이라 그가 자식이 없으므로 위로 받기를 거절하였도다 함이 이
루어졌느니라"(마2:17-18)

하나님의 마음이었습니다. 이 기막힌 살육을 이미 아시고 우셨던 하나님의 마음이었습니다. 크리스마스를 마냥 즐거워할 수 있는 이유입니다.

이 울음소리를 들으며 갓난아기 예수를 데리고 요셉과 마리아는 애굽으로 피신합니다. 그리고 헤롯 대왕이 죽었다는 천사의 말을 듣고 다시 이스라엘로 들어오지만 두려웠습니다. 그들이 도시로 들어오지 못하고 나사렛에 머문 이유였습니다.

메시야 예수, 그리고 어머니 마리아와 아버지 요셉. 그들에게는 어떤 권세도 없었습니다. 평범한 인간들이었습니다. 바울은 이것을 "자기를 비워 종의 형체를 가지사 사람들과 같이"(빌2:7) 되셨다고 표현하였습니다. 인간 예수, 그리고 우리 인간과의 만남. 그것이 크리스마스 이야기입니다.

이 기록들이 우리에게 전하는 메시지는 모두 무거움입니다. 엄밀하게 말해서 크리스마스는 즐거운 날이 아닙니다. 그 날은 피에 물든 날이었기 때문입니다. 사실 이 크리스마스는 더욱 괴로운 날이 되어갑니다. 독거노인, 소년소녀가장, 노숙인들까지 더 가난해지고 더 힘들어지는 시즌으로 드러나기 때문입니다.

그래서 일까요? 시간이 갈수록 크리스마스 시즌이 참 힘들어지는 것 같습니다. 더욱이 고통당하는 자들의 소식을 들으면서 우리가 누리는 크리스마스가 참 미안해집니다. 마음대로 즐길 수 없는 크리스마스가 되는 이유입니다.

'지난 크리스마스는 어떻게 보내셨습니까? 어떤 크리스마스였습니까?'

* Meditatio 묵상
오늘 말씀을 통하여 깨닫게 된 것을 짧게 적어보십시오.

나사렛 예수

* Lexio 읽기 / 마태복음 2:19-23
가능하면 오늘의 본문을 먼저 읽는 것이 좋지만 바로 아래 글을 읽어도 좋습니다. 충분히 본
문을 이해하도록 배려하며 글을 썼습니다. 혹시 본문을 읽으신 분은 감동이 오는 말씀이나
단어 혹은 느낌을 간단히 적으시면 좋습니다.

> "주의 사자가 요셉에게 현몽하여 이르되 헤롯이 아기를 찾아 죽
> 이려 하니 일어나 아기와 그의 어머니를 데리고 애굽으로 피하여
> 내가 네게 이르기까지 거기 있으라 하시니"(마2:13)

예수와 가족들은 헤롯 왕이 죽을 때까지 애굽에 있었습니다. 그리고
헤롯 왕이 죽자 다시 이스라엘로 돌아오지만 여전히 두려운 상황이었
습니다.

당시 팔레스틴 지경은 헤롯 왕의 세 아들에 의해 분할 통치되고 있
었습니다. 그 중에서도 헤롯왕이 사마리아 여인 말다게에서 낳은 두 아
들 중 한 명인 헤롯 안티파스가 갈릴리와 베레아 지역을 다스리고 있었
고, 헤롯 아켈라오는 유대 지방과 사마리아를 통치하고 있었습니다. 그
래서 요셉은 어느 곳으로도 갈 수 없었습니다. 결국 그들은 도시의 곁
가지, 변방으로 주로 피난민들이 살고 있던 나사렛에 정착하게 된 것입
니다.

"요셉이 일어나 아기와 그의 어머니를 데리고 이스라엘 땅으로 들어가니라 그러나 아켈라오가 그의 아버지 헤롯을 이어 유대의 임금 됨을 듣고 거기로 가기를 무서워하더니 꿈에 지시하심을 받아 갈릴리 지방으로 떠나가 나사렛이란 동네에 가서 사니 이는 선지자로 하신 말씀에 나사렛 사람이라 칭하리라 하심을 이루려 함이러라"(마2:21-23)

나사렛, 구약에는 없었던 도시였지만 나사렛의 어원인 '네째르'가 '가지'라는 뜻으로 볼 때 곁가지 도시임을 알 수 있습니다. 특히 예수 당시에는 갈릴리, 사마리아 그리고 베니게(레바논)의 접경지대로 도시에서 살 수 없을 만큼 가난한 피난민들이나 소위 잡류들이 한 명 두 명 모여서 형성된 마을이었습니다. 그러니까 이방인들과 피난 온 유대인들까지 하류층이 몰려 살던 난민촌 같은 것이었는데 정착민이 늘어나서 나사렛이라는 도시가 이루어진 것입니다.

그런 점에서 볼 때 나사렛 예수, 이것 역시 근사한 명칭이 아닙니다. 그런데 그 이름으로 불리는 것이 하나님의 뜻이었다는 것은 깊이 생각해야 할 부분입니다. 요즈음 말로 하면 뉴욕 혹은 서울의 예수가 아니라 변두리 혹은 난민촌 예수라는 의미이기 때문입니다.

'당신에게 예수는 어떤 곳의 예수입니까?'

* Meditatio 묵상
오늘 말씀을 통하여 깨닫게 된 것을 짧게 적어보십시오.

기본(基本)

* Lexio 읽기 / 마태복음 3:1–6
가능하면 오늘의 본문을 먼저 읽는 것이 좋지만 바로 아래 글을 읽어도 좋습니다. 충분히 본문을 이해하도록 배려하며 글을 썼습니다. 혹시 본문을 읽으신 분은 감동이 오는 말씀이나 단어 혹은 느낌을 간단히 적으시면 좋습니다.

> "그 때에 세례 요한이 이르러 유대 광야에서 전파하여 말하되 회
> 개하라 천국이 가까이 왔느니라 하였으니"(마3:1–2)

예수가 사역을 시작하기 전에 예수의 길을 예비하는 자가 나타나는데, 그가 바로 세례 요한입니다. 그의 역할은 "주의 길을 준비"(마3:3)하는 것이었습니다. 그리고 그것의 핵심은 회개의 세례를 베푸는 데 있었습니다. 그것이 세례 요한의 주된 사역이었고, 그것이 주님을 받아들이는 자들을 준비시키는 것이었습니다.

> "이 때에 예루살렘과 온 유대와 요단 강 사방에서 다 그에게 나
> 아와 자기들의 죄를 자복하고 요단 강에서 그에게 세례를 받더
> 니"(마3:5–6)

세례 요한의 삶은 주로 광야에서 이루어졌습니다. 그가 먹는 것과 입는 것은 별로 중요하지 않았습니다. 그는 철저히 자신의 사명에 집중하고 있었습니다.

"이 요한은 낙타털 옷을 입고 허리에 가죽 띠를 띠고 음식은 메뚜
기와 석청이었더라"(마3:4)

사실 모든 문제는 본질 혹은 본분에서 벗어나기 때문입니다. 군인은
군인의 본분을 다하고 의사는 의사로, 교수는 교수로 살면 됩니다. 그
것이 주된 역할이어야 합니다. 그런데 군인이 정치를 하고 교수가 연구
는 하지 않고 그 외의 일에 관심을 가질 때 문제가 됩니다.

교회나 크리스천도 마찬가지입니다. 교회와 크리스천이 해야 할 본
래의 것이 무엇인지를 돌아봐야 합니다. 목사는 두말할 것도 없습니다.
그런데 어느 날 부터인가 물질에 관심을 가지고 정치적인 것, 세속적
인 것, 권력을 추구하는 배부른 목사와 화려한 교회가 생겨난 것입니
다. 본질, 본분을 잃은 것입니다. 이것이 교회가 세상의 비난을 받는 이
유 입니다.

광야에 머물며 광야의 음식과 의복을 입었던 세례 요한이 그렇게 산
이유는 자신이 추구해야 할 본질, 사명에 집중하였기 때문입니다. 아름
다움의 이유였습니다.

'당신이 추구해야 할 신앙의 기본은 무엇이라고 생각하십니까?'

* Meditatio 묵상
오늘 말씀을 통하여 깨닫게 된 것을 짧게 적어보십시오.

회개에 합당한 열매

* Lexio 읽기 / 마태복음 3:7-12
가능하면 오늘의 본문을 먼저 읽는 것이 좋지만 바로 아래 글을 읽어도 좋습니다. 충분히 본
문을 이해하도록 배려하며 글을 썼습니다. 혹시 본문을 읽으신 분은 감동이 오는 말씀이나
단어 혹은 느낌을 간단히 적으시면 좋습니다.

<hr>
<hr>

"이 때에 예루살렘과 온 유대와 요단 강 사방에서 다 그에게 나
아와 자기들의 죄를 자복하고 요단 강에서 그에게 세례를 받더
니"(마3:5-6)

광야에서 회개를 요청하며 세례를 주는 세례 요한의 모습에 사람들
은 주목하였습니다. 그의 회개에 대한 요청은 지위고하를 구분하지 않
은 것으로 보입니다. 마태복음 14장에 나오지만 세례 요한은 헤롯 안티
파스 왕에게도 직언을 멈추지 않았습니다. 당시 헤롯 안티파스는 자신
의 동생 빌립의 아내 헤로디아를 빼앗아 자신의 아내로 삼았습니다. 이
것을 세례 요한은 강하게 비난하였습니다. 결국 헤롯의 생일날 춤을 춘
헤로디아의 딸 살로메가 소원으로 요한의 목을 원하는 바람에 처형됩
니다. 이것을 통해 세례 요한이 어떤 모습으로 살았었는지를 충분히 짐
작할 수 있습니다.

이 기사에서 알 수 있듯이 강력하게 자신의 입장을 지키고 행동하는
세례 요한 주변에 사람들이 몰리기 시작하였습니다. 그들 중에는 순수

한 의도가 아닌 정치적 목적이거나 사람들의 시선을 의식한 정직하지 않은 이들도 있었습니다. 물론 그들에게도 세례 요한은 가차 없이 외쳤습니다.

> "요한이 많은 바리새인들과 사두개인들이 세례 베푸는 데로 오는 것을 보고 이르되 독사의 자식들아 누가 너희를 가르쳐 임박한 진노를 피하라 하더냐"(마3:7)

요한의 메시지는 분명했습니다. 분명한 회개였습니다. 그것을 세례 요한은 "회개에 합당한 열매"(마3:8)로 알 수 있다고 강조하였습니다. 그것 없이 모든 것이 무의미하다고 주장하였습니다. 그동안 스스로 '아브라함의 자손'이라고 생각하던 유대인들에게는 매우 치명적인 말이었습니다.

> "속으로 아브라함이 우리 조상이라고 생각하지 말라 내가 너희에게 이르노니 하나님이 능히 이 돌들로도 아브라함의 자손이 되게 하시리라"(마3:9)

우리의 위치가 어떤지, 우리가 어떤 신분인지는 중요하지 않다는 도발이었습니다. 그러니까 이 같은 이해는 주님 앞에 벌거벗은 채로 서는 것이 회개라는 것을 요한은 강조하고 있었던 것입니다.

'우리가 그동안 무엇을 했든지 그 같은 공로나 신분이 중요한 것이 아닙니다. 잊지 말아야 합니다.'

* Meditatio 묵상
오늘 말씀을 통하여 깨닫게 된 것을 짧게 적어보십시오.

하나님의 아들, 고난 받는 종

* Lexio 읽기 / 마태복음 3:13-17
가능하면 오늘의 본문을 먼저 읽는 것이 좋지만 바로 아래 글을 읽어도 좋습니다. 충분히 본
문을 이해하도록 배려하며 글을 썼습니다. 혹시 본문을 읽으신 분은 감동이 오는 말씀이나
단어 혹은 느낌을 간단히 적으시면 좋습니다.

> "이 때에 예수께서 갈릴리로부터 요단 강에 이르러 요한에게 세
> 례를 받으려 하시니"(마3:13)

세례 요한이 예언했던 예수 그리스도가 나타나셨습니다. 세례 요한
은 자신이 주는 세례와 예수께서 주실 세례는 질적인 차이가 있다고 강
조했었습니다.

> "나는 너희로 회개하게 하기 위하여 물로 세례를 베풀거니와 내
> 뒤에 오시는 이는 나보다 능력이 많으시니 나는 그의 신을 들기
> 도 감당하지 못하겠노라 그는 성령과 불로 너희에게 세례를 베푸
> 실 것이요"(마3:11)

그런데 예수가 세례 요한에게 세례를 받으러 나타나신 것입니다. 그
상황에서 세례 요한이 난색을 표한 것은 당연했습니다. 더욱이 요한의
세례는 회개의 세례였기 때문이었습니다. 그런 까닭에 죄 없으신 예수
에게 회개의 세례는 의미 없었습니다. 하지만 그럼에도 불구하고 세례

를 받으신 것은 죄인과 자신을 동일시하시는 예수의 마음이었습니다.

드디어 예수가 세례를 받으실 때였습니다. "하늘이 열리고 하나님의 성령이 비둘기 같이 내려"(마3:16) 임하였습니다. 그때 매우 의미 있는 소리가 하늘에서 들렸습니다.

"하늘로부터 소리가 있어 말씀하시되 이는 내 사랑하는 아들이요
내 기뻐하는 자라 하시니라"(마3:17)

"이는 내 사랑하는 아들이요"라는 말은 나단의 신탁과 깊은 관계가 있는데(삼하7:11-16) 아버지 하나님과 아들의 관계를 말하는 것이었습니다. 이 나단의 신탁은 시편 2편에서 다시 재확인됩니다.

"너는 내 아들이라 오늘 내가 너를 낳았도다"(시2:7)

그러니까 예수의 세례를 통하여 드러난 것은 하나님의 아들 예수의 확인이었습니다. 그리고 이어지는 "내 기뻐하는 자라"는 말은 이사야 42장 1절을 인용함으로 고난 받는 종의 사역을 암시하였습니다. 고난 받는 종으로서의 사역이 하나님의 아들 예수가 받은 세례의 또 다른 의미였던 것입니다.

'이미 시작부터 예수는 죽음을 걷고 있었습니다. 우리를 대속하기 위함이었습니다. 잊지 마십시오.'

* Meditatio 묵상
오늘 말씀을 통하여 깨닫게 된 것을 짧게 적어보십시오.

하나님의 아들이어도

* Lexio 읽기 / 마태복음 4:1-4

가능하면 오늘의 본문을 먼저 읽는 것이 좋지만 바로 아래 글을 읽어도 좋습니다. 충분히 본문을 이해하도록 배려하며 글을 썼습니다. 혹시 본문을 읽으신 분은 감동이 오는 말씀이나 단어 혹은 느낌을 간단히 적으시면 좋습니다.

"그 때에 예수께서 성령에게 이끌리어 마귀에게 시험을 받으러
광야로 가사 사십 일을 밤낮으로 금식하신 후에 주리신지라"

(마4:1-2)

세례 받으신 후 예수는 광야로 나아갑니다. 그리고 마귀의 시험을 받습니다. 그때 예수는 40일을 금식한 후였습니다. 이 사실을 알고 있던 마귀가 효과적으로 공격하였습니다.

"시험하는 자가 예수께 나아와서 이르되 네가 만일 하나님의 아
들이어든 명하여 이 돌들로 떡덩이가 되게 하라"(마4:3)

마귀가 공격한 빌미는 "네가 만일 하나님의 아들이어든" 이라는 말에서도 알 수 있듯이 권세에 관련된 것이었습니다. 예수는 하나님의 아들이셨기 때문입니다. 얼마든지 돌을 떡으로 만들 수 있는 존재였습니다. 하지만 예수는 그 같은 시험을 거절하십니다.

분명 사소해 보이는 일입니다. 이 정도는 시험이라고 볼 수도 없습니다. 하지만 예수는 거절하였습니다. 중요한 의미가 있었던 것입니다. 그러니까 아무리 하나님의 아들이라 해도 마음대로 할 수 없다는 메시지, 아니 어떤 것도 마음대로 하지 않겠다는 의지가 있었던 것입니다. 하나님 나라는 독선이 아니었던 것입니다.

예수의 대답은 명료했습니다. 까짓것 먹는 것은 중요한 것이 아니라는 대답이었습니다. 오로지 하나님이 전부라는 것을 말씀하셨습니다. '오로지 하나님의 말씀을 따라 사는 것이 중요하다'는 말씀이었습니다.

> "사람이 떡으로만 살 것이 아니요 하나님의 입으로부터 나오는
> 모든 말씀으로 살 것이라 하였느니라"(마4:4)

분명히 우리는 이 세상에서 살기에 밥이 필요하지만 동시에 밥을 위해서 이 세상을 살 수는 없다는 말씀이었습니다. 이 세상에 살지만 저 세상의 가치가 우리를 지배해야 한다는 가르침이었습니다.

'하나님의 아들이어도 마음대로 하지 않겠다.'

'우리는 우리 마음대로 살고 싶어 합니다. 그것이 아담의 죄이기도 합니다. 그렇다면 이제 어떻게 살겠습니까?'

* Meditatio 묵상
오늘 말씀을 통하여 깨닫게 된 것을 짧게 적어보십시오.

하나님 나라는 과시가 아니다

* Lexio 읽기 / 마태복음 4:5-7
가능하면 오늘의 본문을 먼저 읽는 것이 좋지만 바로 아래 글을 읽어도 좋습니다. 충분히 본문을 이해하도록 배려하며 글을 썼습니다. 혹시 본문을 읽으신 분은 감동이 오는 말씀이나 단어 혹은 느낌을 간단히 적으시면 좋습니다.

"네가 만일 하나님의 아들이어든"(마4:3,6)

이 문장은 마귀가 첫 번째 시험과 두 번째 시험을 할 때 사용한 것입니다. 그러니까 마귀의 의도는 세례 받을 때 드러난 예수의 하나님 아들 됨에 대한 시험이었음을 알 수 있습니다.

돌로 떡을 만들라는 것은 '하나님의 아들 됨을 남용하라'는 뜻이기도 하였습니다. 물론 예수의 대답은 '하나님의 아들이어도 마음대로 하지 않겠다'는 것이었습니다.

'하나님의 아들 됨'에 대한 시험은 계속되었습니다. 그것은 성전 꼭대기에서 뛰어내리라는 시험이었습니다. 더욱이 마귀는 첫 시험에 대한 주님의 대답을 의식하여 구약을 인용하였습니다. 자신의 시험을 정당화하는 것이었습니다.

"이르되 네가 만일 하나님의 아들이어든 뛰어내리라 기록되었

으되 그가 너를 위하여 그의 사자들을 명하시리니 그들이 손으
로 너를 받들어 발이 돌에 부딪치지 않게 하리로다 하였느니라"

(마4:6)

사실 매력적인 시험입니다. 이 시험의 핵심이 말하는 것은 '드러냄'이
기 때문입니다. 근사한 옷을 입거나 모험적인 행동을 하거나 정치적 권
력을 행사하는 것과 같은 것이었습니다. 한 번에 모든 사람들을 주목하
게 할 수 있는 그런 퍼포먼스였습니다. 이 행위로 예수는 충분히 세상
의 주목을 받을 만하였습니다.

하지만 주님에게 이것은 무의미하였습니다. 하나님 나라는 과시가
아니었기 때문입니다. 굳이 하나님의 아들 됨을 사람들에게 인정받고
세상에게 설득할 필요가 없었기 때문입니다.

하나님 나라는 무엇을 드러내려는 노력이 아니라 겨자씨가 자라서
새가 깃드는 나무가 되는 것처럼 자연스러운 것이기 때문입니다. 주님
의 대답은 간단했습니다.

"주 너의 하나님을 시험하지 말라"(마4:7)

'내 안에 하나님 나라가 이루어졌는지를 살펴야 합니다. 노력하는 것
이 아니라 임하는 것이기 때문입니다. 하나님의 자녀 됨의 표징이기 때
문입니다. 어떻습니까?'

* Meditatio 묵상
오늘 말씀을 통하여 깨닫게 된 것을 짧게 적어보십시오.

영적 전쟁

* Lexio 읽기 / 마태복음 4:8–11
가능하면 오늘의 본문을 먼저 읽는 것이 좋지만 바로 아래 글을 읽어도 좋습니다. 충분히 본문을 이해하도록 배려하며 글을 썼습니다. 혹시 본문을 읽으신 분은 감동이 오는 말씀이나 단어 혹은 느낌을 간단히 적으시면 좋습니다.

> "마귀가 또 그를 데리고 지극히 높은 산으로 가서 천하 만국과 그
> 영광을 보여 이르되 만일 내게 엎드려 경배하면 이 모든 것을 네
> 게 주리라"(마4:8–9)

세 번째 시험, 마귀의 제안은 기막힌 것이었습니다. 그것은 '타협'이었습니다. 단순히 마귀에게 '경배하라'는 의미만이 아니라, 필요하다면 무엇과도 타협하라는 속삭임이었습니다. 절대로 고통 받지 말라는 유혹이었습니다.

비교하자면 첫 번째와 두 번째 시험은 "하나님의 아들이어든" 이라는 물음으로 시작하였습니다. 그것은 세례 때 확인했던 '하나님의 아들 됨'을 근거한 시험이었습니다.

그러나 세 번째 시험, 그것은 세례 받을 때 확인했던 두 번째 것, "내 기뻐하는 자라"(마3:17)는 말씀에 내포된 고난 받는 종의 사역에 대한 시험이었습니다. 즉 예수님이 앞으로 져야 할 고난과 십자가, 그

리고 죽음을 내려놓으라는 유혹이었습니다. 결국 하나님을 대항하고 있는 자칭 "이 세상의 신"(참조: 고후4:4, 요12:31, 계13:2)에게 순종하면 고난과 십자가 없이 쉽게 세상의 주가 되게 해주겠다는 제의였습니다.

그럴 듯 했습니다. 그러니까 타협을 요구한 것입니다. 고통 없이 걸어가라는 유혹이었습니다. 물론 주님의 대답은 한 치의 흔들림도 없었습니다. 간단했습니다.

> "사탄아 물러가라 기록되었으되 주 너의 하나님께 경배하고 다만
> 그를 섬기라 하였느니라"(마4:10)

"사탄아 물러가라!" 간단합니다. 하지만 우리는 간단하지 않습니다. 단순히 소리를 지르는 것만으로 해결되지도 않습니다. 우리 안에서는 고통 없이 편안하게 예수를 믿고 싶은 마음이 끊임없이 지배하기 때문입니다. 그래서 타협합니다. 슬그머니 세상이 되어갑니다.

여기서 주님이 외치신 "사탄아 물러가라!"는 말에 주의해야 합니다. 영적 전쟁의 영역이라는 뜻입니다. '타협'이 그 핵심입니다.

'타협하지 마십시오. 세상 속에서 하나님의 사람으로 살아가십시오. 영적 전쟁임을 잊지 마십시오.'

* Meditatio 묵상
오늘 말씀을 통하여 깨닫게 된 것을 짧게 적어보십시오.

Radical Discipleship

* Lexio 읽기 / 마태복음 4:12-22
가능하면 오늘의 본문을 먼저 읽는 것이 좋지만 바로 아래 글을 읽어도 좋습니다. 충분히 본문을 이해하도록 배려하며 글을 썼습니다. 혹시 본문을 읽으신 분은 감동이 오는 말씀이나 단어 혹은 느낌을 간단히 적으시면 좋습니다.

"요한이 잡혔다는 말을 들으시고 예수께서는 다시 갈릴래아로 가셨다... 이 때부터 예수께서는 전도를 시작하시며 '회개하라. 하늘 나라가 다가 왔다' 하고 말씀하셨다."(공동번역/마4:12,17)

"회개하라 천국이 가까이 왔느니라"(마4:17)는 메시지는 세례 요한의 선포와 같은 것이었습니다. 이것이 시작이기 때문입니다. 모든 사람들, 하나님을 믿는 이들이 가져야 할 신앙의 시작은 이 두 가지로부터 시작된다는 말씀이었습니다.

회개할 것, 죄로부터 돌아서는 것, 곧 다른 삶의 결단을 의미합니다. 왜냐하면 "천국" 곧 하나님 나라를 사는 것이기 때문입니다. 다른 윤리가 필요하다는 말입니다.

드디어 예수가 이 놀라운 요청을 하실 때였습니다. 성경에 등장하며 첫 번째로 반응한 이들은 베드로와 그 형제 안드레였습니다. 그들은 예수의 부르심 앞에 그들이 지금까지 추구하던 것을 상징하는 그물을 버림니다. 그리고 하나님 나라를 받아들입니다. 곧 예수 그리스도였습니다.

> "나를 따라오라 내가 너희를 사람을 낚는 어부가 되게 하리라 하
> 시니 그들이 곧 그물을 버려 두고 예수를 따르니라"(마4:19-20)

'버리고 좇다!' 그것이 제자의 자격이었습니다. 그러므로 버리지 못한 자는 좇을 수가 없습니다. 주님은 버리는 것을 자격 요건으로 삼으셨기 때문이었습니다. 실제로 한 부자 청년이 예수의 제자가 되고자 했을 때 주님의 요청은 분명했습니다. 그가 사랑하는 재물을 버리고 따르라는 것이었습니다. 그것 때문에 그 청년은 예수의 제자가 될 수 없었습니다.

> "그 사람은 재물이 많은 고로 이 말씀으로 인하여 슬픈 기색을 띠
> 고 근심하며 가니라"(막10:22)

'Radical Discipleship.' 급진적 제자도, 언제부터인가 우리가 잃어버린 것입니다. 너무 말랑하고 타협으로 점철된, 연약하고 이기적인 기독교가 된 것입니다. 맛 잃은 소금처럼 세상의 무시를 받는 이유입니다.

"버리고 좇다!' 쉽지 않습니다. 그래서 우리와 상관없는 것일지도 모릅니다. 혹시 그렇습니까?'

* Meditatio 묵상
오늘 말씀을 통하여 깨닫게 된 것을 짧게 적어보십시오.

제 2 부

하나님 나라의 윤리

하나님 나라가 이루어지다

* Lexio 읽기 / 마태복음 4:23-25
가능하면 오늘의 본문을 먼저 읽는 것이 좋지만 바로 아래 글을 읽어도 좋습니다. 충분히 본
문을 이해하도록 배려하며 글을 썼습니다. 혹시 본문을 읽으신 분은 감동이 오는 말씀이나
단어 혹은 느낌을 간단히 적으시면 좋습니다.

"그들이 곧 배와 아버지를 버려 두고 예수를 따르니라"(마4:22)

시작되었습니다. 푸른 청년들이 청년 예수를 따라 나선 것입니다. 이
기막힌 청년들, 곧 버리고 좇기로 한 제자들과 함께 예수 그리스도는
공생애 사역을 본격적으로 시작하셨습니다. 그리고 그 때 드러난 첫 번
째 모습은 하나님 나라의 도래였습니다.

"예수께서 온 갈릴리에 두루 다니사 그들의 회당에서 가르치시며
천국 복음을 전파하시며 백성 중의 모든 병과 모든 약한 것을 고
치시니... 그들을 고치시더라"(마4:23-24)

'모든 것을 고치시다!' 정확하게 말하면 하나님 나라가 도래한 현상이
었습니다. 빛이 오면 어둠이 물러가듯 예수 그리스도가 계신 곳이 하나
님 나라였기 때문입니다. 그 순간 모든 어두움이 물러난 것입니다.

사람도 마찬가지입니다. 예수 그리스도를 모신 자들 안에 벌어지는

일이 하나님 나라의 실현입니다. 그곳이 어디든 동일합니다.

"하나님의 나라는 볼 수 있게 임하는 것이 아니요 또 여기 있다
저기 있다고도 못하리니 하나님의 나라는 너희 안에 있느니라"
(눅17:20-21)

이 때, 이 세상 가치를 넘어서게 됩니다. 제자들이 그물과 배, 심지어
아버지마저 버리고 좇을 만큼 강하고 매력적이기 때문입니다. 세상 어
떤 것과도 비교할 수 없는 아름다운 것이기 때문입니다.

그리고 하나님 나라는 확장되어갑니다. 하나님 나라가 이루어지기를
세상이 원한 것입니다. 물론 많은 이들이 온 것이 기적과 치유 때문일
수도 있겠지만 그들은 예수를 따르고 싶어 했던 것입니다.

"갈릴리와 데가볼리와 예루살렘과 유대와 요단 강 건너편에서 수
많은 무리가 따르니라"(마4:25)

'예수를 따르는 자들에게 임하는 하나님 나라의 도래, 당신에게도 이
루어졌다고 생각하십니까?'

* Meditatio 묵상
오늘 말씀을 통하여 깨닫게 된 것을 짧게 적어보십시오.

. . . .

. . . .

마음이 가난한 자

* Lexio 읽기 / 마태복음 5:1-3
가능하면 오늘의 본문을 먼저 읽는 것이 좋지만 바로 아래 글을 읽어도 좋습니다. 충분히 본문을 이해하도록 배려하며 글을 썼습니다. 혹시 본문을 읽으신 분은 감동이 오는 말씀이나 단어 혹은 느낌을 간단히 적으시면 좋습니다.

"회개하라 천국이 가까이 왔느니라"(마4:17)

예수의 메시지는 분명했습니다. 그 메시지를 듣고 찾아온 사람들은 회개하며 광야로 나온 자들이었습니다. 주님은 그들에게 하나님 나라에 대해 말씀하기 시작하였습니다. 팔복으로 대표되는 산상수훈은 그렇게 시작된 것입니다. 하나님 나라를 누리며 사는 것에 대한 말씀이었습니다.

"심령이 가난한 자는 복이 있나니 천국이 그들의 것임이요"(마5:3)

'심령이 가난하다'는 것은 영적인 굶주림의 상태를 말합니다. 당연히 하나님에 대한 가난함일 것입니다. 아무리 사모하고 사랑하여도 채워질 수 없는 그리움을 가진 상태입니다.

다시 말해 하나님을 추구함으로 인한 가난한 상태입니다. 이 말은 자신의 비어있는 것을 채워줄 수 있는 것이 하나님 외에는 없는 상태를 말합니다. 하나님 외에는 어떤 것으로도 만족할 수 없는 상태 말입니다. 바꿔 말하면 '하나님이면 모든 것이 만족스러운 상태'란 뜻입니다.

실제로 하나님 나라는 우리의 추구로 이를 수 없습니다. 그런데 사모하는 것입니다. 그런 까닭에 '가난하다'는 것은 수동적 상태를 말합니다. 일방적으로 다가오는 하나님의 은혜 말입니다.

그런데 주님이 약속하신 것입니다. 그렇게 하나님을 추구하면 가난한 자들에게 하나님 나라가 임하게 될 것이라고 약속하신 것입니다. 그러므로 만일 우리에게 하나님 나라가 이뤄지지 않는다면 그것은 하나님을 추구하지 않는 삶에서 온 것입니다.

아직도 우리는 하나님을 향하여 간절하거나 배고프지 않을지도 모릅니다. 우리는 세상을 향하여 더 배고파하고 세상적인 것을 더 추구하고 있는지도 모릅니다. 하나님 나라가 이루어지지 않는 결정적인 이유인 것입니다. 그렇기에 우리가 하나님의 긍휼을 구해야 하는 이유입니다.

'당신의 마음 상태는 어떻습니까? 하나님을 간절함으로 추구합니까? 어떤 상태입니까?'

* Meditatio 묵상
오늘 말씀을 통하여 깨닫게 된 것을 짧게 적어보십시오.

슬퍼하는 자

* Lexio 읽기 / 마태복음 5:4

가능하면 오늘의 본문을 먼저 읽는 것이 좋지만 바로 아래 글을 읽어도 좋습니다. 충분히 본
문을 이해하도록 배려하며 글을 썼습니다. 혹시 본문을 읽으신 분은 감동이 오는 말씀이나
단어 혹은 느낌을 간단히 적으시면 좋습니다.

> "마음이 가난한 자는 복이 있다. 하나님 나라가 그의 것이다."
>
> (하정완역/마5:3)

하나님을 추구함으로 하나님 없이 살 수 없는 존재가 마음이 가난한
자입니다. 늘 하나님을 바라봄으로 전적인 수동태적 신앙으로 하나님
앞에 서는 자입니다. 그것이 '마음의 가난함' 현상입니다.

이처럼 마음이 가난한 자들에게 생긴 현상은 '기다림'입니다. 하나님
을 기다리게 된 것입니다. 하나님을 사모하게 된 것입니다. 그래서 하
나님을 인식할 수 있게 된 것입니다. 그러니까 세상의 것들이 걷혀진
상태가 된 것입니다. 이렇게 맑아지자 그토록 무감각하던 자신이 민감
해지기 시작합니다.

그 첫 현상이 자신을 향한 슬픔입니다. 죄 된 존재라는 인식에서 나
오는 애통입니다.

"오호라 나는 곤고한 사람이로다 이 사망의 몸에서 누가 나를 건
져내랴"(롬7:24)

동시에 다른 이도 보이기 시작합니다. 다른 사람의 슬픔이 보입니다.
그 민감함은 별과 풀을 보며 노래할 수 있는 것으로 나타납니다. 윤동
주의 경우처럼 말입니다.

'잎새에 이는 바람에도 나는 괴로워했다.'

슬픔이 생긴 것입니다. 이 슬픔은 자기 연민에 빠진 자의 슬픔이 아
니라 나의 죄와 더러움에 대한 슬픔입니다. 그래서 의존이 나오는 것입
니다. 하나님에 대한 의존입니다.

"애통하는 자는 복이 있나니 그들이 위로를 받을 것임이요"(마5:4)

하나님의 사람들은 슬퍼할 수밖에 없습니다. 무너져가는 조국을 보
면서 늘 눈이 부어있었을 예레미야처럼 눈물이 마르지 않을 것입니다.

"슬퍼하는 사람은 복이 있다. 하나님이 그들을 위로하실 것이
다."(새번역/마5:4)

'당신은 슬퍼할 줄 압니까?'

* Meditatio 묵상
오늘 말씀을 통하여 깨닫게 된 것을 짧게 적어보십시오.

- -

- -

온유한 자

* Lexio 읽기 / 마태복음 5:5

가능하면 오늘의 본문을 먼저 읽는 것이 좋지만 바로 아래 글을 읽어도 좋습니다. 충분히 본
문을 이해하도록 배려하며 글을 썼습니다. 혹시 본문을 읽으신 분은 감동이 오는 말씀이나
단어 혹은 느낌을 간단히 적으시면 좋습니다.

"슬퍼하는 사람은 복이 있다. 하나님이 그들을 위로하실 것이
다."(새번역/마5:4)

'슬퍼하다.' 민감하기 때문입니다. 깨끗하고 아름답기 때문입니다.
슬픔의 색깔이 깨끗한 이유입니다. 바로 이런 자가 갖고 있는 것이 온
유함입니다.

우리가 영적 가난함을 체험하여 하나님의 거룩하심 앞에서 자신의
절대무능, 어리석음을 인식했을 때 우리는 '영적 겸손'에 이릅니다. 마
치 이유 없이 일만 달란트를 용서 받은 자의 태도와 같습니다. '온유한
자'란 이런 의미입니다. 그래서 기록된 헬라어 단어가 '겸손하다, 온유
하다'는 뜻을 가진 '프라우스' 입니다.

재미있는 것은 온유한 자, 곧 겸손한 자에게 주어지는 축복이 매우
구체적으로 기록되어 있다는 것입니다. '땅을 차지한다'는 것입니다. 그
렇다면 이 세상에서 땅 부자가 된다는 말입니까?

땅, 그것은 영토 혹은 영역의 개념에서 바라보면 쉽게 이해할 수 있습니다. 하나님의 자녀에게 주어지는 영토란 이 세상의 땅을 말하는 것이라기보다는 우리가 처음부터 말해온 '하나님 나라'를 의미한다고 봐야 옳습니다. 그래서 개역한글성경은 이렇게 번역합니다.

> "온유한 자는 복이 있나니 저희가 땅을 기업으로 받을 것임이요"
>
> (개역한글/마5:5)

'기업으로 받는다'는 의미의 단어 '클레로노메오'는 '상속자가 되다, 후사가 되다, 분배받다'라는 뜻을 갖고 있습니다. 당연히 "땅"이란 단어인 헬라어 '게'는 "땅"이라는 뜻만이 아니라 '나라, 세상' 그리고 '영토, 영역'의 의미를 갖고 있습니다. 그러므로 다시 번역하면 이렇습니다.

> "가난함과 절대무능으로 겸손에 이른 자에게 하나님은 하나님 나라를 상속 할 것이다."(하정완역/마5:5)

당연한 것 아니겠습니까?

'당신 어떻습니까? 겸손합니까? 온유합니까?'

---

* Meditatio 묵상
오늘 말씀을 통하여 깨닫게 된 것을 짧게 적어보십시오.

의에 주리고 목마른 자

* Lexio 읽기 / 마태복음 5:6

가능하면 오늘의 본문을 먼저 읽는 것이 좋지만 바로 아래 글을 읽어도 좋습니다. 충분히 본문을 이해하도록 배려하며 글을 썼습니다. 혹시 본문을 읽으신 분은 감동이 오는 말씀이나 단어 혹은 느낌을 간단히 적으시면 좋습니다.

> "온유한 사람은 복이 있다. 그들이 땅을 차지할 것이다."
>
> (새번역/마5:5)

온유하고 겸손한 자들은 하나님 나라만으로도 능히 행복한 사람들입니다. 이미 그 안에 숨어 있는 예수 그리스도의 십자가와 은혜를 경험한 자들이기 때문입니다.

예수 그리스도의 십자가, 그 안에는 두 가지 중요한 것이 내재되어 있습니다. 하나는 하나님의 무조건적인 사랑입니다. 동시에 내재되어 있는 것이 공의입니다. 우리의 모든 죄를 간과할 수 없어 반드시 죄의 대가를 지불해야 하는 법이 들어 있습니다.

사실 예수 그리스도의 십자가는 하나님이 지켜야 할 공의를 예수 그리스도, 곧 자신에게 적용하심으로 사랑하신 것입니다. 이것을 통칭하여 은혜라고 말하는 것입니다. 예수 그리스도가 하나님의 의가 되는 이유입니다.

"너희는 하나님으로부터 나서 그리스도 예수 안에 있고 예수는 하나님으로부터 나와서 우리에게 지혜와 의로움과 거룩함과 구원함이 되셨으니"(고전1:30)

그리고 거기서 나오는 삶의 방식이 이것입니다.

"의에 주리고 목마른 자는 복이 있나니 그들이 배부를 것임이요"
(마5:6)

헬라어 단어로 '디카이오수네'는 칭의를 말합니다. 공의와 사랑이 모두 내재된 단어입니다. 사실 크리스천은 바로 이러한 '의'(디카이오수네)로 사는 것입니다. 그것으로 충분히 배부르기 때문입니다. 예수님의 표현처럼 말입니다.

그 때 이 세상에 사는 동안 모든 것이 쉽지 않고 힘들고 어렵지만 분명히 평화가 옵니다. 갑자기 깨달음이 오는 것입니다. 사랑이 느껴지는 것입니다. 그래서 이 세상에 살지만 하나님 나라를 소유하고 그로 인한 평화를 누리는 것입니다. 하나님의 은혜 때문입니다.

'나의 죄를 대속하신 예수 그리스도로 말미암아 다가온 하나님의 은혜로 배부르십니까? 충분하십니까?'

* Meditatio 묵상
오늘 말씀을 통하여 깨닫게 된 것을 짧게 적어보십시오.

긍휼히 여기는 자

* Lexio 읽기 / 마태복음 5:7

가능하면 오늘의 본문을 먼저 읽는 것이 좋지만 바로 아래 글을 읽어도 좋습니다. 충분히 본문을 이해하도록 배려하며 글을 썼습니다. 혹시 본문을 읽으신 분은 감동이 오는 말씀이나 단어 혹은 느낌을 간단히 적으시면 좋습니다.

"의에 주리고 목마른 사람은 복이 있다. 그들이 배부를 것이다."

(새번역/마5:6)

겸손은 시행자인 하나님이 적용자인 인간에게 적용할 공의를 자신에게 대신 적용한 것입니다. 그로 인해 적용자인 인간은 용서를 경험합니다. 그 때 용서는 분명 공의가 이루어진 것이지만 방향성이 하나님을 향하고 그 초점에 예수 그리스도가 계시기에 그 분이 하나님의 공의가 된 것입니다.

동시에 적용자인 우리는 용서받은 것입니다. 이처럼 용서받은 상태의 의를 '정의'라 하지 않고 '칭의'(디카이오수네)라고 부릅니다. 그런데 이 칭의는 일만 달란트를 빚진 자에게서 보는 것처럼 우리의 반응을 요구합니다. 매우 자연스럽습니다. 그래서 겸손한 것입니다.

이렇게 겸손하게 된 칭의자 인간이 다른 사람을 봅니다. 나에게 백데나리온 빚진 자를 봅니다. 그도 하나님을 흉내 내게 됩니다. 그것이 용서입니다. 그것이 '긍휼히 여김'이고 '자비'입니다.

더 놀라운 것이 있습니다. 이유 없이 일만 달란트를 용서받은 이는 백 데나리온 용서하는 행위와 자비를 통하여 더 견고하게 일만 달란트의 용서를 경험하는 것입니다. 이유 없는 용서와 은혜를 누리는 것입니다. 그러니까 용서함으로, 긍휼히 여김으로 우리는 더더욱 그 하나님의 긍휼을 경험하는 것입니다.

> "긍휼히 여기는 자는 복이 있나니 그들이 긍휼히 여김을 받을 것
> 임이요"(마5:7)

반복해서 언급하지만 하나님의 은혜를 경험한 사람은 고민할 수도 없습니다. 그것으로 살게 됩니다. 하나님의 은혜의 크기는 갚을 수 없는 크기, 일만 달란트 같은 것이기 때문입니다. 그러므로 백 데나리온의 긍휼은 쉽습니다. 아니, 쉬워야 옳습니다. 그리고 그런 사람에게 끝없이 일만 달란트를 용서했던 방식의 하나님의 자비가 베풀어질 것입니다.

끝없는 일만 달란트 은혜의 연속성입니다.

'그런데 우리는 백 데나리온의 긍휼도 쉽지 않습니다. 그것이 문제입니다. 그렇지 않습니까?'

* Meditatio 묵상
오늘 말씀을 통하여 깨닫게 된 것을 짧게 적어보십시오.

마음이 깨끗한 자

* Lexio 읽기 / 마태복음 5:8
가능하면 오늘의 본문을 먼저 읽는 것이 좋지만 바로 아래 글을 읽어도 좋습니다. 충분히 본문을 이해하도록 배려하며 글을 썼습니다. 혹시 본문을 읽으신 분은 감동이 오는 말씀이나 단어 혹은 느낌을 간단히 적으시면 좋습니다.

"자비한 사람은 복이 있다. 하나님이 그들을 자비롭게 대하실 것이다."(새번역/마5:7)

끝없는 일만 달란트 은혜의 연속성, 삶 자체는 감격일 수밖에 없습니다. 동시에 영혼은 더욱 맑아집니다. 그래서 맑은 영혼을 갖고 사는 그 사람이 자신과 다른 사람을 바라보는 시각은 민감함, 슬픔 같은 애틋함일 수밖에 없고 영적 겸손, 긍휼히 여김은 당연할 수밖에 없습니다. 늘 하나님의 은혜에 의존하기 때문입니다. 바로 이 사람이 마음이 깨끗한 사람입니다.

"마음이 청결한 자는 복이 있나니 그들이 하나님을 볼 것임이요"

(마5:8)

'마음이 깨끗하다!'

여기서 마음은 '마음이 가난한 자'에서 썼던 '영'이란 의미의 '프뉴마'

를 쓰지 않고 영, 혼, 생각 등 모든 종류를 포괄하고 있는 뜻의 '마음'으로 이해되는 단어 '카르디아'를 사용하고 있습니다. 그러니까 '마음이 깨끗하다'는 말은 우리가 지금까지 말한 것들을 추구한 사람의 전인적 상태를 말하는 것으로 이해하는 것이 옳습니다.

'깨끗해졌다.' 그렇다면 어떤 현상이 벌어지겠습니까?

주님은 '하나님을 볼 것이다'라고 말씀하십니다. 당연한 일입니다. 깨 끗한 자, 청결한 자의 삶이란 죄에서 놓임 받은 자의 삶이기 때문입니다.

죄로 인해 가려졌던 우리가 깨끗하게 됨으로 우리에게 자신을 드러내시는 하나님을 보고 경험하게 되는 것은 당연한 것이기 때문입니다. 그동안 우리가 주를 보지 못하던 이유는 우리의 죄악 때문에 그렇습니다.

> "오직 너희 죄악이 너희와 너희 하나님 사이를 갈라 놓았고 너
> 희 죄가 그의 얼굴을 가리어서 너희에게서 듣지 않으시게 함이
> 니라"(사59:2)

'마음이 깨끗한 자들은 하나님의 말씀을 읽을 때에도 쉽게 그분의 말씀이 들릴 것입니다. 기도는 감동일 것이고 찬송은 흥분일 것입니다. 그렇지 않겠습니까?'

---

* **Meditatio 묵상**
오늘 말씀을 통하여 깨닫게 된 것을 짧게 적어보십시오.

화평하게 하는 자

* Lexio 읽기 / 마태복음 5:9

가능하면 오늘의 본문을 먼저 읽는 것이 좋지만 바로 아래 글을 읽어도 좋습니다. 충분히 본문을 이해하도록 배려하며 글을 썼습니다. 혹시 본문을 읽으신 분은 감동이 오는 말씀이나 단어 혹은 느낌을 간단히 적으시면 좋습니다.

"마음이 깨끗한 사람은 복이 있다. 그들이 하나님을 볼 것이다."

(새번역/마5:8)

마음이 깨끗한 사람, 하나님을 보는 사람, 그들에게서는 '하나님의 냄새'가 날 것입니다. 시내산에서 하나님을 만났던 모세에게서 하나님의 광채가 난 것처럼 말입니다.

바로 그 하나님의 광채를 가진 사람이 세상을 걸어갈 때 그 곳에 하나님 나라가 이루어질 것입니다. 그것이 '샬롬', 곧 평화입니다. 주님은 그 평화를 가져오는 사람을 하나님의 자녀라고 부르셨습니다.

"평화를 이루는 사람은 복이 있다. 하나님이 그들을 자기의 자녀 라고 부르실 것이다."(새번역/마5:9)

예수 그리스도가 평화의 왕이신 이유입니다. 하나님의 아들이시기 때문입니다. 바울이 에베소서에서 잘 설명하였습니다.

"그는 우리의 화평이신지라 둘로 하나를 만드사 원수 된 것 곧 중
간에 막힌 담을 자기 육체로 허시고... 또 십자가로 이 둘을 한 몸
으로 하나님과 화목하게 하려 하심이라"(엡2:14,16)

하나님의 아들 예수 그리스도가 하신 일이셨습니다. 그러므로 우리
가 평화를 추구하고 있다면 스스로 하나님의 자녀 됨을 증거 하는 것
입니다.

물론 쉽지 않습니다. 평화란 '십자가', 곧 희생이 요구되기 때문입니
다. 그리스도의 피로 우리가 하나님과 가까워진 것처럼 말입니다.

"이 예수를 하나님이 그의 피로써 믿음으로 말미암는 화목제물로
세우셨으니"(롬3:25)

세상에 희망은 없습니다. 모두가 자기 이익을 추구함으로 세상을 살
기 때문입니다. 그래서 하나님의 자녀들에게 희망이 있는 것입니다. 자
기를 부정하고 희생함으로 하나님과의 화목을 추구하기 때문입니다.
평화의 가능성이 열리기 때문입니다.

'세상에 평화를 주는 사람입니까? 불평과 싸움을 일으키는 사람입니
까?'

* Meditatio 묵상
오늘 말씀을 통하여 깨닫게 된 것을 짧게 적어보십시오.

의를 위하여 박해를 받는 자

* Lexio 읽기 / 마태복음 5:10-12
가능하면 오늘의 본문을 먼저 읽는 것이 좋지만 바로 아래 글을 읽어도 좋습니다. 충분히 본문을 이해하도록 배려하며 글을 썼습니다. 혹시 본문을 읽으신 분은 감동이 오는 말씀이나 단어 혹은 느낌을 간단히 적으시면 좋습니다.

"평화를 이루는 사람은 복이 있다. 하나님이 그들을 자기의 자녀라고 부르실 것이다."(새번역/마5:9)

세상을 평화롭게 한다는 말은 싸움과 분열이 있다는 것을 전제합니다. 그런 까닭에 평화에는 희생과 고난이 따르는 것입니다. 그런데 누군가 하나님의 의를 위해 삽니다. 그래서 복이 있는 것입니다.

"의를 위하여 박해를 받은 자는 복이 있나니 천국이 그들의 것임이라"(마5:10)

사실 세상도 평화를 말합니다. 아시다시피 예수님 당시 로마도 '팍스로마나'(peace of Rome), 즉 로마의 평화를 추구하였습니다. 하지만 여기서 말하는 평화란 거대한 권력에 대한 복종으로 얻게 되는 평화, 곧 불평등한 평화입니다. 노예가 얻는 풍요로운 삶의 평화 같은 것입니다.

그러나 주님이 말하는 평화는 불평등한 평화가 아니라 평등한 평화입니다. 차별이 없는 것입니다. 심지어 전능하신 하나님과의 화목을 이루기 위함이었습니다(엡2:16).

하나님의 자녀로 살면서 만나는 의와 박해, 어찌 보면 당연한 결과일 수도 있습니다. 하나님의 자녀로, 예수의 제자로 살게 될 때 치러야 할 대가일 수도 있습니다. 사실 이 정도 깊이에 이른 제자라면 이 정도의 대가는 별로 관심이 없을 것입니다. 오순절 이후 제자들이 예수로 인해 능욕당하는 것을 기뻐했던 것처럼 말입니다.

> "사도들은 그 이름을 위하여 능욕 받는 일에 합당한 자로 여기심
> 을 기뻐하면서 공회 앞을 떠나니라"(행5:41)

하지만 주님은 격려하셨습니다. 당신의 자녀들, 제자들을 위로하셨습니다. '걱정하지 마라. 얘들아.'

> "나로 말미암아 너희를 욕하고 박해하고 거짓으로 너희를 거슬러
> 모든 악한 말을 할 때에는 너희에게 복이 있나니 기뻐하고 즐거
> 워하라 하늘에서 너희의 상이 큼이라 너희 전에 있던 선지자들도
> 이같이 박해하였느니라"(마5:11-12)

'우리는 하나님의 자녀로, 예수의 제자로 사는 사람들입니다. 이것을 잊어서는 안 됩니다. 아시겠습니까?'

---

* Meditatio 묵상

오늘 말씀을 통하여 깨닫게 된 것을 짧게 적어보십시오.

- -

- -

소금과 빛

* Lexio 읽기 / 마태복음 5:13-16
가능하면 오늘의 본문을 먼저 읽는 것이 좋지만 바로 아래 글을 읽어도 좋습니다. 충분히 본
문을 이해하도록 배려하며 글을 썼습니다. 혹시 본문을 읽으신 분은 감동이 오는 말씀이나
단어 혹은 느낌을 간단히 적으시면 좋습니다.

> "심령이 가난한 자는 복이 있나니... 기뻐하고 즐거워하라 하늘
> 에서 너희의 상이 큼이라"(마5:3,12)

소위 팔복의 삶이 이뤄진 자들을 통해 세상에서 하나님 나라를 맛보
게 될 것입니다. 그것을 주님이 의식해서 말씀하신 것인지는 모르지만
주의 제자들을 "소금"같은 것이고, "빛"같은 것이라고 비유하셨습니다.

> "너희는 세상의 소금이니"(마5:13)

세상을 맛있게 하는 존재가 소금입니다. 그런데 크리스천도 소금과
같은 존재여야 한다고 말씀하시면서 끔찍한 말씀을 꺼내셨습니다. 그
것은 '맛을 잃은 소금' 이야기 였습니다.

소금의 모양은 있지만 소금의 맛을 내지 못하는 소금, 어쩌면 모양은
하나님을 믿지만 내면은 하나님을 믿지 않는 이들을 겨냥했을지도 모
릅니다. 사실 이 말씀은 심각합니다. 우리가 맛을 잃은 소금이 될 수도

있다는 뜻이기 때문입니다. 그리고 주님은 이 말씀의 연속선상에서 우리를 "빛"으로 비유하시며 말씀을 이어가셨습니다.

"너희는 세상의 빛이라"(마5:14)

주님이 말씀하신 "빛"은 '빛을 잃은 빛'이 아니라는 점에서 '맛을 잃은 소금'과는 다릅니다. 아직 빛이 있는 상태입니다. 맛을 잃지 않은 상태에서 소금이 소금으로 살아야 하는 것처럼 빛은 빛을 내며 살아야 한다고 말씀하십니다.

"사람이 등불을 켜서 말 아래에 두지 아니하고 등경 위에 두나니
이러므로 집 안 모든 사람에게 비치느니라"(마5:15)

'세상을 비춰라!' 주님이 하고 싶은 말씀이었습니다. 크리스천으로 살라는 말씀이었습니다. 기독교는, 크리스천은 나만의 구원을 위해 존재하는 것이 아니라 빛을 내어 다른 사람을 유익하게 하며 사는 존재라는 뜻이었습니다. 그것이 '하나님께 영광을 돌리는 것'(마5:16)이고 그것이 진정한 전도라고 말씀하신 것입니다. 참 기막힌 이야기입니다.

"너희는 소금이다.' 짠 맛을 잃은 것은 아닙니까? '너희는 빛이다.' 빛에 검은 천을 덮어 나만 밝히고 있는 것은 아닙니까?'

* Meditatio 묵상
오늘 말씀을 통하여 깨닫게 된 것을 짧게 적어보십시오.

윤리적으로도 우월해야 한다

* Lexio 읽기 / 마태복음 5:17-20
가능하면 오늘의 본문을 먼저 읽는 것이 좋지만 바로 아래 글을 읽어도 좋습니다. 충분히 본
문을 이해하도록 배려하며 글을 썼습니다. 혹시 본문을 읽으신 분은 감동이 오는 말씀이나
단어 혹은 느낌을 간단히 적으시면 좋습니다.

"내가 율법이나 선지자를 폐하러 온 줄로 생각하지 말라 폐하러
온 것이 아니요 완전하게 하려 함이라"(마5:17)

이 같은 말씀을 하신 것은 어떤 심상치 않은 분위기 때문이었을 것입
니다. 사실 예수가 전하는 말씀은 파격적이었습니다. '하나님 나라, 하
나님의 아들, 복' 그리고 새로운 의미의 '의'와 '법'에 대한 언급은 사람
들에게 새로운 도전으로 다가왔을 것입니다. 어쩌면 새로운 종파나 이
단적인 가르침으로 의심했을지도 모릅니다. 그래서 주님은 가장 민감
했던 율법의 부분을 강조한 것으로 보입니다.

"진실로 너희에게 이르노니 천지가 없어지기 전에는 율법의 일점
일획도 결코 없어지지 아니하고 다 이루리라"(마5:18)

예수의 이 말씀은 사람들을 일시적으로 안심시켰을 수 있지만 주님
이 하시는 말씀은 사실 매우 윤리적이었습니다. 계명의 행동에 강조점
을 두셨음을 볼 때 알 수 있습니다.

"누구든지 이 계명 중의 지극히 작은 것 하나라도... 행하며 가르
치는 자는 천국에서 크다 일컬음을 받으리라"(마5:19)

주님의 말씀은 분명했습니다. 윤리적으로도 우월해야 한다는 것이었
습니다.

"잘 들어라. 너희가 율법학자들이나 바리사이파 사람들보다 더
옳게 살지 못한다면 결코 하늘 나라에 들어가지 못할 것이다."

(공동번역/마5:20)

옳은 삶, 맛을 내는 소금, 빛을 비추는 빛, 그리고 팔복의 삶 등 주님
의 가르침의 시작은 윤리였습니다. 제자로서의 삶, 크리스천으로서의
바른 삶이었습니다. 그런데 어느 날 부터인가 약화되거나 잃어버린 것
이 현실입니다. 이 같은 윤리의 상실은 교회를 무너지게 하였습니다.
놀랍게도 이단이나 권력의 공격 때문이 아니라 세습, 돈에 대한 욕심,
음욕과 권력에 대한 욕심까지 윤리의 문제 때문이었습니다. 주님의 말
씀이 뼛속 깊이 다가오는 이유입니다.

'우리는 윤리적으로도 옳아야 합니다. 그런 의미에서 나는 어떻다고
말할 수 있습니까?'

* Meditatio 묵상
오늘 말씀을 통하여 깨닫게 된 것을 짧게 적어보십시오.

바리새인보다 더 낫다는 뜻

* Lexio 읽기 / 마태복음 5:21-26
가능하면 오늘의 본문을 먼저 읽는 것이 좋지만 바로 아래 글을 읽어도 좋습니다. 충분히 본문을 이해하도록 배려하며 글을 썼습니다. 혹시 본문을 읽으신 분은 감동이 오는 말씀이나 단어 혹은 느낌을 간단히 적으시면 좋습니다.

"내가 너희에게 이르노니 너희 의가 서기관과 바리새인보다 더
낫지 못하면 결코 천국에 들어가지 못하리라"(마5:20)

'바리새인보다 더 낫다는 말은 무엇일까?' 하고 고민했을 법한 제자들에게 주님이 꺼낸 이야기가 바로 이 이야기입니다.

"옛 사람에게 말한 바 살인하지 말라 누구든지 살인하면 심판을
받게 되리라 하였다는 것을 너희가 들었으나 나는 너희에게 이르
노니 형제에게 노하는 자마다 심판을 받게 되고 형제를 대하여
라가라 하는 자는 공회에 잡혀가게 되고 미련한 놈이라 하는 자
는 지옥 불에 들어가게 되리라"(마5:21-22)

매우 심각한 이야기였습니다. 현상적으로 살인한 것만 살인이 아니라 형제에게 '노하거나, 미련한 놈'이라고 욕하는 것도 살인과 동일하다고 말씀하셨기 때문입니다. 그러니까 주님은 마음의 분노와 저주도 이미 현상적 살인과 다를 바 없다고 여기신 것입니다.

결국 '바리새인보다 더 낫다'라는 말 속에는 더 높은 윤리를 요구하고 계신 주님의 마음이 담겨있음을 알 수 있습니다.

예배도 마찬가지였습니다. 우리 눈에는 많은 헌금을 하고 눈에 보이는 율법적 행위를 지키면 충분하다고 생각할 수 있습니다. 그런데 여기서도 주님은 마음의 문제를 건드셨습니다. 주님은 헌금이 중요한 것이 아니라 마음, 곧 진정성이 중요하다고 말씀하신 것입니다.

> "그러므로 예물을 제단에 드리려다가 거기서 네 형제에게 원망 들을 만한 일이 있는 것이 생각나거든 예물을 제단 앞에 두고 먼 저 가서 형제와 화목하고 그 후에 와서 예물을 드리라"(마5:23-24)

'바리새인보다 더 낫다'는 말을 달리 하면 '마음이 중요하다'라고 할 수 있을 것 같습니다. 그러므로 더 높은 윤리란 마음의 진정성이었던 것입니다.

'윤리도 엉망이고 마음마저 부정하다면 이 노릇은 어떻게 해야 합니까?'

---

* Meditatio 묵상
오늘 말씀을 통하여 깨닫게 된 것을 짧게 적어보십시오.

어느 누구도 피할 수 없다

* Lexio 읽기 / 마태복음 5:27-32

가능하면 오늘의 본문을 먼저 읽는 것이 좋지만 바로 아래 글을 읽어도 좋습니다. 충분히 본
문을 이해하도록 배려하며 글을 썼습니다. 혹시 본문을 읽으신 분은 감동이 오는 말씀이나
단어 혹은 느낌을 간단히 적으시면 좋습니다.

"또 간음하지 말라 하였다는 것을 너희가 들었으나"(마5:27)

간음의 문제, 모든 역사를 막론하고 심각한 문제였습니다. 나라마다
이 문제를 해결하기 위하여 창녀와 창남을 슬그머니 인정하였습니다.
법률적으로 죄가 되지 않는 공식적인 간음이었습니다. 그렇다 해도 "간
음"은 기독교 윤리를 말할 때 심각한 것이었습니다.

그런데 주님이 매우 심각하게 이 문제를 거론하신 것입니다. 심지어
전혀 행동하지 않았어도 마음으로 지은 것만 가지고도 간음했다고 정
리하셨기 때문입니다.

"나는 너희에게 이르노니 음욕을 품고 여자를 보는 자마다 마음
에 이미 간음하였느니라"(마5:28)

이 같은 주님의 말씀은 어느 누구도 피할 수 없는 죄가 "간음"이라고
말씀하신 것과 다름없었습니다. 이어 주님의 말씀은 점입가경으로 들

어섭니다.

> "만일 네 오른 눈이 너로 실족하게 하거든 빼어 내버리라 네 백
> 체 중 하나가 없어지고 온 몸이 지옥에 던져지지 않는 것이 유익
> 하며"(마5:29)

이 역시 어느 누구도 죄에서 피할 수 없다는 말씀이었습니다. 엄청
난 윤리의 요청, 주님이 앞에서 언급하신 '율법의 완성'(개역한글/마
5:17)이라 할 수 있습니다.

그런데 정직하게 말하면 우리는 이 말씀대로 지키며 살 수 없습니다.
그저 죄인임이 선명해질 뿐입니다. 그동안 약간의 공로와 선행으로 자
신이 의롭다고 포장하며 살았던 삶이 어리석었음을 나타낼 뿐입니다.

'누구도 의로울 수 없다.' 주님은 이것을 말씀하고 계신 것입니다. 하
나님이 왜 당신을 이 땅에 보내셨는지 그 이유를 설명하고 계신 것인지
도 모릅니다.

'우리는 우리의 힘으로 우리 자신을 구할 수 없습니다. 오로지 예수
외에는 없습니다. 이에 동의하십니까?'

* Meditatio 묵상
오늘 말씀을 통하여 깨닫게 된 것을 짧게 적어보십시오.

단순하고 정직하게 진정성을 가지고

* Lexio 읽기 / 마태복음 5:33-37

가능하면 오늘의 본문을 먼저 읽는 것이 좋지만 바로 아래 글을 읽어도 좋습니다. 충분히 본문을 이해하도록 배려하며 글을 썼습니다. 혹시 본문을 읽으신 분은 감동이 오는 말씀이나 단어 혹은 느낌을 간단히 적으시면 좋습니다.

> "또 옛 사람에게 말한 바 헛 맹세를 하지 말고 네 맹세한 것을 주께 지키라 하였다는 것을 너희가 들었으나"(마5:33)

"맹세"는 강한 의지나 약속의 표현이라 할 수 있습니다. 그래서 우리는 간혹 '내 목숨을 걸고 ...을 한다'는 식으로 말하기도 합니다.

예수님 당시에는 맹세의 일반적인 방법으로 '하늘을 두고' 한 것으로 보입니다. 쉽게 우리가 쓰는 표현으로 하면 '하나님 앞에서 맹세한다. 하늘을 걸고 맹세한다' 등으로 말할 수 있습니다.

그런데 일반적으로 행해지던 이 같은 맹세 방식에 주님이 제동을 거신 것입니다. 재밌게도 주님은 아예 맹세를 하지 말 것을 요청하셨습니다.

> "너희는 그저 '예' 할 것은 '예' 하고 '아니오' 할 것은 '아니오' 라고만 하여라. 그 이상의 말은 악에서 나오는 것이다."(공동번역/마5:37)

주님은 우리의 맹세 속에 숨어 있는 '거짓 됨'에 주목하신 것입니다. 동기의 순수성, 많은 경우 그 동기가 "악"에 기반 할 수 있다고 지적하신 것입니다.

하늘이나 땅을 두고 맹세하는 것은 이미 단호한 맹세의 표현이긴 합니다. 물론 그 순간 진정성을 가질 수도 있습니다. 하지만 그 내면에는 숨은 동기가 있다는 것을 유의해야 합니다. 자신의 목적을 위해 과장되게 표현하거나 포장하는 방법일 수 있기 때문입니다. 즉 지금 '순간의 진정성'이라는 것도 거짓일 수 있는 것입니다.

"오직 너희 말은 옳다 옳다, 아니라 아니라 하라"(마5:37)

참 단순한 표현입니다. 그러니까 주님은 복잡하게 생각하고 무엇을 의도하지 말고 정직하게 지금 나의 상태를 인정하고 단순해질 것을 요청한 것입니다. '맹세하지 마라.' 이 말은 '단순하고 정직하게 진정성을 가지고 반응하라'고 말씀하신 것입니다. 참 우리 주님다운 가르치심입니다.

'정직하십니까? '네 혹은 아니오'라고 대답하십니까?'

* Meditatio 묵상
오늘 말씀을 통하여 깨닫게 된 것을 짧게 적어보십시오.

네게 꾸고자 하는 자에게

* Lexio 읽기 / 마태복음 5:38-42

가능하면 오늘의 본문을 먼저 읽는 것이 좋지만 바로 아래 글을 읽어도 좋습니다. 충분히 본문을 이해하도록 배려하며 글을 썼습니다. 혹시 본문을 읽으신 분은 감동이 오는 말씀이나 단어 혹은 느낌을 간단히 적으시면 좋습니다.

> "또 눈은 눈으로, 이는 이로 갚으라 하였다는 것을 너희가 들었으나"(마5:38)

레위기를 보면 하나님께서 이스라엘에게 주신 명령 중에 이 같은 내용이 있습니다.

> "상처에는 상처로, 눈에는 눈으로, 이에는 이로 갚을지라 남에게 상해를 입힌 그대로 그에게 그렇게 할 것이며"(레24:20)

물론 더 심한 내용도 있습니다.

> "사람을 쳐죽인 자는 반드시 죽일 것이요"(레24:17)

분명히 공평한 정의를 말하고 있습니다. 그런데 주님이 다른 교훈을 말씀하신 것입니다. 악의 문제가 명확하지만 그 악에 대해서도 달리 대할 것을 요청하신 것입니다.

"나는 너희에게 이르노니 악한 자를 대적하지 말라 누구든지 네 오른편 뺨을 치거든 왼편도 돌려 대며"(마5:39)

구약에서 요청하셨던 하나님의 율법이 왜 이렇게 말랑말랑해진 것입니까? 주님 역시 구약의 율법이 아니라 지금 말씀하신 새로운 법에 따라 행동하셨습니다. 알다시피 십자가는 그것의 절정이었습니다.

많은 설명을 할 수 있겠지만 한 가지는 분명합니다. 우리를 사랑하시기 때문입니다. 만일 구약의 법대로 적용했다면 우리는 단 한 사람도 살아남지 못했을 것입니다. 그러니까 하나님께서 원칙을 바꾸신 것입니다. 철저하게 우리 인간들의 위치에서 생각하신 것입니다.

우리 교회 밥집(소그룹) 리더들이 리더 수련회에서 여러 문제를 유발시키기에 '돈을 꿔주는 것은 하지 말고 할 수 있는 만큼의 돈을 주고, 받을 것을 생각하지 말자'고 의견을 모았습니다. 주님은 "꾸고자 하는 자에게 거절하지 말라"(마5:42)고 하시는데 말입니다. 제대로 된 결정이지만 뭔가 아쉽습니다. 그런 까닭에 원하는 대로 거저 줄 수 있을 만큼 자유로운 선의를 가진 부자가 되는 것은 축복입니다.

'나는 실제로 어떻게 행동합니까? 주님의 말씀을 어느 정도까지 받아들일 수 있습니까?'

* Meditatio 묵상
오늘 말씀을 통하여 깨닫게 된 것을 짧게 적어보십시오.

_____

_____

하나님의 자녀라면

* Lexio 읽기 / 마태복음 5:43-48
가능하면 오늘의 본문을 먼저 읽는 것이 좋지만 바로 아래 글을 읽어도 좋습니다. 충분히 본문을 이해하도록 배려하며 글을 썼습니다. 혹시 본문을 읽으신 분은 감동이 오는 말씀이나 단어 혹은 느낌을 간단히 적으시면 좋습니다.

"또 네 이웃을 사랑하고 네 원수를 미워하라 하였다는 것을 너희
가 들었으나"(마5:43)

우리는 이 말씀대로 삽니다. 원수인 경우에는 미워하는 정도가 아니라 극한의 분노를 드러내는 것도 서슴지 않습니다. 더욱이 음흉하고 교묘해진 사회 구조에서 나오는 죄와 악에 대하여 우리는 그렇게 대할 수밖에 없습니다. 얼마든지 이해할 수 있습니다.

그런데 주님이 '원수를 사랑하라'고 말씀하신 것입니다. 참 어려운 말씀입니다. 분명히 우리는 '너무 힘든 요청이 아닌가?' 하고 반문할 수 있습니다. 이 같은 말씀을 하신 주님의 의도를 듣기 전까지는 말입니다.

"이같이 한즉 하늘에 계신 너희 아버지의 아들이 되리니"(마5:45)

할 말이 없습니다. 원수를 미워하는 것은 누구나 할 수 있는 타당한 행위입니다. 하지만 하나님의 자녀라면 이야기가 달라집니다. 하나님

의 아들 예수 그리스도의 십자가와 죽음을 매우 자연스럽게 받아들이는 것처럼 말입니다. '하나님의 아들이시니까.' 그렇게 하신 것이 자연스럽고 아름답게 보이는 것입니다.

그러니 주님은 우리의 윤리 수준을 높이라고 말씀하신 것입니다. 그이유를 다음과 설명하시면서 말입니다.

> "그러므로 하늘에 계신 너희 아버지의 온전하심과 같이 너희도 온전하라"(마5:48)

여기서 주님이 예를 드신 내용이 근사합니다.

> "하나님이 그 해를 악인과 선인에게 비추시며 비를 의로운 자와 불의한 자에게 내려주심이라"(마5:45)

자연스러운 용납과 자유함이 느껴집니다. 그 어떤 악과 불의에도 의연한 모습입니다. 하긴 이 정도는 되어야 하는 것이 옳습니다. 하나님의 자녀, 크리스천이라면 말입니다.

'하나님의 자녀답게 살아야 하는 것이 당연한데 나는 어떤 모습의 삶을 살고 있습니까?'

* Meditatio 묵상
오늘 말씀을 통하여 깨닫게 된 것을 짧게 적어보십시오.

제 3 부

하나님 말씀대로

사람에게 하는 기도

* Lexio 읽기 / 마태복음 6:1-6
가능하면 오늘의 본문을 먼저 읽는 것이 좋지만 바로 아래 글을 읽어도 좋습니다. 충분히 본문을 이해하도록 배려하며 글을 썼습니다. 혹시 본문을 읽으신 분은 감동이 오는 말씀이나 단어 혹은 느낌을 간단히 적으시면 좋습니다.

"사람에게 보이려고 그들 앞에서 너희 의를 행하지 않도록 주의
하라 그리하지 아니하면 하늘에 계신 너희 아버지께 상을 받지
못하느니라"(마6:1)

"사람에게 보이려고" 하는 것이 동기여서 사람들에게 자기 의를 노출시킨 것이라면 '자기 상을 이미 받았다'(마6:2)고 주님은 말씀하셨습니다. 선한 행위의 목적이 사람들 앞에 드러내는 것이라면 그 정도로 충분한 것이기에 그렇습니다.

하지만 주님께서 그 같이 사람을 의식하는 행위가 문제 있다는 뉘앙스의 말씀을 하신 이유는 5장 45절에서 언급한 것처럼 우리가 '하나님의 아들'임을 전제하고 있기 때문입니다. 하나님 아들의 자유함 같은 것 때문입니다.

"네 구제함을 은밀하게 하라 은밀한 중에 보시는 너의 아버지께
서 갚으시리라"(마6:4)

그런데 문제는 오로지 하나님과의 관계에서 나오는 기도조차 사람에게 보이려 한다고 주님은 지적하셨습니다.

> "또 너희는 기도할 때에 외식하는 자와 같이 하지 말라 그들은 사람에게 보이려고 회당과 큰 거리 어귀에 서서 기도하기를 좋아하느니라"(마6:5)

이때 기도란 자기를 드러내는 행위의 액세서리 같은 것입니다. 기도 역시 사람이 사는 사회생활의 한 방법이 된 것입니다. 그렇다면 이 같은 기도를 주님이 듣지 않으실 것은 자명한 일입니다. 하나님에게 드리는 것이 아니라 사람에게 하는 것이기 때문입니다. '사람에게 하는 기도'라 해도 틀리지 않을 것입니다.

우리가 잊었던 부분입니다. 기도는 하나님께 하는 것이란 사실 말입니다. 그래서 '골방 기도' 곧, 아무도 보지 않을 때 하나님 앞에 선 자의 기도가 최소한 제대로 된 기도임을 알 수 있습니다. 그 기도는 당연히 주님이 응답하실 것입니다.

> "너는 기도할 때에 네 골방에 들어가 문을 닫고 은밀한 중에 계신 네 아버지께 기도하라 은밀한 중에 보시는 네 아버지께서 갚으시리라"(마6:6)

'혹시 나의 기도가 사람을 의식한 것은 아닙니까?'

---

* Meditatio 묵상
오늘 말씀을 통하여 깨닫게 된 것을 짧게 적어보십시오.

하나님에게 하는 기도

* Lexio 읽기 / 마태복음 6:7-15
가능하면 오늘의 본문을 먼저 읽는 것이 좋지만 바로 아래 글을 읽어도 좋습니다. 충분히 본문을 이해하도록 배려하며 글을 썼습니다. 혹시 본문을 읽으신 분은 감동이 오는 말씀이나 단어 혹은 느낌을 간단히 적으시면 좋습니다.

"너는 기도할 때에 네 골방에 들어가 문을 닫고 은밀한 중에 계신
네 아버지께 기도하라"(마6:6)

'기도는 하나님께 드리는 것이다.' 그렇습니다. 그렇다면 우리에게
필요한 것은 진정성을 가지고 하나님께 기도하는 것입니다. 마음의 진
정성을 가지고 기도한다면 하나님은 들으시기 때문입니다. 이미 주님
은 우리가 기도하기도 전에 우리의 필요한 것을 다 아시기 때문입니다.

"그러므로 그들을 본받지 말라 구하기 전에 너희에게 있어야 할
것을 하나님 너희 아버지께서 아시느니라"(마6:8)

기도는 비즈니스나 로비하는 것과 같은 것이 아닙니다. 더욱이 우리
의 모든 동기와 마음을 아시는 분 앞에 서는 일이기 때문에 감언이설로
혹은 미사여구로 말할 필요도 없는 것입니다. 우리의 기도 대상은 하나
님이시기 때문입니다.

"또 기도할 때에 이방인과 같이 중언부언하지 말라 그들은 말을

많이 하여야 들으실 줄 생각하느니라"(마6:7)

그러므로 기도에는 우리의 마음이 들어 있어야 합니다. 입을 열어 말을 해야만 들으시는 것이 기도가 아니라, 아무런 말을 하지 않을지라도 우리의 마음이 하나님 앞에 서 있는 것이라면 이미 들으시기 때문입니다. 돌이켜보면 우리가 기도하지 않았거나 미처 기도하지 못 했지만 하나님이 알아서 이끄시고 이루신 것은 말로 형용할 수 없을 만큼 많았습니다.

그렇다면 기도는 어떻게 하는 것입니까? 이런 질문 앞에 가르쳐주신 기도가 '주기도'입니다. 완벽한 기도, 우리가 더 이상 기도할 수 없을 때 읽는 것만으로도 드릴 수 있는 기도입니다. 자, 지금 같이 기도하겠습니다. 찬찬히 뜻을 의식하면서 읽으셔야 합니다.

"하늘에 계신 우리 아버지여 이름이 거룩히 여김을 받으시오며 나라가 임하시오며 뜻이 하늘에서 이루어진 것 같이 땅에서도 이루어지이다 오늘 우리에게 일용할 양식을 주시옵고 우리가 우리에게 죄 지은 자를 사하여 준 것 같이 우리 죄를 사하여 주시옵고 우리를 시험에 들게 하지 마시옵고 다만 악에서 구하시옵소서 (나라와 권세와 영광이 아버지께 영원히 있사옵나이다 아멘)"(마6:9-13)

'찬찬히 읽으시며 기도하셨습니까? 어떠셨습니까?'

* Meditatio 묵상
오늘 말씀을 통하여 깨닫게 된 것을 짧게 적어보십시오.

돈을 섬기는 신앙

* Lexio 읽기 / 마태복음 6:16-24
가능하면 오늘의 본문을 먼저 읽는 것이 좋지만 바로 아래 글을 읽어도 좋습니다. 충분히 본문을 이해하도록 배려하며 글을 썼습니다. 혹시 본문을 읽으신 분은 감동이 오는 말씀이나 단어 혹은 느낌을 간단히 적으시면 좋습니다.

"금식할 때에 너희는 외식하는 자들과 같이 슬픈 기색을 보이지
말라 그들은 금식하는 것을 사람에게 보이려고 얼굴을 흉하게 하
느니라"(마6:16)

사람들의 관심은 오로지 사람이었습니다. 기도뿐 아니라 당시 경건 생활의 대표적 표현이었던 금식 역시 사람에게 보이려는데 모든 초점이 맞춰져 있었습니다. 모든 신앙생활에서 사람을 의식하는 것, 하나님과 관계없는 것은 치명적인 문제였습니다.

그렇다고 그들이 믿지 않는다 말할 수는 없습니다. 그럼에도 불구하고 이 같은 문제가 발생한 이유를 주님은 물질적 삶의 추구에 있다고 보셨습니다. 물질에 대한 주님의 언급입니다.

"너희를 위하여 보물을 땅에 쌓아 두지 말라 거기는 좀과 동록이
해하며 도둑이 구멍을 뚫고 도둑질하느니라"(마6:19)

이 언급의 핵심은 '사라질 것 혹은 사라지는 것'이 물질의 정체성이라는 것입니다. 이어 주님은 그 물질을 하나님 나라에 쌓아두라고 권면합니다. '사라질 것'으로 '영원한 것'을 얻을 수 있다는 말씀이었습니다.

물질 혹은 돈은 힘입니다. 물론 그 힘은 우리가 그 물질에 의존하기 때문에 주어진 것입니다. 우리가 물질을 힘으로 격상시킨 것입니다. 주님의 표현으로 하면 이렇습니다.

"네 보물 있는 그 곳에는 네 마음도 있느니라"(마6:21)

거기서 문제가 발생하였습니다. 물질 중심으로 살게 된 것입니다. 더불어 하나님을 가볍게 여기거나 물질을 얻기 위하여 하나님께 구하는 것이 신앙행위의 중심이 된 것입니다. 심하게 말하면 물질을 추구하는 것이 신앙의 목적이 된 것입니다. 어리석은 종교가 된 것입니다.

"너희가 하나님과 재물을 겸하여 섬기지 못하느니라"(마6:24)

'돈과 물질이 신앙행위의 중심이 되었다면 이미 물질이 우상이 된 것입니다. 나의 경우는 어떻습니까?'

* Meditatio 묵상
오늘 말씀을 통하여 깨닫게 된 것을 짧게 적어보십시오.

하나님이 나의 아버지시다

* Lexio 읽기 / 마태복음 6:24-26

가능하면 오늘의 본문을 먼저 읽는 것이 좋지만 바로 아래 글을 읽어도 좋습니다. 충분히 본문을 이해하도록 배려하며 글을 썼습니다. 혹시 본문을 읽으신 분은 감동이 오는 말씀이나 단어 혹은 느낌을 간단히 적으시면 좋습니다.

> "한 사람이 두 주인을 섬기지 못할 것이니 혹 이를 미워하고 저를 사랑하거나 혹 이를 중히 여기고 저를 경히 여김이라 너희가 하나님과 재물을 겸하여 섬기지 못하느니라"(마6:24)

'하나님과 재물을 겸하여 섬기다.' 이미 물질과 돈이 신앙의 위치까지 올라온 것입니다. 어떻게 이런 일이 벌어진 것입니까? 당연히 우리의 관심이 온통 이 세상, 이 땅에 집중되어 있기 때문입니다. 그것의 시작은 사소한 것일 수 있습니다.

> "목숨을 위하여 무엇을 먹을까 무엇을 마실까 몸을 위하여 무엇을 입을까 염려하지 말라"(마6:25)

염려하지 말라 하셨는데, 이 같은 사소한 추구가 시작이었던 것입니다. 먹을 것, 마실 것, 입을 것이 필요해서 추구하다가 어느 날 신앙의 이유가 된 것입니다. 그리고 이 모든 것은 사람을 의식하며 이 세상에서 살아야하기에 더욱 필요하였습니다.

더욱이 앞에서 살핀 것처럼 구제, 금식 그리고 기도 등 모든 신앙 행위조차 사람을 의식해서 나오는 삶을 사는 까닭에 실제적 삶의 영역에서 사람을 의식하고 돈을 추구하는 것은 자연스러운 일이었을 것입니다.

하지만 주님은 그렇게 살지 말 것을 요청하셨습니다. 염려하지 말라는 말씀과 함께 말입니다. 우리가 염려하고 걱정하는 것을 알고 계셨던 것입니다. 주님께서.

> "그러므로 내가 너희에게 이르노니 목숨을 위하여 무엇을 먹을까 무엇을 마실까 몸을 위하여 무엇을 입을까 염려하지 말라 목숨이 음식보다 중하지 아니하며 몸이 의복보다 중하지 아니하냐"(마6:25)

결정적인 주님의 처방은 하나님이 우리 아버지라는 사실를 알려주신 것입니다. '하나님이 나의 아버지이시다.' 기막힌 말씀이 아닐 수 없습니다.

> "공중의 새를 보라 심지도 않고 거두지도 않고 창고에 모아들이지도 아니하되 너희 하늘 아버지께서 기르시나니 너희는 이것들보다 귀하지 아니하냐"(마6:26)

'하나님이 나의 아버지라는 사실을 잊어서는 안 됩니다.'

* Meditatio 묵상
오늘 말씀을 통하여 깨닫게 된 것을 짧게 적어보십시오.

믿음의 문제이다

* Lexio 읽기 / 마태복음 6:27-34
가능하면 오늘의 본문을 먼저 읽는 것이 좋지만 바로 아래 글을 읽어도 좋습니다. 충분히 본
문을 이해하도록 배려하며 글을 썼습니다. 혹시 본문을 읽으신 분은 감동이 오는 말씀이나
단어 혹은 느낌을 간단히 적으시면 좋습니다.

"공중의 새를 보라 심지도 않고 거두지도 않고 창고에 모아들이
지도 아니하되 너희 하늘 아버지께서 기르시나니 너희는 이것들
보다 귀하지 아니하냐"(마6:26)

모든 문제의 원인은 '하나님이 아버지이시다'라는 고백이 불확실하
기 때문입니다. 주님은 이에 대한 설명으로 들꽃 이야기를 꺼내었습니
다. 들의 백합화, 들풀로 표현된 '들꽃'을 하나님이 키우시고 돌보신다
고 말입니다.

이 말씀의 메시지의 핵심은 '들꽃이 아름답다'는 것이었습니다. 왜냐
하면 하나님이 돌보시기 때문이고, 하나님이 사랑하시기 때문입니다.
주님은 그 비교의 대상으로 역사상 가장 풍요롭고 근사했던 왕 솔로몬
을 말씀하셨습니다.

"그러나 내가 너희에게 말하노니 솔로몬의 모든 영광으로도 입은
것이 이 꽃 하나만 같지 못하였느니라"(마6:29)

그런데 우리의 문제는 이 놀라운 사실을 모른다는 점입니다. 그 이유를 주님은 믿음의 문제로 보았습니다.

"오늘 있다가 내일 아궁이에 던져지는 들풀도 하나님이 이렇게 입히시거든 하물며 너희일까보냐 믿음이 작은 자들아"(마6:30)

왜 믿음의 문제입니까? 하나님이 아시기 때문이고, 하나님이 대책을 세워놓으셨기 때문입니다. 단지 눈에 가시적으로 보이는 것이 아닐 뿐이어서 믿는 것만 남아있는 것입니다. 그래서 주님이 안심시킨 것입니다. '아신다'고 말씀하심으로 말입니다. 우리는 모르는 것이 참 많습니다.

"이는 다 이방인들이 구하는 것이라 너희 하늘 아버지께서 이 모든 것이 너희에게 있어야 할 줄을 아시느니라"(마6:32)

이제 우리가 할 일은 믿음으로 주님을 신뢰하고 주의 나라를 위하여 사는 것입니다. 폼 나게 말입니다. 하나님의 자녀로서 말입니다. 당연하지 않습니까?

"그런즉 너희는 먼저 그의 나라와 그의 의를 구하라 그리하면 이모든 것을 너희에게 더하시리라"(마6:33)

'그렇다면 나의 삶은 무엇을 추구하는 삶입니까?'

* Meditatio 묵상
오늘 말씀을 통하여 깨닫게 된 것을 짧게 적어보십시오.

다른 사람을 판단할 때

* Lexio 읽기 / 마태복음 7:1-6
가능하면 오늘의 본문을 먼저 읽는 것이 좋지만 바로 아래 글을 읽어도 좋습니다. 충분히 본
문을 이해하도록 배려하며 글을 썼습니다. 혹시 본문을 읽으신 분은 감동이 오는 말씀이나
단어 혹은 느낌을 간단히 적으시면 좋습니다.

"비판을 받지 아니하려거든 비판하지 말라"(마7:1)

헬라어 성경의 '크리노'란 단어는 개정개역에서 "비판"으로 번역했지
만 단순한 비판이 아니라 '구별하여 선고하다'는 의미를 갖고 있습니다.
그런 까닭에 현대인의 성경은 "판단"이라 번역하였고, 우리말성경이나
표준새번역은 "심판"이라고 번역하였습니다. 그 중에서도 공동번역은
아예 "하나님의 심판"이라고 구체적으로 표현하였습니다.

"남을 판단하는 대로 너희도 하나님의 심판을 받을 것이고 남
을 저울질하는 대로 너희도 저울질을 당할 것이다."(공동번역/마7:2)

하나님의 은혜는 누구에게나 동일합니다. 그러니까 마태복음 18장에
나오는 일만 달란트를 탕감해준 것은 그 은혜를 나누라는 위탁 같은 것
이었습니다. 일만 달란트 탕감 받은 자는 반드시 그 자신에게 빚진 자
가 갚아야 할 일백 데나리온을 탕감해주는 것이 옳은 것이었습니다. 하
지만 일만 달란트 탕감 받은 자가 자신에게 빚진 자에게 정의를 요구하

는 순간 자신도 정의의 적용을 받게 된 것입니다.

사실 우리에게는 선택권이 없습니다. 우리는 일만 달란트를 용서받은 자와 같은 존재이기 때문입니다. 오늘 본문의 이야기로 적용하면 내 눈에 있는 들보 때문입니다. 내 눈의 들보가 형제의 눈의 티끌보다 훨씬 크기 때문입니다. 즉 내가 용서받은 것(일만 달란트)이 내가 용서할 것(일백 데나리온)보다 훨씬 크기 때문입니다.

더욱이 우리가 일만 달란트를 갚을 방법이 없습니다. 여전히 우리 눈에는 들보가 있습니다. 그렇다면 우리는 오직 은혜로 살 뿐입니다. 누구를 판단하고 정죄하기보다 이해하고 용납하고 사랑해야 하는 이유입니다. 그것이 우리에게 주어진 은혜라는 "진주"를 계속 소유하는 방법일 것입니다.

> "거룩한 것을 개에게 주지 말며 너희 진주를 돼지 앞에 던지지 말라 그들이 그것을 발로 밟고 돌이켜 너희를 찢어 상하게 할까 염려하라"(마7:6)

'함부로 판단하지 마십시오. 혹 비판할 때는 부드러운 마음으로, 긍휼히 여기는 마음으로 대하셔야 합니다.'

* Meditatio 묵상
오늘 말씀을 통하여 깨닫게 된 것을 짧게 적어보십시오.

예외 없는 무조건적 응답의 이유

* Lexio 읽기 / 마태복음 7:7–12

가능하면 오늘의 본문을 먼저 읽는 것이 좋지만 바로 아래 글을 읽어도 좋습니다. 충분히 본
문을 이해하도록 배려하며 글을 썼습니다. 혹시 본문을 읽으신 분은 감동이 오는 말씀이나
단어 혹은 느낌을 간단히 적으시면 좋습니다.

> "구하라 그리하면 너희에게 주실 것이요 찾으라 그리하면 찾아
> 낼 것이요 문을 두드리라 그리하면 너희에게 열릴 것이니"(마7:7)

그저 읽기만 하여도 시원할 정도로 무조건적입니다. 구하는 대로, 찾
는 대로, 두드리는 대로 응답하시기 때문입니다. 예외도 없습니다. 주
님은 그것을 강조하고 싶었던 것으로 보입니다.

> "구하는 이마다 받을 것이요 찾는 이는 찾아낼 것이요 두드리는
> 이에게는 열릴 것이니라"(마7:8)

마치 들어서면 열리는 자동문처럼 예외 없이 응답된다고 주님은 말
씀하십니다. 이 말씀을 대하면서 약간 의심이 들 수도 있습니다. 하지
만 이어지는 말씀에서 그 대답을 찾을 수 있습니다. 예외 없는 무조건
적 응답의 이유입니다.

> "너희 중에 누가 아들이 떡을 달라 하는데 돌을 주며 생선을 달라

하는데 뱀을 줄 사람이 있겠느냐"(마7:9-10)

'너희는 내 아들이다.' 사실 이 같은 정의 앞에 달리 할 말이 없습니다. 원하는 대로 주시지 않는 것이 오히려 이상할 뿐입니다.

이 말씀의 중요성은 오히려 다른데 있습니다. 우리는 걱정할 필요가 없다는 것입니다. 하나님이 우리 아버지이시기에 언제나 가장 좋은 것을 주실 것이기 때문입니다. 그러므로 기도는 흥정이 아닙니다. 기도는 관계입니다.

> "너희가 악한 자라도 좋은 것으로 자식에게 줄 줄 알거든 하물며
> 하늘에 계신 너희 아버지께서 구하는 자에게 좋은 것으로 주시지
> 않겠느냐"(마7:11)

이제 우리가 관심 가져야 할 것은 우리가 하나님의 자녀답게 사는 것입니다. 어떤 의미에서 아버지와 자녀 됨의 관계는 '구하고 받는 문제'를 넘어선 관계이기 때문입니다. 하나님의 자녀답게 살면 되는 것입니다.

'하나님은 아버지로서 가장 좋은 것을 준비하고 계십니다. 이것은 의심할 필요가 없습니다. 잊지 마십시오.'

* Meditatio 묵상
오늘 말씀을 통하여 깨닫게 된 것을 짧게 적어보십시오.

....

....

좁은 길의 아름다움

* Lexio 읽기 / 마태복음 7:13-14
가능하면 오늘의 본문을 먼저 읽는 것이 좋지만 바로 아래 글을 읽어도 좋습니다. 충분히 본
문을 이해하도록 배려하며 글을 썼습니다. 혹시 본문을 읽으신 분은 감동이 오는 말씀이나
단어 혹은 느낌을 간단히 적으시면 좋습니다.

"좁은 문으로 들어가라"(마7:13)

참 기막힌 요청입니다. 넓고 편한 길이 있는데 어렵지만 좁은 문을
택하라고 주님이 말씀하신 것입니다.

당연히 사람들은 편하고 넓은 길과 넓은 문을 택합니다. 누구나 그렇
게 선택합니다. 그런데 주님이 이상한 말씀을 하셨습니다. 넓은 길과
넓은 문은 멸망으로 향한다고 말씀하신 것입니다.

"멸망으로 인도하는 문은 크고 그 길이 넓어 그리로 들어가는 자
가 많고"(마7:13)

당연히 생명으로 인도하는 문은 좁고 길이 협착하다고 이어 주님은
말씀하셨습니다.

"생명으로 인도하는 문은 좁고 길이 협착하여 찾는 자가 적음이
라"(마7:14)

왜 그럴까 생각할 수 있습니다. 하지만 복잡하게 생각하지 않고 보면 주님의 말씀이 옳습니다. 언제나 쉽고 편한 길, 이기적으로 나 자신을 사랑하고 자기 연민으로 살아 온 우리에게 좁은 길과 좁은 문이란 선택하기 싫은 길일 수밖에 없습니다. 그것이 이유입니다.

주님이 이 세상에 오셔서 제자들을 찾으셨지만 그의 부르심에 응답한 사람은 열두 제자가 전부였습니다. 예수님이 열두 명만 제자 삼으시려고 의도한 것이라면 모르겠지만 그 후에 부자 청년 등을 받아들이려고 했던 기록들을 볼 때 이 문제는 자격의 문제였음을 알 수 있습니다. 사실 주님의 제자가 되는 것은 다른 사람들이 선택하지 않는 좁은 길, 좁은 문을 선택한다는 것이었습니다. 심지어 목숨을 건 문제였습니다.

하지만 좁은 길, 좁은 문을 가는 것은 아름답습니다. 그만큼 나를 향한 하나님의 사랑을 알았다는 의미이기 때문입니다. 주를 위해 죽겠다는 표현이기 때문입니다. 군중이 떼를 이루어 넓고 편한 길을 택하여 가는데 그 길을 거슬러 좁은 문, 좁은 길을 향하는 걸음은 얼마나 멋있겠습니까?

'좁은 길, 좁은 문을 택할 의향이 있으십니까? 까짓것 고난과 어려움, 한 번 부딪혀보지 않겠습니까?'

* Meditatio 묵상
오늘 말씀을 통하여 깨닫게 된 것을 짧게 적어보십시오.

무엇을 향하는지를 주의하라

* Lexio 읽기 / 마태복음 7:15-20

가능하면 오늘의 본문을 먼저 읽는 것이 좋지만 바로 아래 글을 읽어도 좋습니다. 충분히 본문을 이해하도록 배려하며 글을 썼습니다. 혹시 본문을 읽으신 분은 감동이 오는 말씀이나 단어 혹은 느낌을 간단히 적으시면 좋습니다.

> "거짓 선지자들을 삼가라 양의 옷을 입고 너희에게 나아오나 속
> 에는 노략질하는 이리라"(마7:15)

거짓 선지자, 그들의 문제는 "양의 옷"을 입고 있다는 점입니다. 실제는 "노략질하는 이리" 같은 존재인데 말입니다. 그래서 겉으로 봐서는 알 수 없습니다. 혼란스러울 수 있지만 주님이 주신 해법은 간단했습니다. 열매를 보라는 것입니다.

> "그들의 열매로 그들을 알지니 가시나무에서 포도를, 또는 엉겅
> 퀴에서 무화과를 따겠느냐 이와 같이 좋은 나무마다 아름다운 열
> 매를 맺고 못된 나무가 나쁜 열매를 맺나니"(마7:16-17)

지금 우리가 살고 있는 시대는 엄청난 지식과 정보로 인하여 이미 양과 이리를 구별하기가 힘들어졌습니다. 충분히 지혜로워졌고, 얼마든지 위장할 능력을 갖게 되었고, 이를 지원하는 시스템이 엄청나기 때문입니다. 근사한 디자인 하나만으로도 얼마든지 우리의 눈과 귀를 왜곡

시킬 수 있기 때문입니다. 눈에 보이는 것만 추구하는 시대의 비참함입니다. 그래서 단순히 눈에 보이는 것을 넘어 열매를 보는 것이 중요하다고 주님이 말씀하신 것입니다.

> "좋은 나무가 나쁜 열매를 맺을 수 없고 못된 나무가 아름다운 열매를 맺을 수 없느니라"(마7:18)

아무리 근사하게 말하고 멋있게 보여도 어쩔 수 없는 열매적 행동들, 즉 아무도 보지 않는 상황에서 나오는 언어와 행동, 평상시와 다른 이중적 행위 등 우리가 주의 깊게 바라봐야 하는 것들입니다.

디자인 사회, 이 세상은 그런 세상이 되었습니다. 겉모습만 번지르르하게 위장시켜주는 세상 앞에 우리가 서 있습니다. 우리는 속절없이 그런 위장에 현혹되고 맙니다.

> "이러므로 그들의 열매로 그들을 알리라"(마7:20)

그러므로 포장한 디자인이 아니라 그 말의 끝이 어떤지, 그 행위의 목적이 무엇인지를 살펴야 합니다. 아무리 중간 과정이 근사하고 멋있게 보여도 무엇을 향하는지 방향성을 봐야 하는 것입니다.

'내용 없는 빈껍데기 디자인에 현혹되지 마십시오.'

* Meditatio 묵상
오늘 말씀을 통하여 깨닫게 된 것을 짧게 적어보십시오.

내가 너희를 도무지 알지 못한다

* Lexio 읽기 / 마태복음 7:21-23

가능하면 오늘의 본문을 먼저 읽는 것이 좋지만 바로 아래 글을 읽어도 좋습니다. 충분히 본문을 이해하도록 배려하며 글을 썼습니다. 혹시 본문을 읽으신 분은 감동이 오는 말씀이나 단어 혹은 느낌을 간단히 적으시면 좋습니다.

오늘날 심각한 위기는 교회와 목사, 그리고 종교 지도자들입니다. 그 중에서도 정규 과정의 검증이라 할 수 있는 신학 공부 시스템도 없이 마구잡이로 직통 계시를 받거나, 약간의 기적적 행위를 함으로 자신의 정통성을 합리화하여 영향력을 끼치는 상황을 만난 것이 심각한 위기입니다. 그 같은 상황 앞에 우리는 속수무책인 경우가 많은 것도 사실입니다. 주님은 그 같은 경우들을 염두에 두고 다음과 같이 말씀하셨습니다.

> "그 날에 많은 사람이 나더러 이르되 주여 주여 우리가 주의 이름으로 선지자 노릇 하며 주의 이름으로 귀신을 쫓아 내며 주의 이름으로 많은 권능을 행하지 아니하였나이까 하리니"(마7:22)

거의 완벽합니다. 속아 넘어가지 않을 재간이 없습니다. 더욱이 "주의 이름으로" 행하기 때문입니다. 그런 까닭에 오늘 같은 현실로 들어오면 모두가 넘어갈지도 모릅니다. 하지만 주님은 단호합니다. 모르겠다는 것입니다.

"그 때에 내가 그들에게 밝히 말하되 내가 너희를 도무지 알지 못하니 불법을 행하는 자들아 내게서 떠나가라 하리라"(마7:23)

'내가 너희를 도무지 알지 못한다.' 그러니까 눈에 보이는 모습이 근사하고 대단해 보일지라도 주님과 아무런 관계가 없을 수 있다는 말입니다. 그래서 주님이 열매에 집중하라고 말하신 것입니다.

어쩌면 간단할지 모릅니다. 예를 들어 우리는 능력과 기적을 행하는 것처럼 보이면 속수무책으로 따르곤 합니다. 그런데 생각해 보십시오. 아무리 자신의 능력이 많고, 기적을 행할지라도 그것은 하나님으로부터 온 것입니다. 그렇기에 자기를 주장하거나 자기 유익을 위해 쓸 수 없는 것입니다. 그저 나누는 것이 옳습니다. 하지만 거기에 돈을 강조하고, 그 자신의 부요와 힘을 행하는데 쓰고 있다면 거짓입니다.

교회도 마찬가지입니다. 건물의 크기나 교인의 숫자가 아니라 교회가 어떤 역할을 하는지가 중요합니다. 하지만 이보다 더 중요한 것은 그 교회를 다니므로 어떤 사람들이 되었는지가 더 중요합니다. 삶과 관계없는 자기만족을 추구하는 크리스천만 만들었다면 잘못된 것이기 때문입니다.

'나는 제대로 된 크리스천입니까? 열매가 있습니까?'

* Meditatio 묵상
오늘 말씀을 통하여 깨닫게 된 것을 짧게 적어보십시오.

하나님 말씀대로 살자

* Lexio 읽기 / 마태복음 7:24-29
가능하면 오늘의 본문을 먼저 읽는 것이 좋지만 바로 아래 글을 읽어도 좋습니다. 충분히 본
문을 이해하도록 배려하며 글을 썼습니다. 혹시 본문을 읽으신 분은 감동이 오는 말씀이나
단어 혹은 느낌을 간단히 적으시면 좋습니다.

> "그 때에 내가 그들에게 밝히 말하되 내가 너희를 도무지 알지 못
> 하니 불법을 행하는 자들아 내게서 떠나가라 하리라"(마7:23)

우리는 지금 하나님을 믿고 있습니다. 폼 나게 세상에서 스펙처럼 쌓
기 위하여 예수를 믿는 것이 아닙니다. 더욱이 귀를 즐겁게 하거나 나
의 사회적 지위를 지지해주는 것을 위해 교회를 다니는 것도 아닙니다.

지금 우리 크리스천들의 문제는 눈에 보이는 것에 현혹되거나 그것
을 바탕으로 해서 왜곡시키는 가르침에 넘어가는 것입니다. 그런 점에
서 모든 목회자들은 주의해야 합니다. 특히 대형교회나 유명한 스펙을
가진 자들은 설교나 가르침을 더욱 주의해야 합니다. 그것 자체가 근사
한 메시지로 보이기 때문입니다. 그러므로 단순히 귀를 즐겁게 하는 설
교나 가르침이 아니라, 성경에 기초한 바른 가르침과 설교를 해야 하는
것입니다.

우리 모두가 사는 길은 주님의 말씀을 따라 말씀대로 행하며 사는 것

입니다. 그러므로 바른 말씀이 선포되고, 그 말씀을 따라 살고자 애쓰고 몸부림치는 교회나 크리스천은 아름다운 것입니다.

> "그러므로 누구든지 나의 이 말을 듣고 행하는 자는 그 집을 반석
> 위에 지은 지혜로운 사람 같으리니"(마7:24)

크리스천이란 "나의 이 말을 듣고 행하는 자"입니다. 이 같은 삶을 사는 자들에게는 아름다운 열매가 맺힐 것입니다.

> "비가 내리고 창수가 나고 바람이 불어 그 집에 부딪치되 무너지
> 지 아니하나니 이는 주추를 반석 위에 놓은 까닭이요"(마7:25)

또한 불법을 행하지 않고 주님의 말씀을 따라 바르게 행하고 사는 것은 결국 자기 자신을 유익하게 하는 것입니다. 그 같은 삶이 크리스천의 삶입니다.

'간혹 우리는 하나님을 믿고 있다는 사실을 잊어버리고 이 세상에서만 살 것처럼 행동합니다. 하나님도 이 세상의 하나님으로 제한하고 말입니다. 그렇지 않습니까?'

* Meditatio 묵상
오늘 말씀을 통하여 깨닫게 된 것을 짧게 적어보십시오.

제 4 부

하나님의 시선

주님은 원하신다

* Lexio 읽기 / 마태복음 8:1-4
가능하면 오늘의 본문을 먼저 읽는 것이 좋지만 바로 아래 글을 읽어도 좋습니다. 충분히 본
문을 이해하도록 배려하며 글을 썼습니다. 혹시 본문을 읽으신 분은 감동이 오는 말씀이나
단어 혹은 느낌을 간단히 적으시면 좋습니다.

"예수께서 산에서 내려 오시니 수많은 무리가 따르니라"(마8:1)

수많은 무리가 예수님을 따라왔고 거기에 한 나병 환자가 나타났습
니다. 본래 나병 환자가 사람들이 사는 곳에 들어서는 것은 금지된 일
이었습니다. 그들은 부정한 자로 취급받았고 마치 죽은 것과 동일하게
여김 받았기 때문입니다.

"나병 환자는 옷을 찢고 머리를 풀며 윗입술을 가리고 외치기를
부정하다 부정하다 할 것이요 병 있는 날 동안은 늘 부정할 것
이라 그가 부정한즉 혼자 살되 진영 밖에서 살지니라"(레13:45-46)

그런데 나병 환자가 주님 앞에 갑자기 나타난 것입니다. 사람들이 그
상황을 어떻게 받아들였을지는 충분히 짐작할 수 있습니다. 여유 있는
상황이 아니었습니다. 나병 환자는 자신을 설명하거나 사정을 말할 상
황이 아니었습니다. 그래서 그의 요청은 매우 간결하였습니다. 그럴 수
밖에 없었습니다.

"주여 원하시면 저를 깨끗하게 하실 수 있나이다"(마8:2)

이 돌발적인 요청 앞에 주님은 간결하게 반응하셨습니다. 설명을 들을 필요도 없다는 뜻이었습니다. 주님은 모두가 부정하게 여기는 그의 몸에 손을 대시며 말씀하셨습니다.

"내가 원하노니 깨끗함을 받으라"(마8:3)

'내가 원한다.' 이토록 간결한 주님의 대답은 우리의 마음을 설레게 합니다. 그것은 주님이 이미 나병 환자의 마음을 다 알고 계시다는 뜻이기 때문입니다. "구하기 전에 너희에게 있어야 할 것을"(마6:8) 아신다는 것을 확증하는 것이기 때문입니다. 이어서 주님은 이 세상에서의 삶을 중요하게 여기셨습니다. 레위 법에 오직 제사장만이 나병 유무 판정을 내릴 수 있다는 것을 아신 주님께서 제사장에게 갈 것을 요청하신 것입니다.

"다만 가서 제사장에게 네 몸을 보이고 모세가 명한 예물을 드려
그들에게 입증하라 하시니라"(마8:4)

'중요한 것은 설명이 아니라 삶입니다. 진정성입니다. 잊지 말아야 합니다.'

* Meditatio 묵상
오늘 말씀을 통하여 깨닫게 된 것을 짧게 적어보십시오.

믿음이 희귀해지다

* Lexio 읽기 / 마태복음 8:5-13
가능하면 오늘의 본문을 먼저 읽는 것이 좋지만 바로 아래 글을 읽어도 좋습니다. 충분히 본문을 이해하도록 배려하며 글을 썼습니다. 혹시 본문을 읽으신 분은 감동이 오는 말씀이나 단어 혹은 느낌을 간단히 적으시면 좋습니다.

"예수께서 가버나움에 들어가시니 한 백부장이 나아와 간구하여
이르되 주여 내 하인이 중풍병으로 집에 누워 몹시 괴로워하나이
다"(마8:5-6)

주님은 백부장의 다음 말을 듣지 않으시고 바로 대답하셨습니다. 나병 환자에게 대한 태도와 같았습니다.

"내가 가서 고쳐 주리라"(마8:7)

바로 그때 의외의 상황이 벌어졌습니다. 백부장이 주님께서 직접 가시겠다는 의사를 고사하고 말씀만으로도 충분하다 대답한 것입니다.

"주여 내 집에 들어오심을 나는 감당하지 못하겠사오니 다만 말
씀으로만 하옵소서 그러면 내 하인이 낫겠사옵나이다"(마8:8)

이 대답은 놀라운 일이었습니다. 주님 역시 그 대답을 들으시면서 놀

라셨습니다. 공동번역의 표현대로 하면 "감탄"하셨고 개역한글의 번역을 따르면 "기이히" 여기셨다고 기록하고 있습니다.

> "이 말을 들으시고 예수께서는 감탄하시며 따라 오는 사람들에게
> 이렇게 말씀하셨다. '정말 어떤 이스라엘 사람에게서도 이런 믿
> 음을 본 일이 없다.'"(공동번역/마8:10)

'주님이 감탄하셨다!' 감탄하신 이유는 믿음 때문이었습니다. 누가복음 18장에서 기도에 대한 가르침을 주실 때입니다. 사람을 무시하는 재판장에게 간절히 탄원하는 과부의 이야기를 하시면서 주님은 이렇게 말씀하신 적이 있습니다.

> "내가 너희에게 이르노니 속히 그 원한을 풀어 주시리라 그러나
> 인자가 올 때에 세상에서 믿음을 보겠느냐 하시니라"(눅18:8)

오늘 우리에게 믿음이면 충분합니다. 진정한 믿음이 희귀해진 시대가 되었기 때문이 아니라 하나님께는 믿음만으로 언제나 충분하기 때문입니다.

'나는 믿음이 있다고 스스로 말할 수 있습니까?'

* Meditatio 묵상
오늘 말씀을 통하여 깨닫게 된 것을 짧게 적어보십시오.

- -

- -

외롭지만 행복하다

* Lexio 읽기 / 마태복음 8:14-22
가능하면 오늘의 본문을 먼저 읽는 것이 좋지만 바로 아래 글을 읽어도 좋습니다. 충분히 본문을 이해하도록 배려하며 글을 썼습니다. 혹시 본문을 읽으신 분은 감동이 오는 말씀이나 단어 혹은 느낌을 간단히 적으시면 좋습니다.

"예수께서 백부장에게 이르시되 가라 네 믿은 대로 될지어다 하시니 그 즉시 하인이 나으니라"(마8:13)

예수님의 사역은 쉼 없이 진행되었습니다. 우리가 살고 있는 세상처럼 그 당시 세상도 온통 고통과 아픔의 덩어리였습니다. 주님은 그 상황들을 간과할 수 없었던 것입니다.

주님에 대한 소문은 빠른 속도로 퍼져나갔습니다. 금세 세상이 주님에게로 나아왔습니다. 주님은 예외 없이 "다" 고치셨습니다. 그것이 예언된 메시야의 모습이었습니다.

"예수께서 말씀으로 귀신들을 쫓아 내시고 병든 자들을 다 고치시니 이는 선지자 이사야를 통하여 하신 말씀에 우리의 연약한 것을 친히 담당하시고 병을 짊어지셨도다 함을 이루려 하심이더라"(마8:16-17)

"담당하시고... 짊어지셨도다." 이 말씀은 버리는 것을 의미했습니다. 인간으로서의 즐거움과 행복, 쾌락 같은 것과는 상관없다는 것을 의미했습니다. 자신의 삶이 사라진다는 의미였습니다. 주님의 이 말씀이 짠하게 다가오는 이유입니다.

> "예수께서 이르시되 여우도 굴이 있고 공중의 새도 거처가 있으
> 되 인자는 머리 둘 곳이 없다 하시더라"(마8:20)

외롭다는 메시지였습니다. 물론 예수님은 외로울 수 없는 하나님이십니다. 그럼에도 불구하고 이 같은 말씀을 하셨다는 것을 주의할 필요가 있습니다.

문맥상 한 서기관이 주님을 따르겠다는 말에 대한 대답이라는 점을 볼 때, 어떤 각오나 다짐을 요청한 것일 수도 있습니다. 하지만 이것을 말씀하고 싶으신 것도 분명합니다. '외롭다.'

사실 외롭습니다. 하지만 행복합니다. 주님이 보여주신 것처럼 말입니다. 참 역설적인 제자도입니다.

'세상은 자기들만 바라보는 까닭에 우리는 외로울 수 있습니다. 그래도 좋지 않습니까? 예수님이 먼저 외로우셨으니까, 우리 옆에서 속삭이시지 않겠습니까?'

* Meditatio 묵상
오늘 말씀을 통하여 깨닫게 된 것을 짧게 적어보십시오.

모든 것은 믿음의 문제

* Lexio 읽기 / 마태복음 8:23-27

가능하면 오늘의 본문을 먼저 읽는 것이 좋지만 바로 아래 글을 읽어도 좋습니다. 충분히 본
문을 이해하도록 배려하며 글을 썼습니다. 혹시 본문을 읽으신 분은 감동이 오는 말씀이나
단어 혹은 느낌을 간단히 적으시면 좋습니다.

> "배에 오르시매 제자들이 따랐더니 바다에 큰 놀이 일어나 배가
> 물결에 덮이게 되었으되 예수께서는 주무시는지라"(마8:23-24)

매우 흥미로운 기사입니다. "배가 물결에 덮이게" 되었으나 예수님
께서는 주무시고 계셨기 때문입니다. 배가 물결에 뒤덮이는 상황 앞에
서 제자들은 두려움에 쌓였습니다. 죽을 것 같았습니다. 그것은 당연한
일이었습니다.

> "그 제자들이 나아와 깨우며 이르되 주여 구원하소서 우리가 죽
> 겠나이다"(마8:25)

하지만 주님은 전혀 다르게 반응하셨습니다. 제자들은 눈에 보이는
현상에 집중하고 있었지만 주님에게 눈에 보이는 현상은 별로 중요하
지 않았기 때문입니다. 오히려 주님은 믿음의 문제로 보셨습니다.

> "예수께서 이르시되 어찌하여 무서워하느냐 믿음이 작은 자들

아"_(마8:26)

주님이 제자들에게 이 같이 말씀 하신 것은 믿음에 따라서 풍랑 치는 상황이 문제가 되지 않을 수 있다는 뜻이었습니다. 그러니까 어떤 믿음의 사람들에게 이 정도는 아무 것도 아니라는 말씀입니다.

> "무릇 하나님께로부터 난 자마다 세상을 이기느니라 세상을 이기
> 는 승리는 이것이니 우리의 믿음이니라 예수께서 하나님의 아들
> 이심을 믿는 자가 아니면 세상을 이기는 자가 누구냐"_(요일5:4-5)

결국 모든 것의 문제는 믿음의 문제입니다. 오늘 본문의 풍랑처럼 도무지 이길 수 없을 것 같아 보이는 상황의 문제가 우리 앞에 다가올지라도 크리스천들에게는 언제나 믿음의 문제일 뿐입니다. 믿음으로 사는 것입니다.

믿는다는 것은 하나님을 전적으로 의존한다는 말입니다. 다른 인간적인 것이거나 자기의 힘에 의존하지 않겠다는 고백입니다. 믿음이 아름다운 이유입니다.

"믿음이 없이는 하나님을 기쁘시게 할 수 없다'(히11:6)는 말씀은 옳습니다. 그렇다면 나의 믿음은 어느 정도라고 말할 수 있습니까?'

* Meditatio 묵상
오늘 말씀을 통하여 깨닫게 된 것을 짧게 적어보십시오.

예수에게 사로잡히는 것

* Lexio 읽기 / 마태복음 8:28-34

가능하면 오늘의 본문을 먼저 읽는 것이 좋지만 바로 아래 글을 읽어도 좋습니다. 충분히 본문을 이해하도록 배려하며 글을 썼습니다. 혹시 본문을 읽으신 분은 감동이 오는 말씀이나 단어 혹은 느낌을 간단히 적으시면 좋습니다.

"또 예수께서 건너편 가다라 지방에 가시매 귀신 들린 자 둘이 무덤 사이에서 나와 예수를 만나니 그들은 몹시 사나워 아무도 그 길로 지나갈 수 없을 지경이더라"(마8:28)

유사한 이야기가 마가복음에도 나오는데 그 귀신들린 자들 중의 한 사람을 이렇게 묘사하고 있습니다.

"그 사람은 무덤 사이에 거처하는데 이제는 아무도 그를 쇠사슬로도 맬 수 없게 되었으니 이는 여러 번 고랑과 쇠사슬에 매였어도 쇠사슬을 끊고 고랑을 깨뜨렸음이러라 그리하여 아무도 그를 제어할 힘이 없는지라"(막5:3-4)

그런데 이상한 것이 있습니다. 현재는 과거에 비해 귀신들린 경우들이 현저히 줄어들었기 때문입니다. 그리 쉽게 만날 수 없는 것이 사실입니다. 왜 그런 것입니까?

일반적으로 귀신들렸다는 말은 사로잡혔다는 뜻입니다. 그래서 자신을 제어할 수 없는 것입니다. 그 같은 상황에서 예수님은 그 귀신들을 쫓아내었습니다. 그런데 재미있는 것은 귀신이 나간 후 벌어진 다음 행보입니다. 그 사람이 완전히 온전해진 것이 아니라 더 큰 귀신들에게 사로잡힐 수 있다고 주님이 언급하신 것입니다.

> "더러운 귀신이 사람에게서 나갔을 때에 물 없는 곳으로 다니며 쉬기를 구하되 쉴 곳을 얻지 못하고 이에 이르되 내가 나온 내 집으로 돌아가리라 하고 와 보니 그 집이 비고 청소되고 수리되었거늘 이에 가서 저보다 더 악한 귀신 일곱을 데리고 들어가서 거하니 그 사람의 나중 형편이 전보다 더욱 심하게 되느니라"
>
> (마12:43-45)

'더 악한 귀신의 등장', 이것이 이유입니다. 오늘날 귀신이 현상적으로 현저히 줄어든 것으로 보이지만 다른 형태로 우리를 사로잡았거나, 이미 귀신들려 있는 것인지도 모릅니다. 알코올 중독, 성 중독, 게임 중독, 도박 중독 그리고 인터넷 중독, 뿐만 아니라 물질이나 권력에 중독되어 묶인 사람들까지 다양하게 사로잡혀 있는 상태, 귀신적인 것이 현대화된 것인지도 모릅니다. 근사한 귀신들림 상태로 나타난 것인지도 모릅니다.

여하튼 주님 외에는 방법이 없습니다. 모든 묶이는 것으로부터 풀리고 벗어나는 길 말입니다. 예수 외에는 없습니다.

'그렇다면 예수에게 사로잡히는 것이 좋은 것 아닙니까?'

---

* Meditatio 묵상
오늘 말씀을 통하여 깨닫게 된 것을 짧게 적어보십시오.

믿음의 아름다움

* Lexio 읽기 / 마태복음 9:1-8
가능하면 오늘의 본문을 먼저 읽는 것이 좋지만 바로 아래 글을 읽어도 좋습니다. 충분히 본문을 이해하도록 배려하며 글을 썼습니다. 혹시 본문을 읽으신 분은 감동이 오는 말씀이나 단어 혹은 느낌을 간단히 적으시면 좋습니다.

"예수께서 배에 오르사 건너가 본 동네에 이르시니 침상에 누운
중풍병자를 사람들이 데리고 오거늘"(마9:1-2)

마가복음 2장과 누가복음 5장에서는 이 부분을 좀 더 자세하게 기록하고 있습니다.

"한 중풍병자를 사람들이 침상에 메고 와서 예수 앞에 들여놓고
자 하였으나 무리 때문에 메고 들어갈 길을 얻지 못한지라 지붕
에 올라가 기와를 벗기고 병자를 침상째 무리 가운데로 예수 앞
에 달아 내리니"(눅5:18-19)

이것은 순전히 "그들의 믿음" 때문이었습니다. 예수님은 "그들의 믿음을 보시고" 단순히 병만 고치신 것이 아니라 죄 사함을 선포하셨습니다.

"예수께서 그들의 믿음을 보시고 중풍병자에게 이르시되 작은 자

야 안심하라 네 죄 사함을 받았느니라"(마9:2)

죄 사함의 선포는 병 고침과 달리 상당한 논쟁과 공격을 받았습니다. 그것을 주님은 예상할 수 있었을 것입니다. 그럼에도 불구하고 주님은 최고의 선언을 할 수 밖에 없었습니다. "그들의 믿음"은 주님이 '거절할 수 없는 믿음'이었기 때문입니다.

이 놀라운 죄 사함의 선포는 계속해서 이끌어오던 믿음에 대한 이야기의 절정이라 할 수 있습니다. 믿음이 죄 사함을 이끌어냈기 때문입니다. 이 놀라운 사실은 야고보서에도 기록되어 있습니다. 우리가 많이 놓쳐버린 믿음의 기도에 대한 것입니다.

> "믿음의 기도는 병든 자를 구원하리니 주께서 그를 일으키시리라
> 혹시 죄를 범하였을지라도 사하심을 받으리라"(약5:15)

믿음의 기도, 생각만하여도 가슴 설레는 부분입니다. 우리가 가진 믿음의 아름다움입니다.

'믿음을 가진 자의 기도는 아름답습니다. 그렇다면 나는 어느 수준의 믿음에 이르렀다고 생각하십니까?'

* Meditatio 묵상
오늘 말씀을 통하여 깨닫게 된 것을 짧게 적어보십시오.

부르심의 무차별성

* Lexio 읽기 / 마태복음 9:9-13

가능하면 오늘의 본문을 먼저 읽는 것이 좋지만 바로 아래 글을 읽어도 좋습니다. 충분히 본
문을 이해하도록 배려하며 글을 썼습니다. 혹시 본문을 읽으신 분은 감동이 오는 말씀이나
단어 혹은 느낌을 간단히 적으시면 좋습니다.

"예수께서 그 곳을 떠나 지나가시다가 마태라 하는 사람이 세관
에 앉아 있는 것을 보시고 이르시되 나를 따르라 하시니 일어나
따르니라"(마9:9)

로마 통치 시기의 세리는 우리나라 일제 강점기의 세무서 직원과 같
은 것이었습니다. 어떻게 보면 증오의 대상이었습니다. 그런 반 유대
적 인물을 주님이 제자로 부르신 것입니다. 뿐만 아니라 그 집에 들어
가 함께 식사를 하셨습니다. 엄청난 도발이었습니다. 당연히 반발이 일
어났습니다.

"바리새인들이 보고 그의 제자들에게 이르되 어찌하여 너희 선생
은 세리와 죄인들과 함께 잡수시느냐"(마9:11)

하지만 주님의 대답은 매우 명료했습니다. 뿐만 아니라 '건강한 자에
게는 의사가 쓸 데 없고 병든 자에게라야 쓸 데 있다'(마9:12)는 말씀과
함께 이어지는 언급이 기막힌 내용이었습니다.

"나는 의인을 부르러 온 것이 아니요 죄인을 부르러 왔노라"
(마9:13)

부르심의 무차별성, 단순한 구원이 아니라 제자로의 부르심이었습니다. 개인적인 구원을 넘어 하나님 나라에 동참할 수 있는 적극적인 부르심이었습니다. 공개된 죄인도 예외가 아니었습니다.

쉬웠습니다. 간음하다 현장에서 잡힌 여인이 완벽하게 다시 시작할 수 있었던 것처럼 세리 마태는 완벽하게 다른 삶을 디자인 할 수 있었습니다.

어쩌면 그 여인과 마찬가지로 오랜 시간 동안 세리 마태는 그 자리를 떠나고 싶었을 것입니다. 하지만 더 이상 떠날 수 없는 자리에 있었습니다. 다시 시작하더라도 공동체가 용납하지 않는 삶이었습니다. 그렇게 살다 죽는 삶이었습니다. 그런데 주님이 부르신 것입니다.

이 같은 예수님을 보는 것만으로도 신나는 것은 우리에게도 똑같이 적용되는 은혜이기 때문입니다. '부르심의 무차별성' 앞에 무릎을 꿇습니다.

'지금 무릎을 꿇고 받아들이시는 것이 어떻겠습니까?'

* Meditatio 묵상
오늘 말씀을 통하여 깨닫게 된 것을 짧게 적어보십시오.

금식의 윤리

* Lexio 읽기 / 마태복음 9:14-17
가능하면 오늘의 본문을 먼저 읽는 것이 좋지만 바로 아래 글을 읽어도 좋습니다. 충분히 본
문을 이해하도록 배려하며 글을 썼습니다. 혹시 본문을 읽으신 분은 감동이 오는 말씀이나
단어 혹은 느낌을 간단히 적으시면 좋습니다.

> "그 때에 요한의 제자들이 예수께 나아와 이르되 우리와 바리새
> 인들은 금식하는데 어찌하여 당신의 제자들은 금식하지 아니하
> 나이까"(마9:14)

나팔절 후 10일 지난 7월 10일은 대제사장이 지성소에 들어가 백성
들의 죄를 용서받기 위해 속죄제를 드렸던 대속죄일(욤 키푸르)입니다.
이때 모든 백성들은 아무 일도 하지 않고 금식하며 지내야 했습니다.
이 외에 4월과 5월, 10월에도 금식일을 정해놓고 금식을 하였습니다.

이처럼 금식일을 정하는 것은 이유가 있었습니다. 금식은 강력하게
회개로 나아가거나, 간절함으로 기도하기 위함이었습니다.

> "여호와의 말씀에 너희는 이제라도 금식하며 울며 애통하고 마음
> 을 다하여 내게로 돌아오라 하셨나니 너희는 옷을 찢지 말고 마
> 음을 찢고 너희 하나님 여호와께로 돌아올지어다"(욜2:12-13)

금식은 자신을 드러내기 위한 것이 아니었습니다. 간절함과 회개의 표시였습니다. 그런데 주님이 신랑으로 오신 것입니다. 잔치가 시작된 것입니다. 금식의 이유가 사라진 것입니다.

이제는 새 포도주를 새 부대에 넣어야 하는 것처럼 잔치의 주인이신 주님 안에 있는 우리는 새로운 삶의 방식으로 살아야 하는 것입니다. 그것이 금식을 하지 않는 이유였습니다. 아니, 새로운 형태의 금식이 필요한 것인지도 모릅니다. 이사야 선지자가 말한 것처럼 말입니다.

> "내가 기뻐하는 금식은 흉악의 결박을 풀어 주며 멍에의 줄을 끌러 주며 압제 당하는 자를 자유하게 하며 모든 멍에를 꺾는 것이 아니겠느냐"(사 58:6)

금식에 대한 바른 해석입니다. 단순히 굶는 것이 아니라 삶을 절제하고, 희생하고, 용서하고 사랑을 실현하는 것으로 표현되는 금식 말입니다. 주님이 우리를 위해 모든 것을 이루셨기 때문입니다. 잔치가 시작되었기 때문입니다.

'나는 어떤 윤리적 삶으로 금식하였습니까? 나의 삶을 어떻게 금식하는 것이 옳은 것입니까?'

* Meditatio 묵상
오늘 말씀을 통하여 깨닫게 된 것을 짧게 적어보십시오.

일방적인 소원에도

* Lexio 읽기 / 마태복음 9:18-26

가능하면 오늘의 본문을 먼저 읽는 것이 좋지만 바로 아래 글을 읽어도 좋습니다. 충분히 본문을 이해하도록 배려하며 글을 썼습니다. 혹시 본문을 읽으신 분은 감동이 오는 말씀이나 단어 혹은 느낌을 간단히 적으시면 좋습니다.

"예수께서 이 말씀을 하실 때에 한 관리가 와서 절하며 이르되 내 딸이 방금 죽었사오나 오셔서 그 몸에 손을 얹어 주소서 그러면 살아나겠나이다 하니"(마9:18)

누가복음에 "야이로"(눅8:41)라고 불려지는 "한 관리"는 예수님이 오셔서 손을 얹고 기도하면 자신의 죽은 딸이 살아날 것이라 믿은 듯합니다. 그런데 더 중요한 것은 주님이 그의 요청을 받고 그 집을 향해 떠나신 것입니다. 물론 죽은 그 딸을 주님은 살리셨습니다.

"물러가라 이 소녀가 죽은 것이 아니라 잔다 하시니 그들이 비웃더라 무리를 내보낸 후에 예수께서 들어가사 소녀의 손을 잡으시매 일어나는지라"(마9:24-25)

이 사건이 있기 전 예수님이 야이로의 집으로 가던 중이었습니다. 주님은 열 두 해를 혈루증으로 앓는 한 여인의 '기습적인 터치'를 만납니다. 그 여인의 일방적인 간절함이었고 소원이었습니다.

"열두 해 동안이나 혈루증으로 앓는 여자가 예수의 뒤로 와서 그 겉옷 가를 만지니 이는 제 마음에 그 겉옷만 만져도 구원을 받겠 다 함이라"(마9:20-21)

우리가 잘 아는 이야기지만 주님은 그 여인에게 구원을 선포하십니 다. 몸과 영혼의 구원이 이루어집니다.

모든 것이 제 멋대로 입니다. 원칙이 없습니다. 8장에 나오는 나병 환자의 경우 그가 원하는 대로 고쳐주셨고, 백부장의 경우 예수님이 '가서 고쳐주겠다'(마8:7)고 말씀하셨지만 말씀만으로도 충분하다 말 하는 것을 들으시고 말씀으로 백부장의 종을 고치셨습니다. 그리고 얼 마든지 말씀만으로도 살리실 수 있었지만 예수님은 야이로의 안수기도 요청을 받아들이셨고, 심지어 혈루증 여인의 일방적인 소원을 가진 터 치에도 병을 고치셨습니다.

원칙이 없다는 말 외에 다른 표현은 적절치 않습니다. 그러니까 주 님은 우리가 원하는 대로 정말 하시고 싶으셨던 것입니다. 정말로 우리 를 위하여 존재하시는 것이 주님의 존재 이유였던 것입니다. 기막힌 일 입니다.

'주님의 시선이 느껴지십니까?'

* Meditatio 묵상
오늘 말씀을 통하여 깨닫게 된 것을 짧게 적어보십시오.

대단한 축복

* Lexio 읽기 / 마태복음 9:27-34
가능하면 오늘의 본문을 먼저 읽는 것이 좋지만 바로 아래 글을 읽어도 좋습니다. 충분히 본
문을 이해하도록 배려하며 글을 썼습니다. 혹시 본문을 읽으신 분은 감동이 오는 말씀이나
단어 혹은 느낌을 간단히 적으시면 좋습니다.

"예수께서 거기에서 떠나가실새 두 맹인이 따라오며 소리 질러
이르되 다윗의 자손이여 우리를 불쌍히 여기소서 하더니"(마9:27)

이미 살핀 것처럼 예수님에게는 원칙이 없었습니다. 닥치는 대로 주
님은 고치셨습니다. 물론 믿음을 묻긴 하셨지만 제한이 없으셨습니다.

"그들의 눈을 만지시며 이르시되 너희 믿음대로 되라"(마9:29)

분명히 주님은 가능한 많이 고치셨지만 재미있게도 널리 알려지는
것은 원치 않으셨습니다.

"그 눈들이 밝아진지라 예수께서 엄히 경고하시되 삼가 아무에게
도 알리지 말라 하셨으나"(마9:30)

물론 사람들은 참을 수 없었고 소문은 온 나라로 퍼져나갔습니다. 그
런데 문제가 발생하였습니다. 예수님이 고치신 이야기는 이상하게 와

전되기도 한 것입니다. 소위 귀신의 힘을 의지하여 쫓아낸다는 이야기였습니다.

> "바리새인들은 이르되 그가 귀신의 왕을 의지하여 귀신을 쫓아낸다 하더라"(마9:34)

같은 현상에 대한 다른 해석이 나타난 것입니다. 여러 가지로 설명할 수 있습니다. 첫째는 사실인 것을 알면서도 인정하고 싶지 않아 벌이는 왜곡의 가능성입니다. 둘째는 사실 자체를 인정할 수 없는 내면 체계의 편협함일 수 있습니다. 마지막으로는 적 그리스도적인 체계가 형성되었기 때문일 수도 있습니다.

분명한 것은 오늘 우리 앞에 예수 그리스도가 오실지라도 예수를 받아들이지 못할 가능성이 우리에게도 발생할 수 있다는 사실입니다. 그러므로 오늘 내가 예수를 그리스도로, 흔들리지 않는 나의 주님으로 지금 의심 없이 받아들이고 믿고 있다면 그것은 대단한 축복입니다.

'당신은 예수님을 믿습니까? 의심 없이 예수가 그리스도이심을 믿으십니까?'

* Meditatio 묵상
오늘 말씀을 통하여 깨닫게 된 것을 짧게 적어보십시오.

- -

- -

주님의 시선

* Lexio 읽기 / 마태복음 9:35-38
가능하면 오늘의 본문을 먼저 읽는 것이 좋지만 바로 아래 글을 읽어도 좋습니다. 충분히 본문을 이해하도록 배려하며 글을 썼습니다. 혹시 본문을 읽으신 분은 감동이 오는 말씀이나 단어 혹은 느낌을 간단히 적으시면 좋습니다.

"그 눈들이 밝아진지라 예수께서 엄히 경고하시되 삼가 아무에게
도 알리지 말라 하셨으나"(마9:30)

주님께서 강조하여 "아무에게도 알리지 말라 하셨으나" 정작 그것을
깬 사람은 바로 예수님 자신이셨습니다.

"예수께서 모든 도시와 마을에 두루 다니사 그들의 회당에서 가
르치시며 천국 복음을 전파하시며 모든 병과 모든 약한 것을 고
치시니라"(마9:35)

예수님이 이렇게 하실 수밖에 없었던 단 한 가지 이유는 주님의 시선
때문이었습니다.

"무리를 보시고 불쌍히 여기시니 이는 그들이 목자 없는 양과 같
이 고생하며 기진함이라"(마9:36)

'주님이 보고 계시다.' 주님의 시선이 우리를 향하고 있었습니다. 우리를 긍휼히 여길 수밖에 없는 이유입니다. 주님이 하신 앗사리온 비유를 읽으면 쉽게 이해할 수 있습니다.

> "참새 두 마리가 한 앗사리온에 팔리지 않느냐 그러나 너희 아버지께서 허락하지 아니하시면 그 하나도 땅에 떨어지지 아니하리라 너희에게는 머리털까지 다 세신 바 되었나니 두려워하지 말라 너희는 많은 참새보다 귀하니라"(마10:29-31)

주님의 이 같은 간절함 때문에 제자들에게 전도를 요청한 것입니다. 단순히 물리적인 교회의 성장을 위해서가 아니라 사람을 살리는 것이 주님의 뜻이기 때문이었습니다.

> "이에 제자들에게 이르시되 추수할 것은 많되 일꾼이 적으니 그러므로 추수하는 주인에게 청하여 추수할 일꾼들을 보내 주소서 하라 하시니라"(마9:37-38)

'추수할 일꾼이 적다.' 오늘날 이 같은 부르심에 아예 관심이 사라지고 있다는 것이 솔직한 고백입니다. 주님의 요청이나 부르심은 이미 간과되고 있다는 말입니다. 주님이 바라보고 있는 시선의 방향을 우리가 보고 있지 않다는 뜻이기도 합니다.

'주님의 시선이 느껴지십니까?'

* Meditatio 묵상
오늘 말씀을 통하여 깨닫게 된 것을 짧게 적어보십시오.

- -

- -

제 5 부

구원의 충분성

우리가 기도할 때

* Lexio 읽기 / 마태복음 10:1-8
가능하면 오늘의 본문을 먼저 읽는 것이 좋지만 바로 아래 글을 읽어도 좋습니다. 충분히 본
문을 이해하도록 배려하며 글을 썼습니다. 혹시 본문을 읽으신 분은 감동이 오는 말씀이나
단어 혹은 느낌을 간단히 적으시면 좋습니다.

"추수할 것은 많되 일꾼이 적으니"(마9:37)

이어진 10장에서 주님은 열 두 명의 제자들을 언급하셨습니다. 열 두
제자는 세상을 향한 주님의 구원 대책이었던 것입니다. 그리고 주님은
제자들에게 실제적 권세를 주셨습니다. 그것은 당장 귀신을 쫓아내고
병과 약한 것을 고치는 권능으로 나타났습니다.

"예수께서 그의 열두 제자를 부르사 더러운 귀신을 쫓아내며 모
든 병과 모든 약한 것을 고치는 권능을 주시니라"(마10:1)

우리가 간과하거나 잃어버린 능력입니다. 실제로 우리는 늘 이 같은
말씀을 만나면 위축되는 것이 사실입니다. 하지만 분명한 것은 아직도
이 같은 주님의 말씀이 유효하다는 것입니다. 오늘 우리 앞에 있는 모
든 병자들과 고통 당하는 이들을 보며 선포하며 기도해야 하는 이유입
니다.

그러나 잊지 말아야 할 것이 있습니다. 주님이 병을 고치실 때 믿음을 언급하신 것에서 알 수 있듯이, 단순히 치유가 사역의 중심이 되어서는 안 된다는 사실입니다. 그래서 주님이 고치고 회복시키는 능력을 주셨지만 그것보다 먼저 주님은 제자들에게 하나님 나라를 선포할 것은 요청하신 것입니다.

> "가면서 전파하여 말하되 천국이 가까이 왔다 하고 병든 자를 고치며 죽은 자를 살리며 나병 환자를 깨끗하게 하며 귀신을 쫓아내되 너희가 거저 받았으니 거저 주라"(마10:7-8)

천국, 하나님 나라를 꿈꾸는 삶을 말하는 것은 우리의 첫 번째 임무입니다. 동시에 우리 앞에 벌어지는 모든 상황들 앞에 우리는 담대하게 선포하고 주님의 역사를 구할 권세가 있음을 잊어서도 안 됩니다.

치유, 고통을 위로하고 고치는 일은 단순히 몇몇 특별한 사람에게만 주어진 것이 아니라 주님을 따르는 사람들에게 주어진 은사입니다. 그러므로 우리가 기도해야 하는 것이고 나머지는 주님이 하실 일일 뿐입니다. 이것을 잊어서는 안 됩니다.

'우리가 기도할 때 주님이 일하십니다. 믿으십니까?'

* Meditatio 묵상
오늘 말씀을 통하여 깨닫게 된 것을 짧게 적어보십시오.

....

....

사역자의 자유함

* Lexio 읽기 / 마태복음 10:9-15
가능하면 오늘의 본문을 먼저 읽는 것이 좋지만 바로 아래 글을 읽어도 좋습니다. 충분히 본문을 이해하도록 배려하며 글을 썼습니다. 혹시 본문을 읽으신 분은 감동이 오는 말씀이나 단어 혹은 느낌을 간단히 적으시면 좋습니다.

"병든 자를 고치며 죽은 자를 살리며 나병환자를 깨끗하게 하며
귀신을 쫓아내되 너희가 거저 받았으니 거저 주라"(마10:8)

"거저 받았으니 거저 주라." 사역자들이 주의 깊게 들어야 하는 말입니다. 이 모든 능력은 다 하나님으로부터 온 것이기 때문입니다. 그런데 만일 기도, 치유와 돈이 관계될 때는 그 합당성과 순수성을 깊이 생각해야 할 것입니다.

사실 주님의 이 말씀은 사역자의 자유함과 관계가 더 있습니다. 제자들을 복음사역을 위해 파송하시면서 하신 주님의 말씀을 자세히 읽어 보면 알 수 있습니다.

"너희 전대에 금이나 은이나 동을 가지지 말고 여행을 위하여 배
낭이나 두 벌 옷이나 신이나 지팡이를 가지지 말라 이는 일꾼이
자기의 먹을 것 받는 것이 마땅함이라"(마10:9-10)

우리는 이 말씀을 읽을 때 "전대에 금이나 은이나... 두 벌 옷이나... 가지지 말라"에 그 중심을 둡니다. 즉 사역자의 돈이나 물질에 대한 태도로 해석하는 경우가 많습니다. 하지만 주님의 뜻은 다른데 있음을 이어지는 말씀을 보면 알 수 있습니다. 공동번역으로 읽어보겠습니다.

> "일하는 사람은 자기 먹을 것을 얻을 자격이 있다."
>
> (공동번역/마10:10)

주님은 사역자의 자유함과 당당한 자격에 대하여 말하고 있는 것입니다. 즉 사역을 위해 먹고 사는 문제에 대하여는 당당하고도 자유롭게 누릴 수 있다는 말씀입니다. 그래야 자유하기 때문입니다. 자유롭게 사역할 수 있기 때문입니다. 그런 까닭에 주님은 사역자들을 거절하는 이들에 대하여 소돔과 고모라를 거론하시면서 매우 심한 말씀을 하신 것인지도 모릅니다.

> "누구든지 너희를 영접하지도 아니하고 너희 말을 듣지도 아니하거든 그 집이나 성에서 나가 너희 발의 먼지를 떨어 버리라"
>
> (마10:14)

'삯꾼 사역자가 되지 않도록 교회나 성도는 사역자의 먹고 사는 문제에 관심 가져야 합니다. 중요한 일입니다.'

* Meditatio 묵상
오늘 말씀을 통하여 깨닫게 된 것을 짧게 적어보십시오.

구원의 충분성

* Lexio 읽기 / 마태복음 10:16-23

가능하면 오늘의 본문을 먼저 읽는 것이 좋지만 바로 아래 글을 읽어도 좋습니다. 충분히 본
문을 이해하도록 배려하며 글을 썼습니다. 혹시 본문을 읽으신 분은 감동이 오는 말씀이나
단어 혹은 느낌을 간단히 적으시면 좋습니다.

> "누구든지 너희를 영접하지도 아니하고 너희 말을 듣지도 아니하
> 거든 그 집이나 성에서 나가 너희 발의 먼지를 떨어 버리라 내가
> 진실로 너희에게 이르노니 심판 날에 소돔과 고모라 땅이 그 성
> 보다 견디기 쉬우리라"(마10:14-15)

주님이 소돔과 고모라를 거론하시면서 이토록 세게 말씀하시는 이유
는 무엇이겠습니까? 사역자의 아름다움 때문입니다. 그들은 하나님의
일을 하며 사는 사람들이기 때문입니다. 특히 복음을 전하고 영혼을 구
원하는 일을 하는 사람들이기 때문입니다.

더 쉽게 말하면 주님을 위해 일하는 사람들이기 때문입니다. 그러므
로 더 설명하기 전에 사역자는 반드시 주를 위해 살아야 합니다. 엉뚱
한 것들, 돈과 세상적 쾌락, 권력과 욕망이 목회와 사역의 영역에 들어
와서는 안 됩니다. 사역자, 곧 목사는 목사로 살아야 합니다.

그러므로 이 말씀은 열 두 제자들처럼 물질과 관계없이 바르게 서서

살아가는 사역자들에게 하시는 말씀임을 알 수 있습니다. 그래서 주님은 걱정이 앞서신 것입니다.

> "보라 내가 너희를 보냄이 양을 이리 가운데로 보냄과 같도다 그
> 러므로 너희는 뱀 같이 지혜롭고 비둘기 같이 순결하라"(마10:16)

"양을 이리 가운데로" 보내는 느낌이 주님의 느낌이었습니다. 그래서 뱀 같은 지혜가 필요하겠지만 절대로 '비둘기 같은 순결함'을 놓쳐서는 안 된다고 강조하셨습니다. 그러므로 '순결함'의 상실은 모든 것을 다 잃는 것입니다. 잊지 말아야 합니다.

주님의 제자로 사는 것은 '고통을 만난다'는 것임을 주님은 알고 계셨습니다. 그래서 주님은 모든 대책을 세워 놓으셨습니다. 주를 따라 사는 종들을 향한 주님의 대책 말입니다. 사실 주님이 준비하신 구원, 그것이면 충분하지 않습니까?

> "너희가 내 이름으로 말미암아 모든 사람에게 미움을 받을 것이
> 나 끝까지 견디는 자는 구원을 얻으리라"(마10:22)

'다시 묻습니다. 주님이 준비하신 구원, 그것이면 충분하지 않습니까?'

* Meditatio 묵상
오늘 말씀을 통하여 깨닫게 된 것을 짧게 적어보십시오.

주님에게 속하여 있는 존재

* Lexio 읽기 / 마태복음 10:23-33

가능하면 오늘의 본문을 먼저 읽는 것이 좋지만 바로 아래 글을 읽어도 좋습니다. 충분히 본문을 이해하도록 배려하며 글을 썼습니다. 혹시 본문을 읽으신 분은 감동이 오는 말씀이나 단어 혹은 느낌을 간단히 적으시면 좋습니다.

> "너희가 내 이름으로 말미암아 모든 사람에게 미움을 받을 것이
> 나 끝까지 견디는 자는 구원을 얻으리라"(마10:22)

주님께서 이 같은 말씀을 하셨지만 제자들이 고난 당하는 것을 즐거워하시지는 않았습니다. 오히려 박해를 받으면 피할 것을 권하셨습니다.

> "이 동네에서 너희를 박해하거든 저 동네로 피하라"(마10:23)

하지만 주님이 하고 싶은 말씀은 '자랑스러움' 이었습니다. "집 주인을 바알세불"이라고 했는데 하물며 "그 집 사람들"(마10:25), 곧 제자들을 가만히 둘 리가 없다고 하신 것입니다. 오히려 '그 같이 비유되는 것이 자랑스러운 것이 아닌가?' 하는 말씀이셨습니다.

> "제자가 스승보다 더 높을 수 없고 종이 주인보다 더 높을 수 없
> 다. 제자가 스승만해지고 종이 주인만해지면 그것으로 넉넉하다.

집 주인을 가리켜 베엘제불이라고 부른 사람들이 그 집 식구들에게야 무슨 욕인들 못하겠느냐?"(공동번역/마10:24-25)

'박해와 고난은 당연하다.' 주님은 이렇게 말씀하고 계시지만 동시에 다른 말씀을 하고 계셨습니다. 그들에게는 권세가 없다는 것이고 오로지 하나님에게 모든 권세가 있다는 말씀이었습니다.

"몸은 죽여도 영혼은 능히 죽이지 못하는 자들을 두려워하지 말고 오직 몸과 영혼을 능히 지옥에 멸하실 수 있는 이를 두려워하라"(마10:28)

왜냐하면 제자들, 곧 주님을 따르는 자들을 주님이 기억하고 계시기 때문입니다. 단순히 기억하는 것이 아니라 머리털 숫자까지 세실만큼 알고 계시기 때문입니다. 우리는 주님에게 속하여 있는 존재라는 말입니다. 주님이 절대로 포기할 수 없는 존재 말입니다.

"너희에게는 머리털까지 다 세신 바 되었나니 두려워하지 말라 너희는 많은 참새보다 귀하니라"(마10:30-31)

'우리는 주님에게 속하여 있는 존재입니다. 이것을 잊어서는 안 됩니다.'

* Meditatio 묵상
오늘 말씀을 통하여 깨닫게 된 것을 짧게 적어보십시오.

어떤 가치보다 큰 가치

* Lexio 읽기 / 마태복음 10:34-39

가능하면 오늘의 본문을 먼저 읽는 것이 좋지만 바로 아래 글을 읽어도 좋습니다. 충분히 본문을 이해하도록 배려하며 글을 썼습니다. 혹시 본문을 읽으신 분은 감동이 오는 말씀이나 단어 혹은 느낌을 간단히 적으시면 좋습니다.

> "내가 세상에 화평을 주러 온 줄로 생각하지 말라 화평이 아니요
> 검을 주러 왔노라 내가 온 것은 사람이 그 아버지와, 딸이 어머니
> 와, 며느리가 시어머니와 불화하게 하려 함이니"(마10:34-35)

참 힘든 이야기입니다. 특히 "불화"라는 단어 때문에 더 거슬리는 것이 사실이지만 헬라어 성경의 '디카사이 카타'는 'set against', 곧 분명한 입장을 견지하는 의미를 담고 있습니다. 그러므로 부정적 의미의 "불화"보다는 예수 그리스도라는 가치에 대한 견고한 소신 같은 것으로 이해해야 옳습니다.

복음은 타협할 수 없는 가치입니다. 그런 까닭에 아버지나 어머니 혹은 아들과 딸을 사랑하지만 하나님을 사랑하는 것보다 우선할 수 없다고 강하게 말씀하신 것입니다.

> "아버지나 어머니를 나보다 더 사랑하는 자는 내게 합당하지 아
> 니하고 아들이나 딸을 나보다 더 사랑하는 자도 내게 합당하지

아니하며"(마10:37)

가치의 문제이기 때문입니다. 우리는 역사 속에서 이순신 장군 같은 이들이 부모와 처자식을 두고 나라를 위해 목숨을 바치는 이야기들을 많이 접합니다. 그것에 대하여 아쉬워하지만 비난하지는 않습니다. 왜냐하면 민족이라는 큰 가치 앞에 서 있기 때문입니다.

하나님을 위해서 사는 것은 그 어떤 가치보다 큰 가치입니다. 타협이 불가능한 일입니다. 그런 가치를 따라 사는 것을 가족들이 격렬하게 반대할 수 있습니다. 원수처럼 되어 사이가 멀어질 수도 있습니다. 하지만 그것 때문에 하나님을 포기할 수는 없다는 말입니다.

당연히 끝까지 사랑해야 합니다. '원수도 사랑하라'고 말씀하시는데 가족은 나의 원수가 아니기 때문입니다. 목숨을 걸고 사랑해야 할 대상이기 때문입니다. 그렇다고 해서 복음이라는 가치를 포기할 수도 없습니다. 그런 말씀을 주님이 하신 것입니다. 그것이 우리가 져야 할 십자가입니다.

'나는 하나님 나라 앞에 서 있는 존재입니까? 나를 살게 하는 가치입니까?'

* Meditatio 묵상
오늘 말씀을 통하여 깨닫게 된 것을 짧게 적어보십시오.

- -

- -

나는 아름답습니까?

* Lexio 읽기 / 마태복음 10:40-42
가능하면 오늘의 본문을 먼저 읽는 것이 좋지만 바로 아래 글을 읽어도 좋습니다. 충분히 본
문을 이해하도록 배려하며 글을 썼습니다. 혹시 본문을 읽으신 분은 감동이 오는 말씀이나
단어 혹은 느낌을 간단히 적으시면 좋습니다.

"아버지나 어머니를 나보다 더 사랑하는 자는 내게 합당하지 아

니하고 아들이나 딸을 나보다 더 사랑하는 자도 내게 합당하지

아니하며"(마10:37)

이 같은 주님의 말씀은 가치의 문제이기 때문임을 살폈습니다. 그렇
다면 이제 필요한 것은 그 가치를 좇아 사는 것입니다. 그 가치의 대가
가 고난임을 주님은 상기시키면서 이렇게 말씀하셨습니다.

"자기 십자가를 지고 나를 따르지 않는 자도 내게 합당하지 아니

하니라"(마10:38)

'자기 십자가를 지고 주님을 따른다.' 가장 고결한 가치이기 때문입니
다. 그래서 내가 져야할 십자가는 내가 져야 하는 것입니다. 그러므로
오늘의 기독교가 문제되는 지점에는 자기 십자가를 지지 않고 십자가
를 버리고 사는 삶에 있음을 알 수 있습니다.

여기서 주님이 그리신 그림을 재구성 해보겠습니다. 오로지 하나님 나라를 위해 복음의 가치를 따라 사는 제자가 있다고 가정하겠습니다. 그는 가장 고결한 가치인 주님을 따라 나서면서 세속적인 즐거움과 영광을 포기하였습니다. 주님의 말씀을 따라 전도와 사역을 하는 중에 말씀대로 '두 벌 옷도, 여분이나 신발이나 돈'도 넉넉히 모아두지 않았습니다. 많은 반대가 있었지만 자신이 져야 할 십자가를 짊어지고 묵묵히 걸어왔습니다. 그는 자신의 목숨을 주를 위해 내어놓은 사람이었습니다. 아름다운 제자입니다.

40절 이하는 바로 이 사람을 위한 주님의 말씀입니다. 그러니까 주님이 그들을 위로하고 계신 것입니다.

> "너희를 영접하는 자는 나를 영접하는 것이요 나를 영접하는 자는 나를 보내신 이를 영접하는 것이니라"(마10:40)

강력한 축복과 함께 말입니다.

> "누구든지 제자의 이름으로 이 작은 자 중 하나에게 냉수 한 그릇이라도 주는 자는 내가 진실로 너희에게 이르노니 그 사람이 결단코 상을 잃지 아니하리라"(마10:42)

'나는 어떤 사람입니까? 나는 아름답습니까?'

* Meditatio 묵상
오늘 말씀을 통하여 깨닫게 된 것을 짧게 적어보십시오.

복음이 훼손되지 않는 이유

* Lexio 읽기 / 마태복음 11:1-11
가능하면 오늘의 본문을 먼저 읽는 것이 좋지만 바로 아래 글을 읽어도 좋습니다. 충분히 본
문을 이해하도록 배려하며 글을 썼습니다. 혹시 본문을 읽으신 분은 감동이 오는 말씀이나
단어 혹은 느낌을 간단히 적으시면 좋습니다.

"요한이 옥에서 그리스도께서 하신 일을 듣고 제자들을 보내어
예수께 여짜오되 오실 그이가 당신이오니이까 우리가 다른 이를
기다리오리이까"(마11:2-3)

비록 세례 요한이 예수님에게 세례를 주고 예수의 메시야 됨을 확인
하였지만 감옥에 있는 동안 흔들렸던 것 같습니다. 의심이 생긴 것입니
다. 하지만 예수님은 자기 제자들을 보내어 묻는 요한의 질문에 성실하
게 답변하셨습니다.

여기서 주의할 것은 세례 요한의 의심입니다. 예수님이 그에게 세례
를 받았고 헤롯 왕이 두려워하던 강력한 예언자 요한이 의심하고 있는
것입니다. 하지만 주님은 그것을 문제 삼지 않으셨습니다. 오히려 주님
은 세례 요한의 의심을 재미있게 표현하셨습니다.

"누구든지 나로 말미암아 실족하지 아니하는 자는 복이 있도다
하시니라 그들이 떠나매 예수께서 무리에게 요한에 대하여 말씀

하시되 너희가 무엇을 보려고 광야에 나갔더냐 바람에 흔들리는
갈대냐"(마11:6-7)

"바람에 흔들리는 갈대." 세례 요한을 말하는 것이었습니다. 이어 주
님은 그를 주님의 길을 예비한 정말 아름다운 자라고 말씀하시면서 극
한의 표현으로 칭찬하셨습니다.

"내가 진실로 너희에게 말하노니 여자가 낳은 자 중에 세례 요한
보다 큰 이가 일어남이 없도다 그러나 천국에서는 극히 작은 자
라도 그보다 크니라"(마11:11)

그동안 전한 세례 요한의 메시지는 "바람에 흔들리는 갈대"의 메시
지였습니다. 하지만 그의 메시지는 아름다운 것이었습니다. 그것은 메
시지를 전하는 자가 흔들릴지라도 메시지 자체의 완벽함 때문입니다.
메시지의 내용인 하나님 나라, 예수 그리스도, 복음 등 그것은 너무나
분명한 진리이기 때문입니다. 그래서 메신저가 흔들려도 메시지 내용
이 흔들리지 않는 것입니다.

바람에 흔들리는 갈대 같은 자의 복음이라도 그 복음은 흔들릴 수 없
다는 사실이 감격스럽습니다.

'우리가 간혹 듣는 메신저들의 부도덕함과 불의함의 소식에도 불구
하고 복음이 훼손되지 않는 이유입니다. 아시겠습니까?'

* Meditatio 묵상
오늘 말씀을 통하여 깨닫게 된 것을 짧게 적어보십시오.

죄인과 세리의 친구

* Lexio 읽기 / 마태복음 11:12-19

가능하면 오늘의 본문을 먼저 읽는 것이 좋지만 바로 아래 글을 읽어도 좋습니다. 충분히 본문을 이해하도록 배려하며 글을 썼습니다. 혹시 본문을 읽으신 분은 감동이 오는 말씀이나 단어 혹은 느낌을 간단히 적으시면 좋습니다.

> "세례 요한의 때부터 지금까지 천국은 침노를 당하나니 침노하는
> 자는 빼앗느니라"(마11:12)

참 도발적인 말씀입니다. '천국을 침노할 수 있다'고 말하기 때문입니다.

사실 우리의 관심은 "천국"에 있지 않습니다. 천국을 말하지만 죽은 이후에 가는 곳 정도로 알고 있을 뿐입니다. 엄밀히 말해서 우리의 관심은 오늘 이 세상에 있는 것이 사실입니다. 그렇다고 그 관심이 목적이나 의미가 있는 관심도 아닙니다. 예수님이 비유로 말씀하신 것처럼 춤추지도 않고 슬피 울어도 가슴을 치지 않는 무감각한 모습처럼 말입니다.

> "이 세대를 무엇으로 비유할까 비유하건대 아이들이 장터에 앉아
> 제 동무를 불러 이르되 우리가 너희를 향하여 피리를 불어도 너
> 희가 춤추지 않고 우리가 슬피 울어도 너희가 가슴을 치지 아니

하였다 함과 같도다"(마11:16-17)

세상이 어떻게 흘러가든 아예 무감각함으로 이 세상을 살기로 결정한 것입니다. 이처럼 무감각한 세대 앞에서 무감각할 수 없었던 세례 요한이 먹지도 않고 마시도 않자 그들은 귀신이 들렸다고 말하였습니다. 진리의 폄하입니다.

반면에 예수님은 그 세상에서 이미 이뤄진 천국을 말하며 먹고 마시는 모습으로 표현하셨습니다. 이번에 바리새인들은 세례 요한의 경우와 반대로 '먹고 마시는' 예수의 모습에 먹기를 탐하는 세리와 죄인의 친구라고 손가락질 한 것입니다.

> "보라 먹기를 탐하고 포도주를 즐기는 사람이요 세리와 죄인의
> 친구로다"(마11:19)

재미있습니다. 그러나 중요한 것은 예수님이 세리와 죄인들의 친구가 되고 그들과 어울려 먹고 마시며 즐겼다는 것입니다. 주님의 자유함입니다. 사실 우리에게는 이런 자유함이 없습니다. 오히려 우리는 예수를 비난하는 자들과 같은 편견을 가지고 대하는 것에 익숙합니다. 하물며 저기 거리로 나가 상을 펴고 자유로이 노숙자들과 밥을 먹을 수 있겠습니까?

'나는 그들의 친구가 될 수 있겠습니까?'

* Meditatio 묵상
오늘 말씀을 통하여 깨닫게 된 것을 짧게 적어보십시오.

- -

- -

나는 성숙한 신앙을 가지고 있는가?

* Lexio 읽기 / 마태복음 11:20-24

가능하면 오늘의 본문을 먼저 읽는 것이 좋지만 바로 아래 글을 읽어도 좋습니다. 충분히 본문을 이해하도록 배려하며 글을 썼습니다. 혹시 본문을 읽으신 분은 감동이 오는 말씀이나 단어 혹은 느낌을 간단히 적으시면 좋습니다.

"예수께서 권능을 가장 많이 행하신 고을들이 회개하지 아니하므로 그 때에 책망하시되 화 있을진저 고라신아 화 있을진저 벳새다야"(마11:20-21)

갈릴리 호수 북쪽에 위치한 삼각형 벨트의 중요한 도시들인 가버나움, 고라신, 벳새다는 예수님의 공생애 사역에 중요하게 등장합니다. 그런데 이 도시들이 주님의 통렬한 꾸짖음을 받고 있는 것입니다. 먼저 고라신과 벳새다는 이사야 23장에서 언급되고 있는 우상숭배와 교만과 세상의 영화를 추구하는 이방도시 두로와 시돈보다 더 심하다고 취급받습니다.

"내가 너희에게 이르노니 심판 날에 두로와 시돈이 너희보다 견디기 쉬우리라"(마11:22)

그리고 나머지 한 도시 가버나움에게는 아예 소돔과 비교하여 강력한 경고를 주님이 하셨습니다.

"가버나움아 네가 하늘에까지 높아지겠느냐 음부에까지 낮아지리라 네게 행한 모든 권능을 소돔에서 행하였더라면 그 성이 오늘까지 있었으리라 내가 너희에게 이르노니 심판 날에 소돔 땅이 너보다 견디기 쉬우리라 하시니라"(마11:23-24)

이 같이 예수님이 꾸짖으시는 이유는 베드로, 안드레, 빌립의 고향이고(요1:44) 오병이어 이적을 행하신 장소이며(눅9:10-17) 맹인의 눈을 고쳐주신(막8:22-26) 벳새다와, 씨 뿌리는 자의 비유(마13장) 등의 가르침을 주셨던 고라신. 그리고 세리 마태 등의 제자들을 부르시고 백부장의 종(마8:5-13)과, 지붕 뚫고 내린 중풍병자(막2:1-12) 등을 고치신 적이 있는 가버나움이기 때문입니다. 그 도시에서 행했던 빈번한 기적과 축복들 때문입니다.

분명히 어떤 경험과 체험이 있는 것은 축복입니다. 그러나 오늘 이 세 도시들처럼 신앙에 아무런 영향을 주지 못하는 모습은 매우 중요한 깨달음을 줍니다. 사실 우리는 경험적 신앙을 중요하게 여기지만 이 기록을 볼 때 반드시 그것이 성숙을 의미한다는 것이 아님을 깨닫게 됩니다. 많은 생각을 하게 하는 주님의 책망이 아닐 수 없습니다.

'내가 경험한 것만큼 나의 신앙은 성숙한 신앙이라고 생각하십니까?'

* Meditatio 묵상
오늘 말씀을 통하여 깨닫게 된 것을 짧게 적어보십시오.

나는 어떤 삶을 살고 있는가?

* Lexio 읽기 / 마태복음 11:25-30

가능하면 오늘의 본문을 먼저 읽는 것이 좋지만 바로 아래 글을 읽어도 좋습니다. 충분히 본문을 이해하도록 배려하며 글을 썼습니다. 혹시 본문을 읽으신 분은 감동이 오는 말씀이나 단어 혹은 느낌을 간단히 적으시면 좋습니다.

> "예수께서 권능을 가장 많이 행하신 고을들이 회개하지 아니하므
> 로 그 때에 책망하시되 화 있을진저"(마11:20-21)

고라신, 벳새다 그리고 가버나움을 바라보시면서 주님이 책망하신 이유는 그 곳에서 많은 권능을 행하신 것 속에 어떤 기대가 있었기 때문이었을 것입니다. 그런데 그들이 아무 것도 아니었던 것입니다. 어쩌면 순간적으로 주님은 인간적인 기대를 하셨는지도 모릅니다. 주님의 말씀 속에 그 뉘앙스를 찾을 수 있습니다.

> "옳소이다 이렇게 된 것이 아버지의 뜻이니이다 내 아버지께서
> 모든 것을 내게 주셨으니 아버지 외에는 아들을 아는 자가 없고
> 아들과 또 아들의 소원대로 계시를 받는 자 외에는 아버지를 아
> 는 자가 없느니라"(마11:26-27)

이 말씀에서 알 수 있듯이 예수님은 인간의 어리석음과 깨달음의 한계를 인정하셨습니다. '알 수가 없다.' 주님이 하신 말씀입니다. 엄밀하

게 말해서 우리가 무엇을 깨달아서 주님의 일을 대신하여 할 수 없다는 것이 진실입니다. 그것이 우리의 모습입니다. 그런 의미에서 주님이 이어 하신 이 말씀이 우리에게 큰 위로가 됩니다.

"수고하고 무거운 짐 진 자들아 다 내게로 오라 내가 너희를 쉬게 하리라"(마11:28)

주님의 일을 하다가 지치고 힘든 상태를 말하는 것이 아닙니다. 어떤 번역처럼 "고생하며 무거운 짐을 지고 허덕이는 사람"(공동번역/마11:28)을 가리키고 있음을 알 수 있습니다. 그런데 여기서 흥미로운 것은 이 말씀이 주님의 사역 초청과 연결되는 점입니다.

"나는 마음이 온유하고 겸손하니 나의 멍에를 메고 내게 배우라 그리하면 너희 마음이 쉼을 얻으리니"(마11:29)

어떤 방식으로 세상을 살 것인가를 묻고 계신 것이었습니다. '이 세상을 위해 살 것인가?' 아니면 '하나님 나라를 추구하며 살 것인가?' 하는 그런 말씀이셨습니다. 정말 기막힌 도전이 아닐 수 없습니다.

'우리는 무엇을 위해 살면서 피곤하고 힘든 것인지 질문을 던질 필요가 있습니다. 그 질문이 내가 어떤 존재인지를 말하기 때문입니다.'

* Meditatio 묵상
오늘 말씀을 통하여 깨닫게 된 것을 짧게 적어보십시오.

제 6 부

편견과 배척

사람이 중요하다

* Lexio 읽기 / 마태복음 12:1-8
가능하면 오늘의 본문을 먼저 읽는 것이 좋지만 바로 아래 글을 읽어도 좋습니다. 충분히 본
문을 이해하도록 배려하며 글을 썼습니다. 혹시 본문을 읽으신 분은 감동이 오는 말씀이나
단어 혹은 느낌을 간단히 적으시면 좋습니다.

"그 때에 예수께서 안식일에 밀밭 사이로 가실새 제자들이 시장
하여 이삭을 잘라 먹으니 바리새인들이 보고 예수께 말하되 보시
오 당신의 제자들이 안식일에 하지 못할 일을 하나이다"(마12:1-2)

유대인에게 안식일은 생명 같은 것이었고 반드시 지켜야 했습니다.
매우 당연한 것이었습니다. 그런데 제자들이 안식일에 이삭을 잘라 먹
은 것입니다. 크든 작든 안식일을 범한 것이었고, 그것을 바리새인들이
문제를 삼은 것입니다.

주님께서는 제사장 아히멜렉이 다윗에게 진설병을 주어 먹게 한 이
야기(삼상21:6)와 함께 제사장들이 성전 안에서 안식을 범해도 죄가 안
된다는 말씀을 하셨습니다. 이 같은 말씀 앞에 바리새인들이 약간 의아
해했을 그 순간, 더 강력한 말씀을 주님이 하셨습니다.

"내가 너희에게 이르노니 성전보다 더 큰 이가 여기 있느니라"
(마12:6)

'성전보다 더 크다.' 이 말씀은 성전이 가지고 있는 어떤 율법적 요구보다 주님이 하시는 말씀이 더 권위가 있다는 뜻이었습니다. 이 말씀은 다음 결론에 이르게 하였습니다.

> "나는 자비를 원하고 제사를 원하지 아니하노라 하신 뜻을 너희
> 가 알았더라면 무죄한 자를 정죄하지 아니하였으리라"(마12:7)

'자비를 원한다.' 성전에서 드리는 어떤 제사보다 사람에게 행하는 자비가 더 중요하다는 말씀이었습니다. 마가복음을 읽어보면 그 의미가 어떤 것인지 잘 이해할 수 있습니다.

> "안식일이 사람을 위하여 있는 것이요 사람이 안식일을 위하여
> 있는 것이 아니니"(막2:27)

'사람이 중요하다.' 그러니까 사람을 살리는 것이 예배라는 말씀이었습니다. 이 같은 예수님의 발언 앞에 바리새인들은 강력한 반발을 할 수 밖에 없었습니다. 이제 본격적인 싸움이 시작된 것입니다.

"사람이 중요하다.' 나의 태도는 어떻습니까?'

* Meditatio 묵상
오늘 말씀을 통하여 깨닫게 된 것을 짧게 적어보십시오.

안식일이 괴물로 변하다

* Lexio 읽기 / 마태복음 12:9-21
가능하면 오늘의 본문을 먼저 읽는 것이 좋지만 바로 아래 글을 읽어도 좋습니다. 충분히 본
문을 이해하도록 배려하며 글을 썼습니다. 혹시 본문을 읽으신 분은 감동이 오는 말씀이나
단어 혹은 느낌을 간단히 적으시면 좋습니다.

"나는 자비를 원하고 제사를 원하지 아니하노라 하신 뜻을 너희
가 알았더라면 무죄한 자를 정죄하지 아니하였으리라"(마12:7)

'성전보다 더 크다'는 말씀과 함께 안식일의 질서를 깨는 예수의 행동
이 바리새인들에게는 상당한 위협이 되었습니다. 그런 까닭에 그들
의 시선은 주님을 집중하고 있었습니다. 그런데 주님이 "그들의 회당
에"(마12:9) 들어간 것입니다. 더욱이 안식일이었고 거기에는 손 마른
사람이 있었습니다.

"한쪽 손 마른 사람이 있는지라 사람들이 예수를 고발하려 하여
물어 이르되 안식일에 병 고치는 것이 옳으니이까"(마12:10)

예수님은 그들의 의도를 알고 계셨습니다. 주님은 그들의 질문 앞에
질문으로 답변을 하셨습니다. '안식일에 양 한 마리가 구덩이에 빠졌으
면 어떻게 하겠는가?' 하는 질문이었습니다. 이는 당연한 질문이었습
니다. 구해낼 것이 분명했습니다. 당연한 질문을 던지면서 주님이 하신

말씀은 '사람이 귀하다'는 말씀이셨습니다.

> "사람이 양보다 얼마나 더 귀하냐 그러므로 안식일에 선을 행하
> 는 것이 옳으니라"(마12:12)

'안식일을 지키느냐, 지키지 못하느냐'의 문제 앞에 주님의 관심은 사람이었습니다. 우리가 회복되고 아름다운 하나님의 형상을 따라 사는 것이 주님의 소원이기 때문입니다. 그런 까닭에 망설일 것도 없이 손마른 자를 주님은 고치신 것입니다. 당연한 것이었습니다.

이 같은 주님의 행동은 강력한 반발을 초래하였습니다. 그들은 예수의 태도를 이해할 수 없었습니다. 결국 그들은 예수를 어떻게 죽일지 논의하기 시작하였습니다.

성전, 제사, 율법, 안식일이 괴물로 변한 순간입니다. 하나님의 형상대로 지음 받은 사람이 그 모든 것들을 도구로 여겼기 때문입니다. 아직도 주님이 안식일에 행한 사건들의 의미를 이해하지 못하는 이유일 것입니다.

'다시 질문을 던져보겠습니다. 성전, 제사, 율법, 안식일이 괴물로 변할 수 있다면 그 이유는 무엇이겠습니까?'

* Meditatio 묵상
오늘 말씀을 통하여 깨닫게 된 것을 짧게 적어보십시오.

....

....

용서 받을 수 없는 타락

* Lexio 읽기 / 마태복음 12:22-32

가능하면 오늘의 본문을 먼저 읽는 것이 좋지만 바로 아래 글을 읽어도 좋습니다. 충분히 본문을 이해하도록 배려하며 글을 썼습니다. 혹시 본문을 읽으신 분은 감동이 오는 말씀이나 단어 혹은 느낌을 간단히 적으시면 좋습니다.

> "그 때에 귀신 들려 눈 멀고 말 못하는 사람을 데리고 왔거늘 예
> 수께서 고쳐 주시매... 바리새인들은 듣고 이르되 이가 귀신의 왕
> 바알세불을 힘입지 않고는 귀신을 쫓아내지 못하느니라 하거늘"
>
> (마12:22,24)

이미 바리새인들은 괴물로 변해 있었습니다. 그 사람의 눈이 멀고 말 못하는 이유가 귀신으로 인한 것이 당연한 데도 그 같은 태도를 취했으니 말입니다. 이 모습 앞에서 주님이 당연한 이야기를 하셨습니다.

> "만일 사탄이 사탄을 쫓아내면 스스로 분쟁하는 것이니 그리하고
> 야 어떻게 그의 나라가 서겠느냐"(마12:26)

그런데 예수님의 당연한 이야기를 들으면서도 바리새인들은 무시하고 있었습니다. 그런데 그 같은 무시는 간과할 수 없는 무엇을 의미하는 것이었습니다.

"사람에 대한 모든 죄와 모독은 사하심을 얻되 성령을 모독하는 것은 사하심을 얻지 못하겠고 또 누구든지 말로 인자를 거역하면 사하심을 얻되 누구든지 말로 성령을 거역하면 이 세상과 오는 세상에서도 사하심을 얻지 못하리라"(마12:31-32)

무시무시한 이야기였습니다. 물론 이 말씀은 예수를 반대한다고 해서 무조건 벌어지는 결과는 아닙니다. 히브리서 기자가 이 말의 뜻을 이해할 수 있게 잘 설명하였습니다.

"한 번 빛을 받고 하늘의 은사를 맛보고 성령에 참여한 바 되고 하나님의 선한 말씀과 내세의 능력을 맛보고도 타락한 자들은 다시 새롭게 하여 회개하게 할 수 없나니"(히6:4-6)

주님께서도 "성령을 거역하면"이라고 말했듯이 성령의 감동을 받는 자, 곧 하나님의 뜻을 아는 자들이 범하는 성령 훼방 죄에 대한 주님의 심판이라고 해야 옳습니다.

여기서 우리는 매우 중요한 것을 깨닫게 됩니다. 아무리 성령의 감동을 받은 자라도 세상이나 권력 혹은 잘못된 영광에 사로잡히면 얼마든지 타락할 수 있다는 사실입니다. 용서받을 수 없는 타락 말입니다.

'우리는 성령의 음성에 민감하게 반응하며 순종하는 삶을 추구해야 합니다. 꼭 그렇게 살아야 합니다.'

* Meditatio 묵상
오늘 말씀을 통하여 깨닫게 된 것을 짧게 적어보십시오.

내가 보이다

* Lexio 읽기 / 마태복음 12:33-37

가능하면 오늘의 본문을 먼저 읽는 것이 좋지만 바로 아래 글을 읽어도 좋습니다. 충분히 본문을 이해하도록 배려하며 글을 썼습니다. 혹시 본문을 읽으신 분은 감동이 오는 말씀이나 단어 혹은 느낌을 간단히 적으시면 좋습니다.

> "또 누구든지 말로 인자를 거역하면 사하심을 얻되 누구든지 말로 성령을 거역하면 이 세상과 오는 세상에서도 사하심을 얻지 못하리라"(마12:32)

'말로 성령을 거역하다.' 주님은 이 문제를 일시적인 실수로 보지 않고 매우 근원적인 것으로 보셨습니다. 이어지는 말씀을 보면 알 수 있습니다.

> "나무가 좋으면 그 열매도 좋고, 나무가 나쁘면 그 열매도 나쁘다. 그 열매로 그 나무를 안다."(새번역/마12:33)

일반적으로 우리는 드러나는 행동을 주의하는 등의 외면적 몸가짐을 강조합니다. 특히 말하는 것을 주의합니다. 물론 그것도 중요합니다. 하지만 내면이 온전하지 못하다면 시간의 문제일 뿐 그 온전치 못함은 언젠가 드러날 것입니다. 그래서 주님이 이렇게 말씀하신 것입니다.

> "선한 사람은 그 쌓은 선에서 선한 것을 내고 악한 사람은 그 쌓

은 악에서 악한 것을 내느니라"(마12:35)

결국 주님은 '우리가 누구인가?' 하는 질문을 던진 것입니다. 주님은 주로 말의 문제로 이야기하셨지만 밖으로 나타나는 우리의 모습은 우리 내면의 결과물이라고 말씀하심으로 자신을 돌아볼 것을 요청하신 것입니다.

심지어 어쩌면 말의 실수라고 생각할 수도 있는 것조차 주님은 그렇게 여기지 않으셨습니다. 밖으로 나오는 표현만으로도 얼마든지 내가 누구인지 드러난다는 말씀이었습니다.

"사람들은 심판 날에 자기가 말한 온갖 쓸데없는 말을 해명해야 할 것이다. 너는 네가 한 말로, 무죄 선고를 받기도 하고, 유죄 선고를 받기도 할 것이다."(새번역/마12:36-37)

이제 주의해서 자신이 한 말들을 적어 보십시오. 그리고 그 말의 양식과 내용들을 살펴보십시오. 그 말들이 가지고 있는 속뜻이 무엇인지도 살펴보십시오. 그 같은 관찰을 통해 '내가 누구인지' 정직하게 바라보는 기회를 가지십시오. 만일 내가 누구인지 볼 수 있다면 얼마나 좋은 일이겠습니까?

'내가 어떤 존재인지 보셨습니까?'

* Meditatio 묵상
오늘 말씀을 통하여 깨닫게 된 것을 짧게 적어보십시오.

악하고 음란한 세대

* Lexio 읽기 / 마태복음 12:38-45

가능하면 오늘의 본문을 먼저 읽는 것이 좋지만 바로 아래 글을 읽어도 좋습니다. 충분히 본
문을 이해하도록 배려하며 글을 썼습니다. 혹시 본문을 읽으신 분은 감동이 오는 말씀이나
단어 혹은 느낌을 간단히 적으시면 좋습니다.

> "그 때에 서기관과 바리새인 중 몇 사람이 말하되 선생님이여 우
> 리에게 표적 보여주시기를 원하나이다"(마12:38)

서기관과 바리새인들은 아직도 논쟁 중이었던 것 같습니다. 도대체
'예수가 누구인가?' 하는 물음이었을 것입니다. 그들 중의 일부는 예수
의 메시야 됨에 대한 생각을 했을지도 모릅니다. 또한 표적을 구하는
것은 나름 긍정적인 것일 수도 있었습니다. 그러므로 만일 주님이 더
많은 기적을 행했다면 예수에 대한 긍정적 평가가 나올 수도 있었을 것
입니다.

하지만 주님은 그럴 마음이 없으셨습니다. 주님은 눈에 보이는 표적
이 아니라 "사흘 동안 큰 물고기 뱃속에 있었던 것"을 말하는 것으로
대신하셨습니다. 그것은 주님의 죽음과 부활을 말하는 것이었습니다.

> "예수께서 대답하여 이르시되 악하고 음란한 세대가 표적을 구하
> 나 선지자 요나의 표적 밖에는 보일 표적이 없느니라 요나가 밤

낮 사흘 동안 큰 물고기 뱃속에 있었던 것 같이 인자도 밤낮 사흘
동안 땅 속에 있으리라"(마12:39~40)

그런데 이 같이 요나의 표적으로 설명되는 예수님의 말씀을 듣고 예
수의 메시야 사역을 이해할 사람은 없었을 것입니다. 뿐만 아니라 그들
에게 설명할 의지도 주님에게는 없으셨던 것으로 보입니다. 당연한 일
이었습니다. 주님이 말씀하신 것처럼 주님의 눈에 비친 그들은 "악하고
음란한 세대"였기 때문입니다.

단순히 "악하고 음란한 세대"가 아니라, 갈수록 더 심하게 변한 "악
하고 음란한 세대"였기 때문입니다. 주님은 이것을 돌아온 "악한 귀신
일곱" 비유로 설명하셨습니다.

"더러운 귀신이 사람에게서 나갔을 때에... 이에 가서 저보다 더
악한 귀신 일곱을 데리고 들어가서 거하니 그 사람의 나중 형편
이 전보다 더욱 심하게 되느니라 이 악한 세대가 또한 이렇게 되
리라"(마12:43,45)

더 악하게 변해가는 것, 시간이 갈수록 더 심해지는 것은 오늘날을
보면 분명히 알 수 있습니다. 그렇다면 이제 '어떻게 할 것인가?' 라는
질문을 던지지 않을 수 없습니다.

'악하고 음란한 세대, 나는 어떻다고 생각하십니까?'

* Meditatio 묵상
오늘 말씀을 통하여 깨닫게 된 것을 짧게 적어보십시오.

가족으로 부르시다

* Lexio 읽기 / 마태복음 12:46–50
가능하면 오늘의 본문을 먼저 읽는 것이 좋지만 바로 아래 글을 읽어도 좋습니다. 충분히 본
문을 이해하도록 배려하며 글을 썼습니다. 혹시 본문을 읽으신 분은 감동이 오는 말씀이나
단어 혹은 느낌을 간단히 적으시면 좋습니다.

"예수께서 무리에게 말씀하실 때에 그의 어머니와 동생들이 예수
께 말하려고 밖에 섰더니 한 사람이 예수께 여짜오되 보소서 당
신의 어머니와 동생들이 당신께 말하려고 밖에 서 있나이다 하
니"(마12:46–47)

참 이상한 시작입니다. 어머니와 동생들이 예수가 계신 곳으로 들어
가지 못하고 밖에서 예수에게 전갈을 넣는 모습이 나오기 때문입니다.

'왜 어머니와 형제들은 이 같은 태도를 취한 것일까?' 라는 질문이 들
지만 마가복음의 서술을 따라 읽어보면 재미있습니다.

"이는 그들이 말하기를 더러운 귀신이 들렸다 함이러라 그 때에
예수의 어머니와 동생들이 와서 밖에 서서 사람을 보내어 예수를
부르니"(막3:30–31)

이미 예수님은 메시야적 존재이거나 바알세불에 사로잡힌 미친 사람

인 둘 중의 한 모습으로 평가받고 있었습니다. 오해하는 사람들을 보면서 가족들 역시 걱정스러운 태도로 보고 있었던 것입니다. 사실 여기 온 것도 예수를 붙잡아 데려가기 위함이었습니다.

> "예수의 친족들이 듣고 그를 붙들러 나오니 이는 그가 미쳤다 함 일러라"(막3:21)

예수의 메시야 됨과 사역의 문제는 가족이라 해서 온전히 아는 것이 아니었음을 알 수 있습니다. 예수의 문제는 가족과의 문제가 아니라 모든 사람들을 구원하는 문제였기 때문입니다.

> "보소서 당신의 어머니와 동생들과 누이들이 밖에서 찾나이다 대답하시되 누가 내 어머니이며 동생들이냐... 누구든지 하나님의 뜻대로 행하는 자가 내 형제요 자매요 어머니이니라"(막3:32-33,35)

이 말씀은 우리를 당신의 가족으로 부르시는 초청이었습니다. 하나님의 뜻대로 사는 자들에게 주어지는 권한을 말하는 것이었습니다.

'우리는 예수님의 가족입니다. 그래서 우리는 하나님의 뜻대로 사는 것이 옳은 것입니다.'

* Meditatio 묵상
오늘 말씀을 통하여 깨닫게 된 것을 짧게 적어보십시오.

- -

- -

근본에 관한 문제

* Lexio 읽기 / 마태복음 13:1–9

가능하면 오늘의 본문을 먼저 읽는 것이 좋지만 바로 아래 글을 읽어도 좋습니다. 충분히 본문을 이해하도록 배려하며 글을 썼습니다. 혹시 본문을 읽으신 분은 감동이 오는 말씀이나 단어 혹은 느낌을 간단히 적으시면 좋습니다.

> "큰 무리가 그에게로 모여 들거늘 예수께서 배에 올라가 앉으시고 온 무리는 해변에 서 있더니 예수께서 비유로 여러 가지를 그들에게 말씀하여 이르시되"(마13:2–3)

많은 사람들이 예수에게로 왔을 때 병을 고치시고 기적을 행하신 것 외에 가르치시는 사역도 멈추지 않으셨습니다. 오늘 본문의 씨 뿌리는 비유를 말씀하시듯이 말입니다. 그런데 재미있게도 예수께서 비유로 하신 가르침은 내용이 제한되어 있었습니다. 실제로 비유에 대한 자세한 해석은 제자들만 있을 때 따로 설명되었습니다.

> "비유가 아니면 말씀하지 아니하시고 다만 혼자 계실 때에 그 제자들에게 모든 것을 해석하시더라"(막4:34)

우리는 그 이유를 씨 뿌리는 자의 비유에서 찾을 수 있습니다. 자세히 읽으시면 알 수 있지만 이 비유의 핵심은 "씨"가 아니라 '토양 곧, 밭'에 있습니다.

언제나 "씨"는 동일합니다. '씨 곧, 말씀.' 더 확장해서 천국의 비밀, 하나님 나라는 누구에게나 개방되어 있습니다. 누구든지 그 비밀을 받아들일 수 있습니다. 그런데 불가능할 수도 있습니다. 주님은 그 이유를 받아들이는 자가 "길 가"이기 때문이고 "돌밭"이나 "가시떨기"이기 때문이라고 말씀하셨습니다. 마태복음 기자가 계속 이야기해온 근본에 관한 문제였습니다.

> "선한 사람은 그 쌓은 선에서 선한 것을 내고 악한 사람은 그 쌓
> 은 악에서 악한 것을 내느니라"(마12:35)

그러니까 그들이 "씨"를 받아들일 수 없는 이유는 근원적으로 "악하고 음란한 세대"이기 때문입니다. 그것이 비유로 말씀하신 또 다른 이유이기도 하였습니다. 그러므로 우리에게 필요한 것은 나의 정신과 영적인 상태를 개방하는 훈련입니다. 그것이 회개입니다. 주님의 말씀, 하나님 나라는 흔들림이 없기 때문입니다. 좋은 땅이 되는 것이 중요하기 때문입니다.

> "더러는 좋은 땅에 떨어지매 어떤 것은 백 배, 어떤 것은 육십 배,
> 어떤 것은 삼십 배의 결실을 하였느니라"(마13:8)

'나는 어떤 종류의 땅이라고 생각하십니까?'

* Meditatio 묵상
오늘 말씀을 통하여 깨닫게 된 것을 짧게 적어보십시오.

놀라운 은혜

* Lexio 읽기 / 마태복음 13:10-17
가능하면 오늘의 본문을 먼저 읽는 것이 좋지만 바로 아래 글을 읽어도 좋습니다. 충분히 본
문을 이해하도록 배려하며 글을 썼습니다. 혹시 본문을 읽으신 분은 감동이 오는 말씀이나
단어 혹은 느낌을 간단히 적으시면 좋습니다.

"천국의 비밀을 아는 것이 너희에게는 허락되었으나 그들에게는
아니되었나니 무릇 있는 자는 받아 넉넉하게 되되 없는 자는 그
있는 것도 빼앗기리라"(마13:11-12)

분명히 복음 곧, 하나님 나라는 모두에게 열려있지만 동시에 열려있
지 않았습니다. 열려 있지만 기준과 자격이 있는 것입니다. 이미 설명
한 것처럼 그 자격이란 회개하고 주님을 받아들이는 것입니다. 주님이
처음 공생애 사역을 시작하시면서 하신 말씀이기도 했습니다.

"예수께서 비로소 전파하여 이르시되 회개하라 천국이 가까이 왔
느니라"(마4:17)

여기서 잊지 말아야 할 것은 매우 폐쇄적이라는 사실입니다. 단순히
우리가 그 비밀을 모르는 정도가 아니라 주님이 막을 수도 있기 때문입
니다. 그것이 비유로 말하는 또 다른 이유이기도 하였습니다.

"내가 그들에게 비유로 말하는 것은 그들이 보아도 보지 못하며 들어도 듣지 못하며 깨닫지 못함이니라 이사야의 예언이 그들에게 이루어졌으니 일렀으되 너희가 듣기는 들어도 깨닫지 못할 것이요 보기는 보아도 알지 못하리라"(마13:13-14)

'폐쇄적이다.' 물론 이 말의 뜻이 '어렵다'는 의미는 아닙니다. 그 지점에 바로 예수 그리스도가 계시기 때문입니다. 이미 우리에게 예수님 스스로 성육신하심으로 자신을 노출하셨기 때문입니다.

"그러나 너희 눈은 봄으로, 너희 귀는 들음으로 복이 있도다 내가 진실로 너희에게 이르노니 많은 선지자와 의인이 너희가 보는 것들을 보고자 하여도 보지 못하였고 너희가 듣는 것들을 듣고자 하여도 듣지 못하였느니라"(마13:16-17)

이것은 놀라운 은혜입니다. 이제 남은 것은 우리가 준비되는 것만 남아있을 뿐입니다. 내가 주인이 되어 살던 삶을 회개함으로 주님의 임재를 받아들이는 것입니다. 주님을 주인으로 모셔 들이는 것입니다. 이미 은혜는 우리에게 개방되어 있기 때문입니다.

'예수 그리스도는 나의 주님이십니까?'

* Meditatio 묵상
오늘 말씀을 통하여 깨닫게 된 것을 짧게 적어보십시오.

- -

- -

나의 귀는 열려 있는가?

* Lexio 읽기 / 마태복음 13:18-23

가능하면 오늘의 본문을 먼저 읽는 것이 좋지만 바로 아래 글을 읽어도 좋습니다. 충분히 본
문을 이해하도록 배려하며 글을 썼습니다. 혹시 본문을 읽으신 분은 감동이 오는 말씀이나
단어 혹은 느낌을 간단히 적으시면 좋습니다.

"그런즉 씨 뿌리는 비유를 들으라"(마13:18)

주님이 제자들에게 씨 뿌리는 자의 비유를 설명하기 시작하셨습니다. 주님은 "씨"를 말씀으로 "밭"을 우리들의 마음의 상태로 비유하셨습니다.

가장 문제 있는 밭으로 "길 가"(마13:19)를 언급하셨습니다. "길 가"(공동번역/길바닥)는 전혀 말씀을 깨달을 수 없는 차원의 존재입니다. "보아도 보지 못하며 들어도 듣지 못하"(마13:13)는 상태입니다. 나의 상태는 이 모습이 아닌지 살펴보십시오.

두 번째로 언급한 밭은 "돌밭"(마13:20-21)이었습니다. 이 밭의 문제는 뿌리를 깊이 내리지 못하는 것입니다. 그래서 환난이나 박해가 일어나면 곧 쓰러지고 맙니다. 무엇인가 깊은 신앙의 단계로 내려가는 것을 방해하는 것들이 마음에 가득한 것입니다. 그것은 미움, 분노, 더러움, 악함 같은 것입니다. 나의 상태는 어떻습니까?

세 번째로 주님은 "가시떨기"(마13:22)를 언급하셨습니다. 이 사람은 말씀을 받아들이는 개방성을 갖고 있지만 그를 지배하는 가시떨기 같은 것이 문제입니다. 주님은 그것을 세상의 염려와 재물의 유혹이라고 설명하였습니다. 한 마디로 말해서 '이 세상적인 것'입니다. 세상이 좋은 것입니다. 우리가 깊이 말씀으로 나아가지 못하는 이유입니다. 나의 모습은 어떻다고 생각하십니까?

마지막으로 주님이 언급한 밭은 "좋은 땅"(마13:23)이었습니다. 하나님의 말씀이 그 땅에 떨어지자 백 배, 육십 배, 삼십 배 열매를 맺었습니다. 나는 어떻습니까? 좋은 땅의 모습이라고 생각하십니까?

또한 여기서 알게 되는 중요한 사실이 있는데, 바로 "씨"에 관한 것입니다. 그 "씨"가 갖고 있는 잠재력과 힘에 관한 것입니다. 그러니까 우리의 가능성은 우리 때문이 아니라 "씨" 곧, 말씀의 능력 때문입니다. 우리가 주의 말씀에 집중하고 따라가야 하는 결정적 이유입니다.

'나는 어떻습니까? 말씀을 듣고 깨닫는 귀가 열려 있다고 생각하십니까?'

* Meditatio 묵상
오늘 말씀을 통하여 깨닫게 된 것을 짧게 적어보십시오.

매일 먼지를 쓸고 정리하고

* Lexio 읽기 / 마태복음 13:24-30
가능하면 오늘의 본문을 먼저 읽는 것이 좋지만 바로 아래 글을 읽어도 좋습니다. 충분히 본
문을 이해하도록 배려하며 글을 썼습니다. 혹시 본문을 읽으신 분은 감동이 오는 말씀이나
단어 혹은 느낌을 간단히 적으시면 좋습니다.

"예수께서 그들 앞에 또 비유를 들어 이르시되 천국은 좋은 씨를
제 밭에 뿌린 사람과 같으니"(마13:24)

하나님의 복음을 땅 끝까지 전하기 위해 교회와 크리스천은 열심을
냅니다. 우리나라의 경우도 국민의 30%가 예수를 믿는다는 통계가 나
올 때가 있었을 만큼 괄목하게 교회가 부흥했었습니다. 하지만 최근 갤
럽조사에 의하면 2004년 21%였던 개신교의 종교 인구분포가 10년이
지난 2014년에도 여전히 21%로 조사되었습니다. 지난 10년 동안 전혀
성장하지 않은 것입니다(한국인의 종교 1984-2014, 한국갤럽).

분명히 그동안 한국교회는 열심히 복음을 전하였습니다. 그런데 정
체현상이 벌어진 것입니다. 엄밀하게 말하면 매우 위기상황입니다. 충
성심이 강한 장년들이 고령이 되어서도 교회에 남아있다고 본다면, 청
년들이 예수를 믿는 경우가 현저히 줄었다는 것을 의미하기 때문입니
다. 분명히 우리가 복음을 전하는 토양에 문제가 생긴 것입니다. 그래
서 이 말씀을 주의 깊게 읽을 필요가 있습니다.

"집 주인의 종들이 와서 말하되 주여 밭에 좋은 씨를 뿌리지 아니
하였나이까 그런데 가라지가 어디서 생겼나이까 주인이 이르되
원수가 이렇게 하였구나"(마13:27-28)

마치 아무 일도 없었는데 침대 밑에 먼지가 쌓이는 것과 유사합니다.
여기서 "원수"란 사탄이라고 묘사할 수도 있지만 오랜 시간 동안 만들
어진 세상의 토양이라 말할 수도 있습니다.

마치 차곡차곡 쌓여온 먼지처럼 오랜 시간 동안 세속화, 세상화가 이
루어지면서 은밀한 죄와 위장된 죄, 세상적인 쾌락이 당연한 것으로 변
한 것이라 말할 수 있습니다. 처음 초대교회의 모습을 잃고 변질된 교
회, 자기 편의로 해석하여 왜곡된 말씀도 그런 종류일 것입니다. 어느
날 우리는 괴물 교회, 괴물 크리스천을 만날지도 모릅니다.

그러므로 적극적으로 매일 먼지를 쓸고 정리하고 하나님 앞에 서지
않으면 침대 밑의 먼지처럼 죄와 타락이 진행되는 것입니다. 잊지 말아
야 할 부분입니다.

'이 세상 앞에서 방심해서는 안 됩니다. 정신을 똑바로 차리고 말씀
앞에 서야 합니다. 잊지 마십시오.'

* Meditatio 묵상
오늘 말씀을 통하여 깨닫게 된 것을 짧게 적어보십시오.

말씀으로 채워지고 있는가?

* Lexio 읽기 / 마태복음 13:31-43
가능하면 오늘의 본문을 먼저 읽는 것이 좋지만 바로 아래 글을 읽어도 좋습니다. 충분히 본
문을 이해하도록 배려하며 글을 썼습니다. 혹시 본문을 읽으신 분은 감동이 오는 말씀이나
단어 혹은 느낌을 간단히 적으시면 좋습니다.

"천국은 마치 사람이 자기 밭에 갖다 심은 겨자씨 한 알 같으니
이는 모든 씨보다 작은 것이로되 자란 후에는 풀보다 커서 나무
가 되매 공중의 새들이 와서 그 가지에 깃들이느니라"(마13:31-32)

'하나님 나라는 은밀하다. 아무도 예상하지 못하는 사이에 겨자씨 같
이 작은 것이 새가 깃들만한 나무가 된다.'

우리가 잊고 있는 것은 하나님의 나라는 우리의 노력의 결과가 아니
라 슬그머니 이루어진다는 사실입니다. 물론 우리가 좋은 밭이 되는 것
이 중요하지만 핵심은 "씨"입니다.

"씨"는 주님이 언급하신 것처럼 '말씀'입니다(마13:19-23). 말씀의 힘
입니다. 우리를 변화시키는 것입니다. 우리도 눈치 채지 못하는 사이
에 말입니다.

이것이 씨 뿌리는 자의 비유입니다. 그런데 주님이 제자들에게 발전

된 말씀을 하신 것입니다. 재미있는 것은 다시 "씨"를 언급하시지만 '말씀'이 아니라 다르게 해석하신 것입니다.

> "좋은 씨를 뿌리는 이는 인자요 밭은 세상이요 좋은 씨는 천국의
> 아들들이요"(마13:37-38)

"씨"를 "천국의 아들들"로 비유한 것입니다. 그러므로 씨 뿌리는 자의 비유와 연결시켜 해석하면 "씨"는 즉, 하나님의 말씀을 받아 나무와 같이 견고하게 서 있는 자가 또 다른 의미의 "씨"라는 것입니다. 주님은 그것을 "좋은 씨"라고 표현하신 것입니다.

주님은 그 "좋은 씨"인 사람들이 바로 "천국의 아들들"이라고 말합니다. 당연한 말씀입니다. 그 "좋은 씨"들이 뿌려진 곳에는 멋있는 "나무", 곧 하나님 나라가 실현될 것이고 "밭"인 세상은 그 사람들로 인해 하나님 나라를 맛보게 될 것이기 때문입니다.

시작은 근원입니다. 나를 나 되게 한 것이 말씀이라면 당신은 "좋은 씨"가 된 것입니다. 이 땅에 이루어지는 하나님 나라의 시작이 된 것입니다.

'내 안은 그 "씨", 곧 말씀으로 채워지고 있습니까?'

* Meditatio 묵상
오늘 말씀을 통하여 깨닫게 된 것을 짧게 적어보십시오.

_____

_____

하나님 나라를 위한 대가

* Lexio 읽기 / 마태복음 13:44-46
가능하면 오늘의 본문을 먼저 읽는 것이 좋지만 바로 아래 글을 읽어도 좋습니다. 충분히 본문을 이해하도록 배려하며 글을 썼습니다. 혹시 본문을 읽으신 분은 감동이 오는 말씀이나 단어 혹은 느낌을 간단히 적으시면 좋습니다.

> "천국은 마치 밭에 감추인 보화와 같으니 사람이 이를 발견한 후
> 숨겨 두고 기뻐하며 돌아가서 자기의 소유를 다 팔아 그 밭을 사
> 느니라"(마13:44)

좀 이상한 말씀입니다. 어떤 사람이 밭에서 보화(예를 들어 무슨 금궤나 골동품)를 발견하였는데 그것을 모른 척하고 숨겨둡니다. 주인이 알면 그 밭을 팔지 않을 테니까 말입니다. 그래서 주인에게 알리지 않고 자기 소유를 다 팔아서 그 밭을 삽니다.

이런 말씀입니까? 실제로 이 말씀은 "천국은 침노를 당하나니"(마11:12)라는 구절을 잘못 해석하도록 정당화 시켜주는 근거가 됩니다. 부정과 속임수를 해서라도 열심을 내면 괜찮은 것으로 해석하게 된 것입니다. 이 같은 해석은 "감추인 보화"를 잘못 번역해서 벌어진 일이라고 생각합니다. 결정적으로 "보화"로 번역된 헬라어 '데사우로스'는 '보물'이라는 의미라기보다는 어떤 장소적 의미가 더 강한 단어입니다. 그러니까 '보화를 두는 창고, 저장소' 같은 의미로 쓰이는 단어입니다.

이 같은 이해로 본문을 읽는다면 "밭에 감추인 보화"라는 말은 실제적인 보물이 숨겨져 있다는 뜻보다 '평범한 밭이 아니라 잘 만지고 경작하면 좋은 수확을 거둘 수 있는 좋은 땅'이라는 의미임을 알 수 있습니다.

그렇습니다. 천국은 로또 같은 것이 아닙니다. 대가를 지불해야 합니다. 이어지는 진주 비유가 그것을 잘 설명해줍니다. 좋은 진주를 발견한 자가 자기의 소유를 팔아 그 진주를 산 이야기입니다. 정당한 대가를 지불한 것입니다. 투기 목적이 아니라 진주가 아름답기 때문입니다.

> "또 천국은 마치 좋은 진주를 구하는 장사와 같으니 극히 값진 진
> 주 하나를 발견하매 가서 자기의 소유를 다 팔아 그 진주를 사느
> 니라"(마13:45-46)

하나님 나라를 추구하는 것은 그 하나님 나라를 알아보고 바라보며 대가를 지불하고 사는 것을 의미합니다. 요행으로 얻어지는 로또가 아니기 때문입니다.

'하나님 나라는 로또가 아닙니다. "자기의 소유"를 파는 것 같이 대가를 지불해야 합니다. 주님의 배려입니다. 축복입니다. 우리가 할 일이 있으니까 말입니다.'

* Meditatio 묵상
오늘 말씀을 통하여 깨닫게 된 것을 짧게 적어보십시오.

편견과 배척

* Lexio 읽기 / 마태복음 13:47-58

가능하면 오늘의 본문을 먼저 읽는 것이 좋지만 바로 아래 글을 읽어도 좋습니다. 충분히 본문을 이해하도록 배려하며 글을 썼습니다. 혹시 본문을 읽으신 분은 감동이 오는 말씀이나 단어 혹은 느낌을 간단히 적으시면 좋습니다.

> "천국은 마치 바다에 치고 각종 물고기를 모는 그물과 같으니 그
> 물에 가득하매 물 가로 끌어 내고 앉아서 좋은 것은 그릇에 담고
> 못된 것은 내버리느니라"(마13:47-48)

고기를 잡은 후 좋은 것과 나쁜 것을 고르는 것처럼 하나님 나라가 이루어지는 "세상 끝" 날에도 의인과 악인이 구분될 것을 주님은 말씀하셨습니다.

> "세상 끝에도 이러하리라 천사들이 와서 의인 중에서 악인을 갈
> 라 내어 풀무 불에 던져 넣으리니"(마13:49-50)

하지만 여기에 기막힌 은혜가 보입니다. 아직 끝이 아니기 때문입니다. 내가 살아있는 동안, 내가 할 수 있는 순간까지 모든 것이 가능하기 때문입니다. 명쾌한 해석이었습니다. 이외에도 예수의 가르침은 강력했습니다. 그래서 어린 시절부터 함께 지내온 이들은 예수를 받아들이기가 힘들었습니다.

"그들이 놀라 이르되 이 사람의 이 지혜와 이런 능력이 어디서 났
느냐 이는 그 목수의 아들이 아니냐"(마13:54-55)

"그 목수의 아들." 사람들은 바로 이 이유로 인해 받아들이고 싶지
않던 것입니다. 편견으로 인한 교만이었습니다. 그것이 예수를 배척한
치명적인 이유가 되었습니다.

"그 누이들은 다 우리와 함께 있지 아니하냐 그런즉 이 사람의
이 모든 것이 어디서 났느냐 하고 예수를 배척한지라"(마13:56-57)

예수님 역시 능력을 행하지 않으셨습니다.

"그들이 믿지 않음으로 말미암아 거기서 많은 능력을 행하지 아
니하시니라"(마13:58)

그렇다면 혹시 오늘 우리 시대에 기적이 줄어든 이유가 이 같은 교만
에 이은 편견과 배척 때문일 수 있습니다. 자신들이 가지고 있는 치우
친 지식을 마치 진리인 것처럼 주장하는 교만 때문에 말입니다.

"편견은 있지 않은가? 이유 없는 배척을 하고 있지는 않은가?' 내면
을 매일 돌아보아야 합니다.'

* Meditatio 묵상
오늘 말씀을 통하여 깨닫게 된 것을 짧게 적어보십시오.

제 7 부

믿음의 절박함

책임을 느끼는 것만큼

* Lexio 읽기 / 마태복음 14:1-21
가능하면 오늘의 본문을 먼저 읽는 것이 좋지만 바로 아래 글을 읽어도 좋습니다. 충분히 본문을 이해하도록 배려하며 글을 썼습니다. 혹시 본문을 읽으신 분은 감동이 오는 말씀이나 단어 혹은 느낌을 간단히 적으시면 좋습니다.

"예수께서 들으시고 배를 타고 떠나사 따로 빈 들에 가시니 무리
가 듣고 여러 고을로부터 걸어서 따라간지라"(마14:13)

예수께서 가신 곳은 그 곳이 어디든지 좇아온 사람들로 인해 가득 하였습니다. 빈 들도 마찬가지였습니다. 그렇게 모인 사람들을 바라보면서 주님은 그냥 보낼 수가 없었습니다. 오늘도 그랬습니다.

이에 대해 제자들은 주님의 생각과 달리 간편하게 처방하였습니다. 먹는 문제를 알아서 처리하라고 하면 된다고 생각한 것입니다. 그런데 주님은 다르셨습니다.

"갈 것 없다 너희가 먹을 것을 주라"(마14:16)

주님은 자신 앞에 있는 사람들에 대한 책임이 주님 자신에게 있다고 생각하신 것입니다. 그래서 제자들에게 요청하신 것이었습니다.

"너희가 먹을 것을 주라." 세상을 향한 책임, 이 세상이 굶주리고 고통 받는 것 역시 주님은 우리의 책임이라고 말씀하고 계신 것입니다. 같은 내용이 기록된 요한복음을 보면 빌립에게 요청한 것으로 기록하고 있습니다. 물론 빌립의 대답은 매우 논리적이었습니다.

> "빌립이 대답하되 각 사람으로 조금씩 받게 할지라도 이백 데나리온의 떡이 부족하리이다"(요6:7)

우리의 책임이 아니라는 표현이었습니다. 실제로도 빈들의 오천 명을 먹일 책임이 제자나 예수에게 있는 것은 아닙니다. 그때였습니다. 요한복음을 보면 제자 안드레가 어린 아이와 함께 보리떡 다섯 개와 물고기 두 마리를 가지고 나왔습니다(요6:8-9).

소위 '책임'입니다. 정확하게 말해서 안드레는 책임이라고 생각한 것입니다. 그때 주님은 안드레를 통하여 일하셨습니다. 오늘날도 같습니다. 이 세상을 바라보며 자신의 책임이라고, 부르심이라고 느끼는 이들을 통하여 주님은 일하시는 것입니다. 이것을 아는 것이 중요합니다.

'이 세상을 바라보며 책임이 느껴지십니까? 느끼는 것만큼 주님은 사용하실 것입니다.'

---

* Meditatio 묵상

오늘 말씀을 통하여 깨닫게 된 것을 짧게 적어보십시오.

우리는 언제나 자유하다

* Lexio 읽기 / 마태복음 14:22-36

가능하면 오늘의 본문을 먼저 읽는 것이 좋지만 바로 아래 글을 읽어도 좋습니다. 충분히 본문을 이해하도록 배려하며 글을 썼습니다. 혹시 본문을 읽으신 분은 감동이 오는 말씀이나 단어 혹은 느낌을 간단히 적으시면 좋습니다.

> "예수께서 즉시 제자들을 재촉하사 자기가 무리를 보내는 동안에 배를 타고 앞서 건너편으로 가게 하시고 무리를 보내신 후에 기도하러 따로 산에 올라가시니라"(마14:22-23)

오병이어 사건 후 제자들은 모두 흥분하고 있었을 것입니다. 그런 제자들을 먼저 배를 태워 보냈습니다.

제자들이 탄 배는 순조롭지 않았습니다. 지금부터 2,000년 전의 상황을 생각하면 짐작할 수 있겠지만 기계로 움직이는 배가 아니었기에 강풍을 만나자 꼼짝없이 어려움을 당한 것입니다. 그렇게 갈릴리 호수 위에서 시간을 속절없이 보내며 힘들어하는 상황이었습니다. 어느 사이엔가 새벽 네 시쯤 되었습니다.

> "배가 이미 육지에서 수 리나 떠나서 바람이 거스르므로 물결로 말미암아 고난을 당하더라 밤 사경에 예수께서 바다 위로 걸어서 제자들에게 오시니"(마14:24-25)

그때 예수께서 물 위로 걸어 제자들의 배로 오신 것입니다. 처음에는 유령으로 알고 무서워 소리 질렀지만 예수셨습니다. 감격스러운 일이 었습니다. 바로 그때 베드로가 소리쳤습니다.

"주여 만일 주님이시거든 나를 명하사 물 위로 오라 하소서"
(마14:28)

우리가 봐 왔던 것처럼 베드로가 할 법한 시도였습니다. 예수님은 지체 없이 오라고 말씀하셨습니다. 물론 베드로 역시 근사하게 물 위로 걸어갔습니다. 곧 바람을 보고 무서워 물에 빠졌지만 행복한 경험이었습니다.

무엇보다 행복한 것은 주님이 계셨기 때문입니다. 왜 이렇게 믿음이 작냐고 약간 나무라기는 하셨지만 그래도 "나를 구원하소서"(마14:30)라고 외치면 금세 살려주시는 예수 그리스도가 계셨기 때문입니다.

이처럼 우리는 언제나 자유 합니다. 시도할 수 있는 자유, 물에 빠질 수 있는 자유, 그리고 다시 살려달라고 떼를 쓸 수 있는 자유. 참 행복한 일입니다.

'무엇이든 자유롭게 시도하십시오. 주님이 계시기 때문입니다. 행복하지 않습니까?'

* Meditatio 묵상
오늘 말씀을 통하여 깨닫게 된 것을 짧게 적어보십시오.

성경 말씀이 중요하다

* Lexio 읽기 / 마태복음 15:1-9
가능하면 오늘의 본문을 먼저 읽는 것이 좋지만 바로 아래 글을 읽어도 좋습니다. 충분히 본
문을 이해하도록 배려하며 글을 썼습니다. 혹시 본문을 읽으신 분은 감동이 오는 말씀이나
단어 혹은 느낌을 간단히 적으시면 좋습니다.

> "당신의 제자들이 어찌하여 장로들의 전통을 범하나이까 떡 먹을
> 때에 손을 씻지 아니하나이다"(마15:2)

예수에게서 트집을 잡으려 하던 바리새인과 서기관들의 도발이었습
니다. "장로들의 전통"을 범하였다는 지적이었습니다. 하지만 주님은
그들이 말하는 소위 "장로들의 전통"이 하나님의 계명을 범하고 있다
고 지적하였습니다.

소위 '고르반'을 예로 듭니다. 분명히 '부모를 공경하는 것'은 십계명
에 등장하는 계명인데 장로의 유전 중 '고르반', 곧 하나님께 드림이 되
었다고 하기만 하면 피해가도 된다는 규정을 문제 삼으신 것입니다.

> "너희는 이르되 누구든지 아버지에게나 어머니에게 말하기를 내
> 가 드려 유익하게 할 것이 하나님께 드림이 되었다고 하기만 하
> 면 그 부모를 공경할 것이 없다 하여 너희의 전통으로 하나님의
> 말씀을 폐하는도다"(마15:5-6)

부모를 공경하라는 기본적인 계명조차 자신들이 만든 전통으로 자기 편의적인 해석을 하며 적용하고 있었던 것입니다. 이미 계명보다도 전통이 우선이 된 것입니다.

어떻게 이런 것이 가능한 것입니까? 주님은 그것의 이유를 '위선', 곧 거짓에서 찾았습니다. 그들은 믿는 것이 아니라 입술로만 하나님을 믿고 있는 것이라는 말씀이었습니다.

> "외식하는 자들아 이사야가 너희에 관하여 잘 예언하였도다 일렀으되 이 백성이 입술로는 나를 공경하되 마음은 내게서 멀도다"(마15:7-8)

'입술로는 나를 공경한다.' 신앙은 얼마든지 입술만으로도 가능하다는 말씀이었습니다. 그러니까 세상에서 서로 동의하는 신앙적인 전통을 만들거나 그럴듯한 논리로 포장을 하면 얼마든지 성경 말씀보다도 더 강력한 규정으로 만들 수 있다는 뜻이었습니다.

그러므로 성경 말씀이 중요합니다. 더욱 중요한 것은 그 말씀을 바르게 해석하고 그 말씀을 따르는 것입니다.

'절대로 내 편의를 따라 말씀을 해석하지 마십시오. '성경이 스스로 말씀하게 하라.' 잊지 말아야 합니다.'

* Meditatio 묵상
오늘 말씀을 통하여 깨닫게 된 것을 짧게 적어보십시오.

마음이 사람을 더럽힌다

* Lexio 읽기 / 마태복음 15:10-20
가능하면 오늘의 본문을 먼저 읽는 것이 좋지만 바로 아래 글을 읽어도 좋습니다. 충분히 본문을 이해하도록 배려하며 글을 썼습니다. 혹시 본문을 읽으신 분은 감동이 오는 말씀이나 단어 혹은 느낌을 간단히 적으시면 좋습니다.

"사람의 계명으로 교훈을 삼아 가르치니 나를 헛되이 경배하는
도다"(마15:9)

아무리 많은 예배를 드려도 바르지 못한 예배는 헛된 것입니다. 주님은 우리의 예배가 '헛된 경배'가 될 수 있음을 먼저 지적하셨습니다.

그렇다면 왜 헛된 경배가 되는 것입니까? 주님은 그 이유를 우리들의 내면이 문제가 있기 때문이라고 말씀하셨습니다.

"입으로 들어가는 것이 사람을 더럽게 하는 것이 아니라 입에서
나오는 그것이 사람을 더럽게 하는 것이니라"(마15:11)

"입에서 나오는 것." 그것은 마음에서 나오는 것입니다.

"입에서 나오는 것들은 마음에서 나오나니 이것이야말로 사람을
더럽게 하느니라"(마15:18)

그동안 바리새인과 서기관들은 마음의 문제를 그리 중요하게 여기지 않았습니다. 눈에 보이는 외적인 것으로 자신들의 신앙을 포장하고 믿어 왔습니다. 그런데 주님이 이것을 문제 삼으신 것입니다. 왜냐하면 단순한 문제가 아니라 마음에서 나오는 것, 즉 그 마음 안에 있는 것이 문제였기 때문입니다. 그 마음에서 나오는 것이 사람 자체를 파괴하고 있었기 때문입니다.

> "마음에서 나오는 것은 악한 생각과 살인과 간음과 음란과 도둑질과 거짓 증언과 비방이니 이런 것들이 사람을 더럽게 하는 것이요"(마15:19-20)

우리는 겉모습을 중요하게 여깁니다. 반면에 우리는 우리 자신 안을 잘 들여다보지 않습니다. 엄밀하게 말해서 들여다봐도 모르기 때문일 것입니다.

가만히 자신의 안을 들여다보십시오. 침묵한 채 무엇이 흘러나오는지 주의해보십시오. 주님이 말씀하신 내면의 상태일지도 모릅니다. 그렇다면 큰 문제가 아닐 수 없습니다.

'내 안을 들여다보신 적이 있으십니까? 어떤 상태였습니까?'

* Meditatio 묵상
오늘 말씀을 통하여 깨닫게 된 것을 짧게 적어보십시오.

믿음의 절박함

* Lexio 읽기 / 마태복음 15:21-28
가능하면 오늘의 본문을 먼저 읽는 것이 좋지만 바로 아래 글을 읽어도 좋습니다. 충분히 본
문을 이해하도록 배려하며 글을 썼습니다. 혹시 본문을 읽으신 분은 감동이 오는 말씀이나
단어 혹은 느낌을 간단히 적으시면 좋습니다.

"가나안 여자 하나가 그 지경에서 나와서 소리 질러 이르되 주 다
윗의 자손이여 나를 불쌍히 여기소서 내 딸이 흉악하게 귀신 들
렸나이다 하되"(마15:22)

흉악한 귀신이 들린 딸과 함께 있는 어머니의 고통이 느껴지는 절규
였습니다. 하지만 주님은 거들떠보지도 않았습니다. 야속해보입니다.

"예수는 한 말씀도 대답하지 아니하시니"(마15:23)

그래도 상황은 종료되지 않았습니다. 그 어머니는 포기할 마음이 없
었습니다. 뒤에서 계속 소리 지르며 좇아오고 있었습니다. 그 모습을
보고 제자들이 예수께 요청합니다.

"그 때에 제자들이 가까이 와서 '저 여자가 소리를 지르며 따라
오고 있으니 돌려 보내시는 것이 좋겠습니다' 하고 말씀 드렸
다."(공동번역/마15:23)

주님의 입장은 분명했습니다.

> "이스라엘 집의 잃어버린 양 외에는 다른 데로 보내심을 받지 아
> 니하였노라"(마15:24)

그래도 소용이 없었습니다. 드디어 마지막 말을 주님이 꺼내셨습니
다. 그 여자가 포기할 수밖에 없는 발언이셨습니다.

> "자녀의 떡을 취하여 개들에게 던짐이 마땅하지 아니하니라"
> (마15:26)

"개들"을 좀 직설적으로 표현하면 '개 같은 것들'이라 할 수 있습니
다. 최고의 모독적 발언일 수 있습니다. 하지만 그 어머니에게는 의미
가 없었습니다. 어떤 종류의 수모나 고통도 의미가 없었습니다. 그녀는
스스로 "개"라고 인정합니다. 정말 개 같은 인생이었습니다. 그녀에게
희망은 예수 그리스도 밖에 없었습니다. 이 절박함이 그 어머니의 믿음
이었습니다. 당연히 주님이 보신 믿음이었습니다. 주님이 이렇게 선포
하셨습니다.

> "여자여 네 믿음이 크도다 네 소원대로 되리라"(마15:28)

'믿음은 이토록 절박한 것의 표현입니다. 우리에게는 없는 것인지도
모릅니다. 능력이 없는 믿음의 이유이고 말입니다.'

* Meditatio 묵상
오늘 말씀을 통하여 깨닫게 된 것을 짧게 적어보십시오.

- - - - - - - - - -

- - - - - - - - - -

믿음이 근사하지 않은가?

* Lexio 읽기 / 마태복음 15:29-39
가능하면 오늘의 본문을 먼저 읽는 것이 좋지만 바로 아래 글을 읽어도 좋습니다. 충분히 본
문을 이해하도록 배려하며 글을 썼습니다. 혹시 본문을 읽으신 분은 감동이 오는 말씀이나
단어 혹은 느낌을 간단히 적으시면 좋습니다.

> "말 못하는 사람이 말하고 장애인이 온전하게 되고 다리 저는 사
> 람이 걸으며 맹인이 보는 것을 무리가 보고 놀랍게 여겨 이스라
> 엘의 하나님께 영광을 돌리니라"(마15:31)

예수의 주변에 몰려온 이들은 대부분 가난하고 병들고 고통 받는 사
람들이었습니다. 오로지 예수를 보고 광야로 나온 사람들이었습니다.

지금 주님 곁에 있는 사람들도 마찬가지였습니다. 그런데 사흘이나
지났습니다. 제대로 먹지 못한 채 말입니다. 자신 때문에 이곳에 왔지
만 굶주린 채로 돌아가다가 더 위험할 것 같았습니다. 예수님은 무엇을
먹이고 싶었습니다.

> "내가 무리를 불쌍히 여기노라 그들이 나와 함께 있은 지 이미 사
> 흘이매 먹을 것이 없도다 길에서 기진할까 하여 굶겨 보내지 못
> 하겠노라"(마15:32)

"굶겨 보내지 못하겠노라." 주님의 의지였습니다. 다시 오병이어 사건이 벌어집니다. 이번에는 떡 "일곱 개와 작은 생선 두어 마리"(마 15:34)로 "여자와 어린이 외에 사천 명"(마15:38)을 먹이신 것입니다.

> "다 배불리 먹고 남은 조각을 일곱 광주리에 차게 거두었으며"
> (마15:37)

콧노래가 나왔을 것입니다. 사람들은 배를 두드리며 집으로 돌아갔을 것입니다. 남은 조각이 "일곱 광주리"나 남은 것으로 볼 때 그들의 주머니에도 떡이 들어있었을 것입니다. 집에 돌아가면서 혹은 집에 있는 식구들에게 주려고 넣은 떡, 그래도 충분했을 것입니다. 그래서 그런지 이어지는 마지막 서술이 참 즐겁습니다.

> "예수께서 무리를 흩어 보내시고 배에 오르사 마가단 지경으로
> 가시니라"(마15:39)

이렇게 읽혀졌습니다.

'배를 두드리며 콧노래를 부르며 떠나는 사람들을 보시며 예수님도 흥얼거리시며 배에 오르셨다.'

'예수님을 믿는 것이 근사하지 않습니까?'

* Meditatio 묵상
오늘 말씀을 통하여 깨닫게 된 것을 짧게 적어보십시오

믿음의 의지가 있는가?

* Lexio 읽기 / 마태복음 16:1–4

가능하면 오늘의 본문을 먼저 읽는 것이 좋지만 바로 아래 글을 읽어도 좋습니다. 충분히 본문을 이해하도록 배려하며 글을 썼습니다. 혹시 본문을 읽으신 분은 감동이 오는 말씀이나 단어 혹은 느낌을 간단히 적으시면 좋습니다.

> "바리새인과 사두개인들이 와서 예수를 시험하여 하늘로부터 오는 표적 보이기를 청하니"(마16:1)

이미 수많은 기적과 표적을 행하셨습니다. 지금까지 보여준 것만으로도 충분하였습니다. 그런데 그들이 "표적"을 요구한 것입니다. 도대체 무슨 말입니까?

예수님이 광야에서 사탄에게 시험받으실 때입니다. 그때 사탄은 예수가 하나님의 아들 됨을 드러내는 것을 시험하였습니다. 하지만 주님은 단호히 거절하고 그 요구를 듣지 않았습니다.

그래서 오늘 말씀이 재미있습니다. 알다시피 주님이 오병이어로 오천 명을, 칠병이어로 사천 명을 먹이셨습니다. 그것은 '돌로 떡을 만들라'는 시험에 버금가는 기적이었습니다. 어떻게 보면 광야에서 시험받은 사건을 실현한 것이라 할 수도 있습니다. 사탄의 요구를 충분히 행동한 것일 수도 있습니다. 단지 차이점이 있다면 사탄의 요구에 응답한 것이 아닐 뿐이었습니다.

오늘 본문의 바리새인과 사두개인들의 표적 요청을 주님이 실행하시는 것은 어려운 일이 아니었을 것입니다. 하지만 주님은 받아들이지 않으셨습니다.

왜 이렇게 하신 것입니까? 아마 '신앙의 사유화'(私有化)를 경계하신 것이라 생각합니다. 인간의 마음대로, 원하는 대로 움직이는 '자동판매기 하나님'을 요구하는 종교행위에 대한 거절이었을 것입니다.

우리에게 계시하신 것만으로 우리는 충분히 주님을 알 수 있습니다. 그런데 우리는 특별히 나만을 위한 특별한 표적을 요구합니다. 나만의 하나님으로 주님을 '사유화'(私有化)하고 싶기 때문입니다.

어쩌면 오늘날의 사람들 역시 주님을 알고 있고 믿음의 당위성도 알고 있을지도 모릅니다. 그런데 믿기보다 어떤 쇼, 표적을 원하는지도 모릅니다. 어떻게 생각하십니까?

'믿음의 진보가 이루어지지 않은 채 어떤 표적만 구하고 있지는 않습니까? 그렇다면 살펴보십시오. 나에게 믿음의 의지가 있는지 말입니다.'

* Meditatio 묵상
오늘 말씀을 통하여 깨닫게 된 것을 짧게 적어보십시오.

- -

- -

떡의 문제가 아니었다

* Lexio 읽기 / 마태복음 16:5-12

가능하면 오늘의 본문을 먼저 읽는 것이 좋지만 바로 아래 글을 읽어도 좋습니다. 충분히 본문을 이해하도록 배려하며 글을 썼습니다. 혹시 본문을 읽으신 분은 감동이 오는 말씀이나 단어 혹은 느낌을 간단히 적으시면 좋습니다.

"제자들이 건너편으로 갈새 떡 가져가기를 잊었더니"(마16:5)

'떡 가져가기를 잊었다.' 제자들의 관심은 떡이었습니다. 그러다 주님이 하신 "바리새인과 사두개인들의 누룩을 주의하라"(마16:6)는 말씀을 들은 것입니다. 순간 제자들은 떡 가져오는 것을 잊었음을 알게 됩니다. 누룩이 떡과 관계가 있는 것은 분명하지만 참 재미있는 모습입니다.

"제자들이 서로 논의하여 이르되 우리가 떡을 가져오지 아니하였
도다 하거늘"(마16:7)

제자들은 벌써 오병이어 사건, 칠병이어 사건을 잊은 것처럼 보입니다. 만일 그것을 기억하고 있었다면 이런 논의는 하지 않았을 것이기 때문입니다. 주님은 이것을 믿음의 문제로 읽었습니다.

"예수께서 아시고 이르시되 믿음이 작은 자들아 어찌 떡이 없으

므로 서로 논의하느냐"(마16:8)

　주님은 제자들에게 다시 오병이어, 칠병이어 기적을 회상시키셨습니다. 그리고 주님이 하신 말씀이 떡의 이야기가 아니라 "바리새인과 사두개인들의 누룩"이란 표현은 그들의 교훈을 조심하라는 말씀을 하신 것이라고 설명하셨습니다. 그제야 제자들은 이해합니다.

　　"그제서야 제자들이 떡의 누룩이 아니요 바리새인과 사두개인들
　　의 교훈을 삼가라고 말씀하신 줄을 깨달으니라"(마16:12)

　만일 주님이 이 같이 설명해주지 않으셨다면 제자들은 계속 떡에 대한 생각으로 가득했을 것입니다. 그런데 그 생각들조차 무의미한 것이었습니다. 주님 역시 그것은 믿음의 문제이지 생각의 문제가 아니라고 말씀하셨습니다.

　분명 떡이 필요한 상황, 누룩 이야기만 들어도 떡을 생각할 수밖에 없는 부족함, 그것이 제자들의 모습이었습니다. 동일한 우리의 모습입니다. 새삼스럽게 알게 된 놀라운 사실은 '믿음'의 문제라는 점입니다. 알면서도 이해는 되지 않는 놀라운 사실입니다.

　'이 순간 떡을 생각하지 않을 수 있겠습니까?'

* Meditatio 묵상
오늘 말씀을 통하여 깨닫게 된 것을 짧게 적어보십시오.

- -

- -

이 고백이 나의 고백인가?

* Lexio 읽기 / 마태복음 16:13-20
가능하면 오늘의 본문을 먼저 읽는 것이 좋지만 바로 아래 글을 읽어도 좋습니다. 충분히 본문을 이해하도록 배려하며 글을 썼습니다. 혹시 본문을 읽으신 분은 감동이 오는 말씀이나 단어 혹은 느낌을 간단히 적으시면 좋습니다.

"예수께서 빌립보 가이사랴 지방에 이르러 제자들에게 물어 이르시되 사람들이 인자를 누구라 하느냐"(마16:13)

예수의 물음 앞에 제자들은 시중에 나온 의견들로 대답하였습니다. 물론 주님은 그런 동향을 듣고 싶었던 것이 아니었을 것입니다. 이어 하신 질문이 그것을 말합니다.

"너희는 나를 누구라 하느냐"(마16:15)

이 도발적 질문에 베드로가 답변을 하였는데 주님은 매우 만족해하셨습니다. 그래서 이어지는 베드로를 향한 주님의 축복은 상상을 초월하는 것이었습니다. 과도한 축복처럼 보일 정도였습니다. 그 중의 한 구절입니다.

"내가 천국 열쇠를 네게 주리니 네가 땅에서 무엇이든지 매면 하늘에서도 매일 것이요 네가 땅에서 무엇이든지 풀면 하늘에서도 풀리라"(마16:19)

도대체 베드로가 뭐라고 대답하였기에 예수님은 이토록 칭찬하시며 축복하시는 것입니까? 그런데 사실 베드로의 대답은 대단한 것이 아니었습니다. 우리 역시 입에 달고 하는 고백이기 때문입니다. 특별하지 않은 고백이었습니다.

"시몬 베드로가 대답하여 이르되 주는 그리스도시요 살아 계신 하나님의 아들이시니이다"(마16:16)

시몬 베드로의 고백은 이것이 전부였습니다. 무슨 다른 고백을 한 것이 아니었습니다. 아무리 생각해도 특별해 보이지 않는 베드로의 고백에 주님께서 엄청난 축복을 말씀하셨다는 것은 참 신기한 일입니다.

이것은 매우 중요합니다. 이 단순해 보이는 고백이 언제나 주님에게는 대단한 고백으로 들리기 때문입니다. 그래서 이 고백을 하는 누구에게나 주님은 동일한 축복을 하실 것입니다.

하지만 아무나 할 수 있는 고백이 아닐 수 있습니다. 우리의 입으로 쉽게 할 수 있지만 마음으로 믿어지지 않는 고백일 수 있기 때문입니다. 그럴 수 있습니다. 잘 돌아보십시오.

'베드로의 고백과 같은 고백을 진심으로 할 수 있습니까? 진심으로 믿어지십니까?'

* Meditatio 묵상
오늘 말씀을 통하여 깨닫게 된 것을 짧게 적어보십시오.

비로소 수준이 되다

* Lexio 읽기 / 마태복음 16:16–21

가능하면 오늘의 본문을 먼저 읽는 것이 좋지만 바로 아래 글을 읽어도 좋습니다. 충분히 본문을 이해하도록 배려하며 글을 썼습니다. 혹시 본문을 읽으신 분은 감동이 오는 말씀이나 단어 혹은 느낌을 간단히 적으시면 좋습니다.

"주는 그리스도시요 살아 계신 하나님의 아들이시니이다"(마16:16)

이 고백의 위대함은 단순한 이해에서 나온 고백이 아니라 하나님과의 소통(communication)에서 나온 고백이기 때문입니다. 쉽게 말해서 '하나님이 알려주신 것을 고백한 것'이라는 뜻입니다.

"예수께서 대답하여 이르시되 바요나 시몬아 네가 복이 있도다
이를 네게 알게 한 이는 혈육이 아니요 하늘에 계신 내 아버지시
니라"(마16:17)

주님은 베드로가 아름답게 보였을 것입니다. 그 놀라운 축복이 그것을 증명합니다. 그리고 드디어 주님이 엄청나게 놀라운 말씀을 제자들에게 하셨습니다.

"이 때로부터 예수 그리스도께서 자기가 예루살렘에 올라가 장로
들과 대제사장들과 서기관들에게 많은 고난을 받고 죽임을 당하

고 제삼일에 살아나야 할 것을 제자들에게 비로소 나타내시니"
(마16:21)

우리가 주의해야 할 단어는 "비로소" 입니다. 고난과 죽음, 그리고 부활의 비밀을 밝히셨기 때문입니다. "비로소"라는 말을 통해 제자들이 들을 자격이 생겼다는 뜻임을 알 수 있습니다.

물론 결정적인 이유는 베드로가 한 신앙고백이겠지만 더 중요한 것은 하나님과의 소통을 통해서 나온 고백이었기 때문입니다. 그러니까 주님이 보실 때 베드로와 제자들은 주님과 대화할 수 있는 수준이 되었다고 여기신 것입니다.

매우 힘든 형편에 있는 어떤 어머니가 있다고 가정하겠습니다. 그 어머니는 아무리 힘들어도 5-6살짜리 어린 자식에게는 그 고통과 어려움을 말하지 않을 겁니다. 또한 가난의 고통을 분담시키려 하지도 않을 것입니다. 어머니 자신은 굶주려도 어린 자식만은 잘 먹이려 할 것입니다. 하지만 성장하여 성인이 된 아들에게는 지금 힘든 상황을 말할 수 있을 것입니다. 알만한 존재이기 때문입니다. 들을 만큼 성숙하다고 판단했기 때문입니다. 주님이 고난과 죽음, 그리고 부활을 제자들에게 말씀하신 이유입니다. 아, 감격입니다.

'주님이 당신에게도 말씀하실 정도의 수준이 되셨습니까? 그 정도로 나는 성숙하다고 생각하십니까?'

* Meditatio 묵상
오늘 말씀을 통하여 깨닫게 된 것을 짧게 적어보십시오.

- -

- -

인간적인 너무나도 인간적인

* Lexio 읽기 / 마태복음 16:22-28
가능하면 오늘의 본문을 먼저 읽는 것이 좋지만 바로 아래 글을 읽어도 좋습니다. 충분히 본문을 이해하도록 배려하며 글을 썼습니다. 혹시 본문을 읽으신 분은 감동이 오는 말씀이나 단어 혹은 느낌을 간단히 적으시면 좋습니다.

> "이 때로부터 예수 그리스도께서... 많은 고난을 받고 죽임을 당하고 제삼일에 살아나야 할 것을 제자들에게 비로소 나타내시니"(마16:21)

제자들이 이 말씀을 들을만한 수준이 되었지만 여전히 그들을 지배하고 있는 것은 인간적인 것이었습니다. 베드로는 그 순간 인간적으로 생각하였고, 주님을 만류하였습니다. 자기 연민이었습니다.

> "베드로가 예수를 붙들고 항변하여 이르되 주여 그리 마옵소서 이 일이 결코 주께 미치지 아니하리이다"(마16:22)

베드로의 반응은 진심으로 주님을 생각한 것일 수 있습니다. 하지만 주님은 아니었습니다. '자기 연민'이나 '인간적인 것'은 피해야 할 핵심이었습니다. 그런 까닭이었을 것입니다. 주님이 매우 혹독한 말로 꾸짖으신 것입니다.

"사탄아 내 뒤로 물러가라 너는 나를 넘어지게 하는 자로다 네가 하나님의 일을 생각하지 아니하고 도리어 사람의 일을 생각하는 도다"(마16:23)

"사탄아!" 끔찍한 단어였습니다. 주님의 마음이 정말로 베드로를 "사탄"이라고 규정한 것은 아니었을 것입니다. '인간적인 너무나도 인간적인' 그 대답이 '사탄적'일 수 있다는 뜻이었을 것입니다. 자기 연민의 속마음을 주님이 본 것입니다.

주님의 처방은 '인간적인' 베드로와 제자들에게 '인간적인' 것을 내려놓으라는 것이었습니다. 그 인간적인 것을 '부정'하라는 말씀이었습니다.

"누구든지 나를 따라오려거든 자기를 부인하고 자기 십자가를 지고 나를 따를 것이니라"(마16:24)

아예 '죽을 것'을 요청하셨습니다.

"누구든지 제 목숨을 구원하고자 하면 잃을 것이요 누구든지 나를 위하여 제 목숨을 잃으면 찾으리라"(마16:25)

'자기 연민에 빠져 자기를 동정하는 것이 신앙의 가장 큰 적입니다. 아, 어떻게 하시겠습니까? 너무나도 인간적인 '나'를 말입니다.'

* Meditatio 묵상
오늘 말씀을 통하여 깨닫게 된 것을 짧게 적어보십시오.

제 8 부

오직 예수 그리스도

오직 예수 그리스도

* Lexio 읽기 / 마태복음 17:1-13
가능하면 오늘의 본문을 먼저 읽는 것이 좋지만 바로 아래 글을 읽어도 좋습니다. 충분히 본
문을 이해하도록 배려하며 글을 썼습니다. 혹시 본문을 읽으신 분은 감동이 오는 말씀이나
단어 혹은 느낌을 간단히 적으시면 좋습니다.

"엿새 후에 예수께서 베드로와 야고보와 그 형제 요한을 데리시
고 따로 높은 산에 올라가셨더니 그들 앞에서 변형되사 그 얼굴
이 해 같이 빛나며 옷이 빛과 같이 희어졌더라"(마17:1-2)

'변형되다.' 전혀 상상할 수 없는 영광스러운 모습이었습니다. 이 세
상에서 볼 수 없는 모습 말입니다. 더욱이 변화된 예수님 앞에 상상할
수 없는 두 존재, 모세와 엘리야가 있었습니다.

그 기막힌 '변화'를 바라보면서 베드로와 제자들은 거룩을 경험합니
다. 그 순간 베드로가 주님과 엘리야 그리고 모세를 위하여 "초막"을
짓겠다고 말합니다.

"만일 주께서 원하시면 내가 여기서 초막 셋을 짓되 하나는 주님
을 위하여, 하나는 모세를 위하여, 하나는 엘리야를 위하여 하리
이다"(마17:4)

"초막"으로 번역된 단어 '스케네'는 엄밀하게 말해서 이스라엘 백성이

광야에서 드렸던 '이동식 예배 처소'를 말합니다. 그런 까닭에 KJV이나 NASB 등은 'tabernacle'(장막, 이동식 예배 처소)로 번역하였습니다.

베드로가 이 말을 할 때 그 곳에 하나님 임재의 현상인 '쉐키나' 구름이 덮였습니다. 그리고 세례 때 들렸던 예수 그리스도에 대한 메시지가 이어졌습니다.

> "홀연히 빛난 구름이 그들을 덮으며 구름 속에서 소리가 나서 이르시되 이는 내 사랑하는 아들이요 내 기뻐하는 자니 너희는 그의 말을 들으라 하시는지라"(마17:5)

시편 2편 7절의 나단의 신탁과, 이사야 42장 1절에 드러난 고난 받는 종으로서의 그리스도이심을 선포하는 또 다른 순간이었습니다. 오로지 예수 그리스도만이 중심이었습니다. 그러니까 제자들이 모르는 것이 있었던 것입니다. 그것은 이 '변화'의 중심이 오직 예수에게만 있다는 사실입니다. 마태복음은 그것을 다음과 같이 기록함으로 강조하였습니다. 아름다운 표현입니다.

> "제자들이 눈을 들고 보매 오직 예수 외에는 아무도 보이지 아니하더라"(마17:8)

'오로지 예수 그리스도만 보는 것이 기독교입니다. 아멘?'

* Meditatio 묵상
오늘 말씀을 통하여 깨닫게 된 것을 짧게 적어보십시오.

믿음이 약해질 수 있다

* Lexio 읽기 / 마태복음 17:14-21
가능하면 오늘의 본문을 먼저 읽는 것이 좋지만 바로 아래 글을 읽어도 좋습니다. 충분히 본문을 이해하도록 배려하며 글을 썼습니다. 혹시 본문을 읽으신 분은 감동이 오는 말씀이나 단어 혹은 느낌을 간단히 적으시면 좋습니다.

> "그들이 군중에게 돌아 오자 한 사람이 예수께 와서 무릎을 꿇고
> '주님, 제 아들이 간질병으로 몹시 시달리고 있으니 자비를 베풀
> 어주십시오.'"(공동번역/마17:14-15)

별로 새로운 상황은 아니었습니다. 늘 주님에게는 이 같이 고통 당하는 자들이 찾아왔기 때문입니다. 하지만 이번 경우는 약간 달랐습니다. 예수님이 변화산에 계시는 동안 이 아버지가 먼저 제자들에게 찾아와 고쳐주길 원했던 것입니다. 하지만 제자들은 전혀 귀신들린 아들을 고치지 못하였습니다.

어쩌면 제자들에게는 소란스럽고 당황스러운 상황이었는지도 모릅니다. 그런데 그때 예수님이 놀랍게도 제자들을 심하게 책망하신 것입니다.

> "예수께서 대답하여 이르시되 믿음이 없고 패역한 세대여 내가
> 얼마나 너희와 함께 있으며 얼마나 너희에게 참으리요 그를 이리
> 로 데려오라 하시니라"(마17:17)

순간 예수님이 화내신 것이 의아할 수도 있겠지만 이미 제자들에게 는 귀신을 내쫓을 수 있는 권세가 있었습니다. 뿐만 아니라 사용해 본 경험도 있었습니다.

> "예수께서 그의 열두 제자를 부르사 더러운 귀신을 쫓아내며 모 든 병과 모든 약한 것을 고치는 권능을 주시니라"(마10:1)

실제로 제자들이 전도여행을 다니면서 경험한 능력이었습니다. 그들 이 이렇게 외쳤었습니다.

> "주여 주의 이름이면 귀신들도 우리에게 항복하더이다"(눅10:17)

그런데 지금 형편없는 지경에 있었던 것입니다. 이 상황을 주님은 '믿음의 문제'로 보시고 꾸중하신 것입니다.

> "너희 믿음이 작은 까닭이니라"(마17:20)

제자들에게 있던 믿음이 사라지거나 약화된 것입니다. 놀라운 말씀 이 아닐 수 없습니다. 믿음의 약화, 혹은 믿음의 소멸이 벌어지기 때문 입니다. 그러므로 지금 내가 믿음을 지키고 있다면 아름다운 일입니다. 잊지 마십시오.

'믿음이 있습니까? 믿음이 소멸되거나 약화되지는 않았습니까?'

* Meditatio 묵상
오늘 말씀을 통하여 깨닫게 된 것을 짧게 적어보십시오.

초연하신 주님

* Lexio 읽기 / 마태복음 17:22–18:1
가능하면 오늘의 본문을 먼저 읽는 것이 좋지만 바로 아래 글을 읽어도 좋습니다. 충분히 본문을 이해하도록 배려하며 글을 썼습니다. 혹시 본문을 읽으신 분은 감동이 오는 말씀이나 단어 혹은 느낌을 간단히 적으시면 좋습니다.

> "너희 믿음이 작은 까닭이니라 진실로 너희에게 이르노니 만일 너희에게 믿음이 겨자씨 한 알 만큼만 있어도 이 산을 명하여 여기서 저기로 옮겨지라 하면 옮겨질 것이요 또 너희가 못할 것이 없으리라"(마17:20)

믿음이 작은 까닭, 그것이 제자들의 문제였습니다. 믿음을 키우고 증폭시키는 것이 제자들이 추구하여야 할 구도적 삶이었습니다. 그런데 여전히 멀었습니다.

> "갈릴리에 모일 때에 예수께서 제자들에게 이르시되 인자가 장차 사람들의 손에 넘겨져 죽임을 당하고 제삼일에 살아나리라 하시니 제자들이 매우 근심하더라"(마17:22-23)

이미 가이사랴 빌립보에서 주님이 하신 말씀이었지만 이 말씀 앞에서 새삼스럽게 근심하였습니다. 알아차렸겠지만 제자들의 근심은 하나님 나라를 위한 것도, 예수 그리스도를 위한 것도 아니었습니다. 그들의 엉뚱한 반응에서 알 수 있습니다. 가버나움에 이르렀을 때였습니다. 이 비장한 상황에서 제자들은 이상한 자리싸움을 하고 있었습니다.

> "그 때에 제자들이 예수께 나아와 이르되 천국에서는 누가 크니
> 이까"(마18:1)

마가복음은 예수님께 나오기 전에 이미 그들 사이에서 쟁론이 벌어졌음을 기록하고 있습니다.

> "가버나움에 이르러 집에 계실새 제자들에게 물으시되 너희가 길
> 에서 서로 토론한 것이 무엇이냐 하시되 그들이 잠잠하니 이는
> 길에서 서로 누가 크냐 하고 쟁론하였음이라"(막9:33-34)

제자들은 그저 육체였습니다. 고난과 십자가를 들으며 호들갑을 떨다가도 금세 자신의 자리와 위치에 관심을 갖는 등 그들은 세상적이고 인간적이었습니다. 오로지 자신만 생각하는 까닭이었습니다. 그러나 주님은 달랐습니다. 그 기막힌 와중에도 성전세를 요청하자 충분히 거절하고 무시할 수도 있었지만 사람들이 실족할까봐 내기로 결정하시기 때문입니다. 믿음이 없는 제자들, 그러나 초연하신 주님. 참 다행입니다. 이 같은 주님이 계셔서 말입니다!

'그래도 주님이 초연하시니 얼마나 다행입니까? 이제 믿음을 키워야 합니다. 힘써야 합니다. 그렇지 않습니까?'

* Meditatio 묵상
오늘 말씀을 통하여 깨닫게 된 것을 짧게 적어보십시오.

어린 아이와 같다는 의미

* Lexio 읽기 / 마태복음 18:2-11

가능하면 오늘의 본문을 먼저 읽는 것이 좋지만 바로 아래 글을 읽어도 좋습니다. 충분히 본문을 이해하도록 배려하며 글을 썼습니다. 혹시 본문을 읽으신 분은 감동이 오는 말씀이나 단어 혹은 느낌을 간단히 적으시면 좋습니다.

> "그 때에 제자들이 예수께 나아와 이르되 천국에서는 누가 크니이까"(마18:1)

마가복음의 정황과 비교해보면 제자들의 논쟁은 "서로 누가 크냐"(막9:34)는 것이었습니다. 그런데 주님이 "너희가 길에서 서로 토론한 것이 무엇이냐"(막9:33)라고 묻자 위 질문을 한 것으로 보입니다.

그때 주님이 어린 아이 하나를 불러 세워 가르침을 주셨습니다. 주님은 매우 재미있는 메타포를 사용하셨습니다.

> "너희가 돌이켜 어린 아이들과 같이 되지 아니하면 결단코 천국에 들어가지 못하리라"(마18:3)

'어린 아이와 같다.' 정확하게 주님은 "어린 아이와 같이 자기를 낮추는 사람"(마18:4)이라고 명시하셨습니다. 이어서 주님이 매우 중요한 말씀을 하셨습니다. 이 말씀은 마가복음과 마태복음 모두가 정확히 동일하게 기록하고 있습니다. 그것은 지금 이 말씀이 이 이야기의 중심이라는 뜻임을 알 수 있습니다.

"누구든지 내 이름으로 이런 어린 아이 하나를 영접하면 곧 나를 영접함이니"(마18:5, 막9:37)

이어 두 복음서가 동일하게 '어린 아이 같은 소자를 실족하게 하면 연자 맷돌을 목에 매고 깊은 바다에 던져지는 것이 낫다'(마18:6, 막9:42)고 기록합니다.

그렇다면 주님이 이처럼 "어린 아이"를 강조하신 이유는 무엇입니까? "누가 크냐"를 논쟁하고 있는 제자들에게 "자기를 낮추는 사람"으로서 어린 아이를 말씀하심으로 믿음과 제자도를 언급하신 것입니다.

사실 지금 제자들이 근사해 보이지만 그들의 아름다움은 오로지 어린 아이와 같이 자기를 낮춤으로 주님을 좇았기 때문입니다. 그런데 이미 제자들이 그 처음 모습을 상실하고 있었던 것입니다. '자기를 낮추는 것', 놓치지 말아야 할 태도인데 "누가 크냐"를 따지고 있었기 때문입니다.

'어린 아이와 같아야 한다는 말의 의미가 이해되십니까?'

* Meditatio 묵상
오늘 말씀을 통하여 깨닫게 된 것을 짧게 적어보십시오.

시선(視線)

* Lexio 읽기 / 마태복음 18:12-14
가능하면 오늘의 본문을 먼저 읽는 것이 좋지만 바로 아래 글을 읽어도 좋습니다. 충분히 본문을 이해하도록 배려하며 글을 썼습니다. 혹시 본문을 읽으신 분은 감동이 오는 말씀이나 단어 혹은 느낌을 간단히 적으시면 좋습니다.

"누구든지 나를 믿는 이 작은 자 중 하나를 실족하게 하면 차라리 연자 맷돌이 그 목에 달려서 깊은 바다에 빠뜨려지는 것이 나으니라"(마18:6)

작은 자, 세상이 눈 하나 깜짝하지 않을 대상, 시간이 지나면 금방 잊혀 질 대상, 하지만 주님에게는 얼마나 중요한 사람들인지 말하는 강력한 표현이었습니다.

같은 관점에서 주님은 다음의 이야기를 꺼내셨습니다. 재미있는 이야기였습니다. "만일 어떤 사람이 양 백 마리가 있는데 그 중의 하나가 길을 잃었으면"(마18:12) 어떻게 하겠느냐는 물음이었습니다. 그리고 주님은 당연하다는 듯이 이렇게 이어 말씀하셨습니다.

"그 아흔아홉 마리를 산에 두고 가서 길 잃은 양을 찾지 않겠느냐"(마18:12)

사실 이 같은 태도는 오늘날의 관점에서 볼 때는 당연하지 않습니다.

길 잃은 양 한 마리를 구하러 나서는 순간 나머지 아흔아홉 마리가 위험에 노출될 것이 당연하기 때문입니다. 그래서 목자는 신중해야 합니다. 그런데 당연한 것처럼 주님이 말씀하신 것입니다.

그렇다면 주님은 왜 이 같은 말씀을 하신 것입니까? 그 목자에게 양은 백 마리 중에 한 마리가 아니라 그냥 '그 한 마리' 자체가 의미 있는 존재였기 때문입니다. 마치 '우리 집이 대 가족이어서 식구가 30명쯤 되는데, 그 중에 한 아이가 실종되었습니다.' 그런 이야기라는 것입니다.

그러므로 한 마리를 구하러 나가는 것이 당연하지 않고 신중하다면 문제입니다. 더 이상 나와 연결된 의미 있는 존재로 바라보지 않고 비즈니스 하듯이 혹은 나와 관계없는 객체로 바라본다는 의미이기 때문입니다. 그런 점에서 이미 하나님의 뜻과 관계없는 삶을 살고 있음을 말하는 것입니다. 주님의 말씀처럼 말입니다.

> "이와 같이 이 작은 자 중의 하나라도 잃는 것은 하늘에 계신 너
> 희 아버지의 뜻이 아니니라"(마18:14)

'내가 이 세상 안의 작은 자들을 바라보는 시선은 어떻습니까? 어떻다고 생각하십니까?'

* Meditatio 묵상
오늘 말씀을 통하여 깨닫게 된 것을 짧게 적어보십시오.

죄에 대한 권면 절차

* Lexio 읽기 / 마태복음 18:15-20
가능하면 오늘의 본문을 먼저 읽는 것이 좋지만 바로 아래 글을 읽어도 좋습니다. 충분히 본
문을 이해하도록 배려하며 글을 썼습니다. 혹시 본문을 읽으신 분은 감동이 오는 말씀이나
단어 혹은 느낌을 간단히 적으시면 좋습니다.

> "네 형제가 죄를 범하거든 가서 너와 그 사람과만 상대하여 권고
> 하라"(마18:15)

공동체 안의 누군가가 죄를 범했을 때 가끔 그 잘못이 쉽게 퍼지기도
합니다. 혹은 과대 재생산되기도 합니다. 분명한 잘못이기에 그리 해도
괜찮을 거라 생각할 수 있지만 주님은 매우 인격적인 접근을 요청하셨
습니다. "너와 그 사람과만 상대하여 권고하라."

그의 문제를 스스로 하나님 앞에 서서 해결하기를 권하기 위한 것임
을 알 수 있습니다. 스스로 잘못을 인정하고 회개하고 다시 설 수 있도
록 주님이 배려를 요청하신 것입니다. 우리의 죄에 대한 주님의 일관된
입장입니다.

주님은 우리가 지은 죄를 발가벗겨 창피를 주고 온통 떠들썩하게 하
시는 것이 아니라 용서하시고, 모른 척 하시고 심지어 없는 것으로 여
겨 기억하지도 않으시는 태도를 갖고 계십니다. 얼마나 다행인지 알 수

없습니다. 회개하고 전혀 아무 일도 없었던 것처럼 살 수 있기 때문입니다. 주님이 그것을 원하시고 말입니다.

문제는 그 같은 권면을 듣지 않을 때입니다. 그때 주님은 "한두 사람을 더 데리고 가서 두세 증인의 입으로 말마다 확증하게"(마18:16) 할 것을 요청하셨습니다. 심한 것처럼 보일지 몰라도 '죄'의 문제이기 때문입니다. 공동체를 해치기까지 할 죄, 즉 현저한 죄이기 때문입니다. 그런데도 불구하고 받아들이지 않으면 교회에 그 죄를 드러내고 교회가 경고할 것을 요청하신 것입니다. 죄의 확장을 막기 위한 것임을 알 수 있습니다. '공동체 안의 죄를 방치하고 확장하게 놔두지 말라.'

이 같은 공동체의 태도를 보며 사람들이 '무슨 자격으로 하는 것인가?' 하는 질문이 생길 것을 아신 주님은 다음과 같은 말씀을 하셨습니다.

> "진실로 너희에게 이르노니 무엇이든지 너희가 땅에서 매면 하늘에서도 매일 것이요 무엇이든지 땅에서 풀면 하늘에서도 풀리라"(마18:18)

약간 생뚱맞아 보이지만 주님이 그 자격을 교회 공동체에게 주었음을 말합니다. 그러므로 죄에 대한 경고와 권면은 개인이 아니라 공동체의 동의가 필요한 것입니다.

'죄에 대한 주님의 세심한 태도를 다시 정리해보십시오.'

* Meditatio 묵상
오늘 말씀을 통하여 깨닫게 된 것을 짧게 적어보십시오.

마음의 문제

* Lexio 읽기 / 마태복음 18:21-35
가능하면 오늘의 본문을 먼저 읽는 것이 좋지만 바로 아래 글을 읽어도 좋습니다. 충분히 본문을 이해하도록 배려하며 글을 썼습니다. 혹시 본문을 읽으신 분은 감동이 오는 말씀이나 단어 혹은 느낌을 간단히 적으시면 좋습니다.

"그 때에 베드로가 나아와 이르되 주여 형제가 내게 죄를 범하면 몇 번이나 용서하여 주리이까 일곱 번까지 하오리이까"(마18:21)

'몇 번까지 용서하면 괜찮은 것인가?' 우리가 참 좋아하는 질문 방식입니다. 이번에는 주님도 매우 구체적으로 용서할 횟수를 제시하셨습니다.

"일곱 번뿐 아니라 일곱 번을 일흔 번까지라도"(마18:22) 용서하라고 말입니다. 숫자로는 490번입니다. 사실 불가능한 숫자입니다. 그러니까 그저 용서하라는 말씀이었습니다. 이어 주님은 기막힌 어떤 이야기를 꺼내셨습니다.

소위 일만 달란트 빚진 자 이야기입니다. 엄청난 액수의 돈을 빚진 자를 주인이 탕감해준 것입니다. 대단한 이유나 조건은 없었습니다. 단한 가지 이유 때문이었습니다.

"그 종의 주인이 불쌍히 여겨 놓아 보내며 그 빚을 탕감하여 주었

더니"(마18:27)

'불쌍히 여김'이 이유의 전부였습니다. 주인의 마음이 그를 불쌍히, 긍휼히 여긴 것입니다. 그런데 그 종에게는 그 같은 마음이 없었습니다. 그 종이 탕감 받은 후 한 첫 번째 일은 자신에게 백 데나리온 빚진 자의 멱살을 잡고 빚을 갚으라고 소리친 것이었습니다. 더욱이 조금만 기다려달라는 요청도 거절하고 감옥에 집어넣습니다.

"그 빚을 탕감하여 주었더니 그 종이 나가서 자기에게 백 데나리온 빚진 동료 한 사람을 만나 붙들어 목을 잡고 이르되 빚을 갚으라"(마18:27-28)

그에게는 마음이 없었습니다. 불쌍히 여김도, 긍휼히 여김도 없었습니다.

우리가 하나님 앞에 설 수 있는 유일한 무기는 마음입니다. 마음의 진정성입니다. 그러므로 죄와 더러움이 우리 육체를 훼손하더라도 마음을 뺏겨서는 안 됩니다. 그런데 이 종의 경우 마음까지 무너진 것입니다. 육체는 이미 훼손되었고 말입니다. 다시 모든 것을 갚아야 하는 이유였습니다.

'용서는 마음의 문제입니다. 불쌍히 여김이 그 시작입니다. 내 마음은 어떻습니까?'

* Meditatio 묵상
오늘 말씀을 통하여 깨닫게 된 것을 짧게 적어보십시오.

몸을 나누는 행위

* Lexio 읽기 / 마태복음 19:1-12
가능하면 오늘의 본문을 먼저 읽는 것이 좋지만 바로 아래 글을 읽어도 좋습니다. 충분히 본문을 이해하도록 배려하며 글을 썼습니다. 혹시 본문을 읽으신 분은 감동이 오는 말씀이나 단어 혹은 느낌을 간단히 적으시면 좋습니다.

> "바리새인들이 예수께 나아와 그를 시험하여 이르되 사람이 어떤
> 이유가 있으면 그 아내를 버리는 것이 옳으니이까"(마19:3)

평범한 질문처럼 보이지만 복잡한 관계가 있는 질문입니다. 그 당시 바리새파 안에는 매우 중요한 두 학파가 존재하였는데, 그 두 학파는 모세 율법에 대해 엄격한 해석을 주장하는 샴마이 학파와 개방적이고 유연한 입장의 힐렐 학파입니다. 특히 두 학파는 신명기 24장 1절의 "수치 되는 일"의 내용을 놓고 서로 대단한 논쟁을 벌이고 있었습니다.

> "사람이 아내를 맞이하여 데려온 후에 그에게 수치 되는 일이 있
> 음을 발견하고 그를 기뻐하지 아니하면 이혼 증서를 써서 그의
> 손에 주고 그를 자기 집에서 내보낼 것이요"(신24:1)

"수치 되는 일"의 범위를 놓고 벌어진 논쟁이었습니다. 재미있게도 엄격한 해석을 주장하는 샴마이 학파는 '간음죄'에만 국한하였습니다. 반면에 힐렐 학파는 "그를 기뻐하지 아니하면"이란 구절에 중심을 두

고 아내의 어떤 행위든 마음에 들지 않으면 이혼 사유가 된다고 주장하였습니다.

이 같은 배경을 가진 논쟁을 주님께 들고 온 것입니다. 그런데 주님의 대답은 너무나 명쾌하였습니다.

"이제 둘이 아니요 한 몸이니 그러므로 하나님이 짝지어 주신 것을 사람이 나누지 못할지니라"(마19:6)

나눌 수 없는 한 몸이라고 주님이 표명하신 것입니다. 당연히 바리새인들이 모세가 이혼을 허용했다는 이야기를 끄집어내었습니다. 주님의 대답은 역시 간단했습니다.

"예수께서 이르시되 모세가 너희 마음의 완악함 때문에 아내 버림을 허락하였거니와 본래는 그렇지 아니하니라"(마19:8)

물론 주님이 음행의 이유로는 이혼이 가능하다는 말씀을 하시지만 우리가 다시 깊이 생각해야 할 부분입니다.

'이혼할 수 없다. 그것은 한 몸을 나누는 행위이다.' 여기서부터 결혼은 생각되어야 합니다.'

* Meditatio 묵상
오늘 말씀을 통하여 깨닫게 된 것을 짧게 적어보십시오.

하나님의 부자

* Lexio 읽기 / 마태복음 19:13-22

가능하면 오늘의 본문을 먼저 읽는 것이 좋지만 바로 아래 글을 읽어도 좋습니다. 충분히 본문을 이해하도록 배려하며 글을 썼습니다. 혹시 본문을 읽으신 분은 감동이 오는 말씀이나 단어 혹은 느낌을 간단히 적으시면 좋습니다.

"어떤 사람이 주께 와서 이르되 선생님이여 내가 무슨 선한 일을 하여야 영생을 얻으리이까"(마19:16)

이 질문을 가지고 나온 한 청년은 자신의 삶에 적극성을 갖고 열심히 살아온 사람이었던 것 같습니다. 예수님이 대답되신 던진 계명들 준수에 대한 질문에 '다 지켰다'고 대답한 것이 이를 증명합니다.

"네가 생명에 들어가려면 계명들을 지키라"(마19:17)

"어느 계명이오니이까"(마19:18)

"살인하지 말라, 간음하지 말라, 도둑질하지 말라, 거짓 증언 하지 말라, 네 부모를 공경하라, 네 이웃을 네 자신과 같이 사랑하라"(마19:18-19)

"이 모든 것을 내가 지키었사온대 아직도 무엇이 부족하니이까"
(마19:20)

대단한 청년이었습니다. 청년이 승리하는 듯 보였습니다. 하지만 그는 계명을 다 지킨 것이 아니었습니다. 주님이 부족하다고 말씀하신 것입니다.

"네가 온전하고자 할진대 가서 네 소유를 팔아 가난한 자들에게 주라 그리하면 하늘에서 보화가 네게 있으리라 그리고 와서 나를 따르라"(마19:21)

"네 이웃을 네 자신과 같이 사랑하라"는 계명을 지킨다는 것은 내가 부자가 될 수 없는 것이기 때문입니다. 이웃은 가난하고 헐벗었는데 내가 부자라는 것은 이율배반적이기 때문입니다.

분명히 그 청년은 가난한 이웃을 도왔을 것입니다. 하지만 자신이 가난하면서 이웃을 도운 것은 아니었습니다. 결국 내가 부자이면서 가난한 이를 돕는 것은 진정한 의미의 거룩이 아니란 말이었습니다. 그러므로 '하나님의 부자'란 스스로 가난한 자와 같은 삶을 살면서 그 부유함을 자신을 위해서 쓰지 않는 부자라 할 수 있습니다. 성화가 쉽지 않은 부자 크리스천의 모습입니다.

'당신은 하나님의 부자로 살 수 있겠습니까?'

* Meditatio 묵상
오늘 말씀을 통하여 깨닫게 된 것을 짧게 적어보십시오.

좋은 부자

* Lexio 읽기 / 마태복음 19:23-30
가능하면 오늘의 본문을 먼저 읽는 것이 좋지만 바로 아래 글을 읽어도 좋습니다. 충분히 본문을 이해하도록 배려하며 글을 썼습니다. 혹시 본문을 읽으신 분은 감동이 오는 말씀이나 단어 혹은 느낌을 간단히 적으시면 좋습니다.

"그 청년이 재물이 많으므로 이 말씀을 듣고 근심하며 가니라"

(마19:22)

그 같은 모습이 제자들에게는 충격이었을 것입니다. 그런데 이어지는 주님의 말씀은 더 큰 충격이었습니다.

"부자는 천국에 들어가기가 어려우니라"(마19:23)

낙타가 바늘귀로 들어가는 것이 부자가 하나님의 나라에 들어가는 것보다 쉽다는 말씀이셨습니다. 하지만 이것은 단순히 부자의 문제만이 아니었습니다. 누구나 부자가 되고 싶은 소망 같은 것이 있기 때문입니다. 그 순간 제자들은 아무리 열심히 계명을 지키더라도 이 같은 삶을 사는 것은 거의 불가능한 일이란 생각이 들었던 것으로 보입니다. 그래서 제자들이 이렇게 물었습니다.

"그렇다면 누가 구원을 얻을 수 있으리이까"(마19:25)

그때 주님이 이상한 말씀을 하셨습니다.

222

"사람으로는 할 수 없으나 하나님으로서는 다 하실 수 있느니라"
(마19:26)

본문의 부자 청년은 오늘날의 논리로 보면 '좋은 부자'입니다. 하지만 부요한 것만으로 좋은 부자가 될 수 없다고 주님이 말씀하신 것입니다. 아무리 착한 일을 하고 기여를 많이 하여도 부요한 것만으로는 상대적 빈곤감이나 결핍감을 불러일으키며, 부요한 삶의 방식만으로도 사람들에게 비참한 감정을 갖게 할 수 있기 때문입니다.

그래서 분명히 상대적으로 좋은 부자로 보이는 그 청년조차 주님의 기준으로는 구원에 이를 수 없는 것입니다. 하나님의 은혜가 필요한 것입니다. 그러므로 부자는 완벽히 가난한 자의 삶을 살 수는 없지만 내가 누구를 돕는 것을 자랑하지 않으며 스스로 청빈하기를 추구하며 사는 부자가 되어야 하는 것입니다.

그 순간 다 버리고 좇은 제자들은 자신들이 자랑스러웠던 것 같습니다.

"보소서 우리가 모든 것을 버리고 주를 따랐사온대 그런즉 우리가 무엇을 얻으리이까"(마19:27)

'자발적으로 자신과 재물을 버리며 주를 좇는 사람은 얼마나 근사합니까? 제자들은 새삼스럽게 그것을 깨닫습니다. 당신은 어떻습니까?'

* Meditatio 묵상
오늘 말씀을 통하여 깨닫게 된 것을 짧게 적어보십시오.

기분이 어떻습니까?

* Lexio 읽기 / 마태복음 20:1-16
가능하면 오늘의 본문을 먼저 읽는 것이 좋지만 바로 아래 글을 읽어도 좋습니다. 충분히 본문을 이해하도록 배려하며 글을 썼습니다. 혹시 본문을 읽으신 분은 감동이 오는 말씀이나 단어 혹은 느낌을 간단히 적으시면 좋습니다.

> "천국은 마치 품꾼을 얻어 포도원에 들여보내려고 이른 아침에
> 나간 집 주인과 같으니"(마20:1)

집 주인은 이른 아침 장터에서 만난 품꾼들과 한 데나리온의 품삯을 약속하고 계약하였습니다. 그 후 제삼시(오전 9시)에 장터에 갔더니 놀고 서 있는 사람들이 있기에 또 다시 그들을 일꾼으로 씁니다. 주인은 계속해서 제육시(12시), 제구시(오후 3시) 심지어 제십일시(오후 5시)에 만난 자들에게도 일할 수 있는 기회를 주었습니다.

드디어 하루 일이 끝나고 품삯을 줄 때였습니다. 놀랍게도 주인은 오후 5시에 온 사람들에게 한 데나리온씩 지급하였습니다. 그 순간 일찍 온 자들은 약속한 것보다 더 많이 받을 것을 기대하였습니다. 그런데 같은 액수였습니다.

> "제십일시에 온 자들이 와서 한 데나리온씩을 받거늘 먼저 온 자
> 들이 와서 더 받을 줄 알았더니 그들도 한 데나리온씩 받은지라
> 받은 후 집 주인을 원망하여"(마20:9-11)

먼저 와서 일하던 자들은 화가 났습니다. 아마 아침 일찍부터 온 사람들이 제일 화났을 것입니다. 당연한 일이었습니다. 불공평하기 때문입니다. 하지만 이 같은 항의 앞에 주인의 반응은 단순했습니다.

"친구여 내가 네게 잘못한 것이 없노라 네가 나와 한 데나리온의 약속을 하지 아니하였느냐 네 것이나 가지고 가라 나중 온 이 사람에게 너와 같이 주는 것이 내 뜻이니라"(마20:13-14)

그런데 이상하게 일찍 온 이들은 계속 마음이 불편하였습니다. 이것이 하나님과 사람의 차이입니다. 정확하게 말하면 시각의 차이입니다. 하나님에게는 일찍 온 자나 늦게 온 자나 차이가 없습니다. 자녀라고 생각한다면 말입니다. 그것은 우리도 마찬가지였을 것입니다. 일찍부터 온 아버지 그런데 늦게 온 아들, 주인이 같은 품삯을 줬다면 기뻐했을 것입니다.

사실 진실한 신앙을 가진 천국의 사람들은 기뻐했을 것입니다. 그러니까 지금 우리가 살고 있는 삶이, 방법이 천국이 아님을 증명하는 것입니다.

'어떻습니까? 기분이 나쁘십니까? 아니면 기쁘십니까?'

* Meditatio 묵상
오늘 말씀을 통하여 깨닫게 된 것을 짧게 적어보십시오.

제대로 알고 있습니까?

* Lexio 읽기 / 마태복음 20:17-28
가능하면 오늘의 본문을 먼저 읽는 것이 좋지만 바로 아래 글을 읽어도 좋습니다. 충분히 본문을 이해하도록 배려하며 글을 썼습니다. 혹시 본문을 읽으신 분은 감동이 오는 말씀이나 단어 혹은 느낌을 간단히 적으시면 좋습니다.

"보라 우리가 예루살렘으로 올라가노니 인자가 대제사장들과 서기관들에게 넘겨지매 그들이 죽이기로 결의하고 이방인들에게 넘겨 주어 그를 조롱하며 채찍질하며 십자가에 못 박게 할 것이나 제삼일에 살아나리라"(마20:18-19)

고난과 십자가, 그리고 죽음과 부활로 이어지는 엄청난 예수 그리스도의 수난을 들은 후였습니다. 마가복음에는 세베대의 아들인 야고보와 요한만 등장하지만 마태복음은 어머니가 아들을 지원하는 모습으로 나오고 있습니다. 어머니의 간청입니다.

"나의 이 두 아들을 주의 나라에서 하나는 주의 우편에, 하나는 주의 좌편에 앉게 명하소서"(마20:21)

어머니는 이럴 수 있습니다. 하지만 야고보와 요한이 이런 말을 먼저 꺼낼 수는 없었을 것입니다. 오히려 어머니의 이러한 간청 후에 야고보와 요한이 더 적극적이었던 것으로 보입니다. 이어지는 질문은 야고보와 요한을 겨냥한 주님의 질문이기 때문입니다.

> "예수께서 대답하여 이르시되 너희는 너희가 구하는 것을 알지
> 못하는도다 내가 마시려는 잔을 너희가 마실 수 있느냐 그들이
> 말하되 할 수 있나이다"(마20:22)

이 같은 대화를 듣고 있던 다른 제자들이 반응하였는데, 그것은 분노였습니다.

> "열 제자가 듣고 그 두 형제에 대하여 분히 여기거늘"(마20:24)

제자들은 모르고 있었습니다. 주님이 하시는 그 놀라운 말씀들과 예언, 그리고 하나님 나라에 대한 이야기를 들으며 무슨 뜻인지를 모르고 있었던 것입니다. 그 말 외에 다른 설명이 불가한 것이 사실입니다. 제자들은 예수의 길이 무엇인지를 모르고 있었던 것입니다.

> "인자가 온 것은 섬김을 받으려 함이 아니라 도리어 섬기려 하고
> 자기 목숨을 많은 사람의 대속물로 주려 함이니라"(마20:28)

'예수를 따르는 자가 치러야 할 대가를 알고 계십니까? 혹시 그저 세속적 성공에만 초점이 맞춰진 것은 아닙니까?'

* Meditatio 묵상
오늘 말씀을 통하여 깨닫게 된 것을 짧게 적어보십시오.

간절함이 있든지 따름이 있든지

* Lexio 읽기 / 마태복음 20:29-34
가능하면 오늘의 본문을 먼저 읽는 것이 좋지만 바로 아래 글을 읽어도 좋습니다. 충분히 본
문을 이해하도록 배려하며 글을 썼습니다. 혹시 본문을 읽으신 분은 감동이 오는 말씀이나
단어 혹은 느낌을 간단히 적으시면 좋습니다.

> "맹인 두 사람이 길 가에 앉았다가 예수께서 지나가신다 함을 듣
> 고 소리 질러 이르되 주여 우리를 불쌍히 여기소서 다윗의 자손
> 이여"(마20:30)

'소리를 지르다.' 오늘날보다 더 심하게 차별받고 있었던 시각장애인
두 사람이 예수가 지나가신다는 것을 알고 소리를 지른 것입니다. "주
여 우리를 불쌍히 여기소서!"

이것이 기독교의 매력입니다. 소리를 지를 수 있는 것 말입니다. 어
떻게 보면 약간은 천박해보이지만 막무가내로 소리를 지를 수 있다는
것은 중요합니다.

근사하게 예수를 좇는 무리 앞에서 소리를 지르는 이들을 사람들은
꾸짖고 잠잠하게 시켰습니다. 하지만 막무가내였습니다. 더욱 큰 소리
를 질러댔습니다.

> "무리가 꾸짖어 잠잠하라 하되 더욱 소리 질러 이르되 주여 우리

를 불쌍히 여기소서 다윗의 자손이여 하는지라"(마20:31)

그런 모습을 예수님은 다르게 보았습니다. 천박하게 본 것이 아니라 "불쌍히"(마20:34) 본 것입니다. '불쌍히 여기다.' 당연히 이렇게 말씀하실 수밖에 없었습니다.

"너희에게 무엇을 하여 주기를 원하느냐"(마20:32)

이어진 감동적인 두 사람의 말입니다.

"주여 우리의 눈 뜨기를 원하나이다"(마20:33)

아름답습니다. 천박할 정도의 간절함과 막무가내 신앙, 사실 우리 한국 교회도 갖고 있었던 초기 신앙의 모습입니다. 그런데 지금 우리에게는 그런 모습이 없습니다. 고침 받은 것입니다. 부요해진 것입니다.

그렇다면 이제는 어떻게 해야 합니까? 더 이상 소리를 지르지 않아도 된 우리가 해야 할 것은 무엇입니까? 두말할 것도 없이 이제는 치열한 마음, 간절한 마음으로 주님을 직접 좇는 것입니다. 이 이야기의 결론이기도 합니다.

"예수께서 불쌍히 여기사 그들의 눈을 만지시니 곧 보게 되어 그
들이 예수를 따르니라"(마20:34)

'간절함이 있든지 자유로운 따름이 있든지, 있습니까?'

* Meditatio 묵상
오늘 말씀을 통하여 깨닫게 된 것을 짧게 적어보십시오.

제 9 부

변형될 위험성

변형될 위험성

* Lexio 읽기 / 마태복음 21:1-11
가능하면 오늘의 본문을 먼저 읽는 것이 좋지만 바로 아래 글을 읽어도 좋습니다. 충분히 본
문을 이해하도록 배려하며 글을 썼습니다. 혹시 본문을 읽으신 분은 감동이 오는 말씀이나
단어 혹은 느낌을 간단히 적으시면 좋습니다.

> "시온 딸에게 이르기를 네 왕이 네게 임하나니 그는 겸손하여 나
> 귀, 곧 멍에 메는 짐승의 새끼를 탔도다 하라"(마21:5)

예수님께서 이 같은 의도를 가지고 십자가를 지러 오셨지만 사람들
은 그렇게 이해하지 않았습니다.

> "무리의 대다수는 그들의 겉옷을 길에 펴고 다른 이들은 나뭇가
> 지를 베어 길에 펴고 앞에서 가고 뒤에서 따르는 무리가 소리 높
> 여 이르되 호산나 다윗의 자손이여 찬송하리로다 주의 이름으로
> 오시는 이여 가장 높은 곳에서 호산나 하더라"(마21:8-9)

사람들은 예수님을 메시야, 그것도 다윗 왕국을 회복시킬 정치적인
메시야로 기대하고 있었습니다. 사실 종려나무는 유대 민족주의를 상
징하는 것이었고, 겉옷을 발밑에 깐다는 것은 옛날 폭군 아합에 대항하
여 예후가 혁명을 일으켰을 때 사람들이 '예후는 왕이다'라고 선언하면
서 옷을 깔던 것을 연상시켰습니다.

특히 "호산나"라는 외침의 의미는 히브리어로 '우리를 구하소서'라는 뜻이었습니다. 그러므로 예수님의 예루살렘 입성하는 모습은 마치 승리한 왕의 모습으로 보였습니다.

로마의 압제와 권력에 타협한 타락한 종교 세력에게 염증을 느끼던 사람들은 예수에게 열광하였습니다. 특히 오병이어 사건과 죽은 나사로를 살리신 것이 충격적이었기 때문입니다. 이미 나사로도 예수와 함께 영웅이 되어가고 있었습니다.

> "유대인의 큰 무리가 예수께서 여기 계신 줄을 알고 오니 이는 예수만 보기 위함이 아니요 죽은 자 가운데서 살리신 나사로도 보려 함이러라"(요12:9)

하지만 예수님은 무리들의 반응에 큰 관심이 없었습니다. 예수는 무리가 원하는 형태의 메시야가 아니었기 때문입니다. 이미 나귀 새끼를 탔다는 것이 예수의 메시지였는데 이해하지 못했던 것입니다.

'예수가 누구인지에 대한 물음을 매일 던져야 합니다. 나도 모르는 사이에 변질되거나 내가 원하는 예수로 변형될 수 있기 때문입니다. 잊지 말아야 합니다.'

* Meditatio 묵상
오늘 말씀을 통하여 깨닫게 된 것을 짧게 적어보십시오.

기도할 수 있는 것은 축복이다

* Lexio 읽기 / 마태복음 21:12-17

가능하면 오늘의 본문을 먼저 읽는 것이 좋지만 바로 아래 글을 읽어도 좋습니다. 충분히 본
문을 이해하도록 배려하며 글을 썼습니다. 혹시 본문을 읽으신 분은 감동이 오는 말씀이나
단어 혹은 느낌을 간단히 적으시면 좋습니다.

> "예수께서 성전에 들어가사 성전 안에서 매매하는 모든 사람들을
> 내쫓으시며 돈 바꾸는 사람들의 상과 비둘기 파는 사람들의 의자
> 를 둘러 엎으시고"(마21:12)

예수님이 예루살렘에서 하신 일 중에 매우 눈에 두드러지는 일은 성
전 안에서 매매하는 모든 사람들을 내쫓으신 일입니다. 이 과정에서 의
외의 과격한 행동을 보이셨습니다.

> "돈 바꾸는 사람들의 상과 비둘기 파는 사람들의 의자를 둘러 엎
> 으시고"(마21:12)

'둘러 엎으셨다.' 이 같이 과격하게 보이는 행동을 주님은 다른 어느
곳에서도 하지 않으셨습니다. 살인자, 간음한 여자, 강도와 파렴치범
등 어떤 경우를 만나도 이 같은 반응을 보이신 적이 없으셨습니다. 그
래서 이상해 보일 수 있지만 그러한 행동의 이유를 우리는 이어지는 주
님의 말씀에서 찾을 수 있습니다.

"그들에게 이르시되 기록된 바 내 집은 기도하는 집이라 일컬음
을 받으리라 하였거늘 너희는 강도의 소굴을 만드는도다 하시니
라"(마21:13)

'기도하는 집이다.' 그런데 그 성전에서 기도가 이루어지지 않고 사
기치고 속이면서 예배를 위한 것을 장사한 것입니다. 성전에서 하나님
이 아니라 자신을 위해 하나님을 이용한 것입니다. 주님이 분노한 이유
였습니다.

너무 당연한 이야기로 들리겠지만 '기도할 수 있는 것은 축복'입니다.
예수를 믿는 상당수의 크리스천들이 과연 '기도하고 있는가'라는 물음
앞에 자유로울 수 없기 때문입니다. 더욱이 내가 하는 일방적인 탄원형
기도가 아니라 주님의 음성을 듣고 주님과 깊은 친밀감에서 나오는 대
화 같은 기도를 하고 있느냐는 물음 앞에 더욱 그렇습니다.

'기도하지 않는 것' 혹은 '기도하지 못하는 것'은 괜찮은 것이 아니라
문제 있는 것입니다. 하나님을 믿고 있다면 기도는 자연스러운 것이기
때문입니다.

'기도 하십니까? 진심으로 하나님과 친밀한 관계를 가진 기도의 사
람입니까?'

* Meditatio 묵상
오늘 말씀을 통하여 깨닫게 된 것을 짧게 적어보십시오.

녹슨 무기, 기도

* Lexio 읽기 / 마태복음 21:18-22
가능하면 오늘의 본문을 먼저 읽는 것이 좋지만 바로 아래 글을 읽어도 좋습니다. 충분히 본
문을 이해하도록 배려하며 글을 썼습니다. 혹시 본문을 읽으신 분은 감동이 오는 말씀이나
단어 혹은 느낌을 간단히 적으시면 좋습니다.

> "길 가에서 한 무화과나무를 보시고 그리로 가사 잎사귀 밖에 아
> 무 것도 찾지 못하시고 나무에게 이르시되 이제부터 영원토록 네
> 가 열매를 맺지 못하리라 하시니"(마21:19)

예루살렘에서 베다니로 나가셨던 주님께서 예루살렘으로 들어오시
면서 만났던 무화과나무는 잎사귀만 무성했을 뿐 열매가 없었습니다.
마가복음의 기록처럼 아직 무화과 때가 아니었습니다(막11:13). 그런데
주님이 그 무화과나무를 저주하신 것입니다.

> "이제부터 영원토록 네가 열매를 맺지 못하리라 하시니 무화과나
> 무가 곧 마른지라"(마21:19)

약간은 엉뚱하지만 주님의 말씀은 껍데기만 번지르르한 예루살렘의
종교인들에 대한 비유였습니다. 하지만 또 다른 목적도 있었습니다. 성
전 정화 사건에서 본 것처럼 바로 기도에 대한 것입니다. 그 연장선에
서 무화과나무 사건도 일으키신 것으로 보입니다. 제자들의 의아한 반

응 앞에 하신 주님의 말씀이 그 증거입니다.

> "내가 진실로 너희에게 이르노니 만일 너희가 믿음이 있고 의심
> 하지 아니하면 이 무화과나무에게 된 이런 일만 할 뿐 아니라 이
> 산더러 들려 바다에 던져지라 하여도 될 것이요"(마21:21)

기도의 힘에 대한 것이었습니다. 기도는 허공에 던지는 말이 아니라 분명히 그 대상이 하나님이시라는 것을 강조하신 것입니다. 그러니까 하나님과 바른 관계가 형성된 자가 하는 말, 곧 기도는 그것 자체로 권세라는 뜻이었습니다.

약간 황당해 보일 수 있습니다. 믿음으로 의심하지 않고 구하면 산이 들려 바다에 빠질 수도 있다고 말씀하신 것은 말입니다. 분명 강조의 측면에서 하신 말씀이지만 실제로 우리가 납득되어 의심이 사라진다면 가능할 것입니다. 그런데 우리가 그런 기도를 하지 않습니다. 구할 이유가 없는 기도이기 때문입니다.

> "너희가 기도할 때에 무엇이든지 믿고 구하는 것은 다 받으리라"
> (마21:22)

'크리스천의 무기는 기도에 있습니다. '기도할 수 있다.' 우리가 녹슬게 내버려둔 무기입니다.'

* Meditatio 묵상
오늘 말씀을 통하여 깨닫게 된 것을 짧게 적어보십시오.

공격1 : 두 아들 비유

* Lexio 읽기 / 마태복음 21:23-32
가능하면 오늘의 본문을 먼저 읽는 것이 좋지만 바로 아래 글을 읽어도 좋습니다. 충분히 본
문을 이해하도록 배려하며 글을 썼습니다. 혹시 본문을 읽으신 분은 감동이 오는 말씀이나
단어 혹은 느낌을 간단히 적으시면 좋습니다.

> "예수께서 성전에 들어가 가르치실새 대제사장들과 백성의 장로
> 들이 나아와 이르되 네가 무슨 권위로 이런 일을 하느냐 또 누가
> 이 권위를 주었느냐"(마21:23)

예수의 가르침은 강력하였습니다. 그러나 그것을 보고 있던 대제사
장들과 종교지도자들에게는 위기였습니다. 드디어 그들이 직접적 공격
을 하기 시작하였는데 먼저 "권위"에 대한 것을 문제 삼았습니다. 쉽게
말해서 '허가'(라이센스)를 누가 내줬느냐고 물은 것입니다. 모든 종교
적인의 것의 허락은 대제사장이 최종 결정이었기 때문입니다.

예수님은 이 민감한 질문에 대하여 요한의 세례가 '어디에서 온 것인
가'하는 질문으로 대답하였습니다. 강력한 대답이었습니다. 분명 세례
요한의 세례를 대제사장이 허락한 것이 아니었지만 부정할 수 없는 것
이었기 때문입니다.

로마라는 권력과 변질된 헤롯 정권 앞에서 타협을 하고 안정된 삶을

살고 있던 그들은 세례 요한을 비난할 수 없었습니다. 그것은 세례 요한의 행동과 관계있었습니다. 실제로 그들은 하나님의 말씀을 따라 산다고 얘기하지만 행동으로 살았던 요한과 달리 그들은 입으로만 믿고 있었기 때문입니다.

주님이 바로 그것을 지적하면서 꺼낸 비유가 '두 아들 비유'입니다. 아버지 말에 포도원에 일하러 가겠다고 대답하였지만 가지 않은 큰 아들, 반면에 싫다고 얘기하였지만 실제는 뉘우치고 간 둘째 아들 중 누가 더 아버지의 뜻대로 한 것인가 하는 물음이었습니다.

말 혹은 눈에 보이는 어떤 의식이 중요한 것이 아니라 실제 삶이 중요하다는 말씀이었습니다. 수많은 말과 생각보다 실제 삶을 살라는 말씀이었습니다. 죄를 지었으면 회개를 하는 것이 필요하고 예배와 기도를 드렸으면 그 고백대로 살라는 의미였습니다. 그 사람이 진짜 크리스천이란 말씀이었습니다.

> "그 둘 중의 누가 아버지의 뜻대로 하였느냐 이르되 둘째 아들이 니이다 예수께서 그들에게 이르시되 내가 진실로 너희에게 이르노니 세리들과 창녀들이 너희보다 먼저 하나님의 나라에 들어가리라"(마21:31)

'신앙은 립싱크가 아니라 실제적 삶입니다.'

* Meditatio 묵상
오늘 말씀을 통하여 깨닫게 된 것을 짧게 적어보십시오.

공격2 : 포도원 농부 비유

* Lexio 읽기 / 마태복음 21:33-46
가능하면 오늘의 본문을 먼저 읽는 것이 좋지만 바로 아래 글을 읽어도 좋습니다. 충분히 본문을 이해하도록 배려하며 글을 썼습니다. 혹시 본문을 읽으신 분은 감동이 오는 말씀이나 단어 혹은 느낌을 간단히 적으시면 좋습니다.

> "사실 요한이 너희를 찾아와서 올바른 길을 가르쳐줄 때에 너희
> 는 그의 말을 믿지 않았지만 세리와 창녀들은 믿었다. 너희는 그
> 것을 보고도 끝내 뉘우치지 않고 그를 믿지 않았다."
>
> (공동번역/마21:32)

'두 아들 비유'를 정리하는 말씀에 이어 주님은 '포도원 농부 비유'를 꺼내셨습니다.

> "한 집 주인이 포도원을 만들어 산울타리로 두르고 거기에 즙 짜
> 는 틀을 만들고 망대를 짓고 농부들에게 세로 주고 타국에 갔더
> 니"(마21:33)

그리고 열매 거둘 때가 되어 종들을 보내었는데 폭행한 것입니다. 그들 중 한 사람은 죽습니다. 주인은 더 많은 종들을 보냅니다. 그런데 여전히 마찬가지였습니다. 마지막으로 주인은 아들을 보냈습니다. 선대할 것이라고 믿고 말입니다. 그런데 아니었습니다.

"농부들이 그 아들을 보고 서로 말하되 이는 상속자니 자 죽이고
그의 유산을 차지하자 하고 이에 잡아 포도원 밖에 내쫓아 죽였
느니라"(마21:38-39)

이 같은 사태를 보면서 '주인이 어떻게 할 것인가' 묻는 것으로 말씀
은 이어집니다. 그러나 사실 중요한 것은 '어떻게 심판할 것인가'의 문
제가 아니라 '그들의 죄'가 문제인 것입니다. 어떤 잘못도 인식하지 못
하고 종들을 죽이고 아들까지 죽이는 뻔뻔스러움 혹은 의도된 악이 문
제인 것입니다.

일시적으로 그 악한 농부들은 자기 마음대로 행동할 수 있었습니다.
그렇게 될 수 있습니다. 아무 문제도 없이 악한 자들의 힘이 모든 것을
이기는 것처럼 보였습니다. 그러나 주님은 근사하게 "버린 돌" 이야기
로 하나님의 의가 실현되는 것을 설명하셨습니다.

"너희는 성서에서, '집짓는 사람들이 버린 돌이 모퉁이의 머릿돌
이 되었다 주께서 하시는 일이라 우리에게는 놀랍게만 보인다'
고 한 말을 읽어본 일이 없느냐?"(공동번역/마21:42)

'죄는 유보될 수 있습니다. 하지만 곧 드러날 것입니다. 그러므로 정
직해야 합니다. 아시겠습니까?'

* Meditatio 묵상
오늘 말씀을 통하여 깨닫게 된 것을 짧게 적어보십시오.

공격3 : 혼인 잔치 비유

* Lexio 읽기 / 마태복음 22:1-14

가능하면 오늘의 본문을 먼저 읽는 것이 좋지만 바로 아래 글을 읽어도 좋습니다. 충분히 본문을 이해하도록 배려하며 글을 썼습니다. 혹시 본문을 읽으신 분은 감동이 오는 말씀이나 단어 혹은 느낌을 간단히 적으시면 좋습니다.

> "천국은 마치 자기 아들을 위하여 혼인 잔치를 베푼 어떤 임금과 같으니 그 종들을 보내어 그 청한 사람들을 혼인 잔치에 오라 하였더니 오기를 싫어하거늘"(마22:2-3)

이 비유는 바로 앞의 '두 아들 비유'에 이어지는 '포도원 농부의 비유'와 동일선상에 있습니다. 그래서 이렇게 시작한 것입니다.

> "예수께서 다시 비유로 대답하여 이르시되"(마22:1)

실제로 이 비유들에 대하여 대제사장들과 바리새인들은 민감한 반응을 보입니다. 자신들을 보고 말하는 것을 알았기 때문이었습니다.

> "대제사장들과 바리새인들이 예수의 비유를 듣고 자기들을 가리켜 말씀하심인 줄 알고 잡고자 하나 무리를 무서워하니 이는 그들이 예수를 선지자로 앎이었더라"(마21:45-46)

이 같은 연장에서 주님은 '혼인 잔치에 비유'를 꺼내셨습니다. 어떤 임금이 준비한 혼인 잔치에 사람들을 청합니다. 그런데 그들은 거절합니다. 임금은 다시 정중하게 재차 청합니다. 이번에는 여러 가지로 핑계로 거절하거나 어떤 이는 임금이 보낸 종들을 모욕하고 죽입니다. 하나님에 대한 유대인들의 행동을 말하는 것임을 알 수 있습니다.

드디어 임금은 그들을 진멸하고 동네를 불사릅니다. 끔찍한 이야기입니다. 사실 주님의 이 비유는 "천국은... 같으니"로 표현되는 천국 비유 중의 하나입니다. 마치 곡식을 거둘 때에 가라지를 구분하여 묶어 불사르는 이야기와 유사한 것입니다. 그러니까 천국, 즉 마지막 날에 이 무례한 자들에 대한 심판을 묘사한 것입니다.

물론 그 혼인 잔치는 개방된 잔치였습니다. 임금은 누구든지 청하게 합니다. 지금까지 살았던 삶이 악하든 선하든 문제가 되지 않았습니다. 하지만 최소한의 조건이 있었습니다. 예복을 입어야 했습니다. '예복 준비'를 의미했습니다. 임금의 초청을 진정성 있게 받아들임을 의미했습니다. 최소한의 조건이었습니다. 택함의 비밀이었습니다.

"청함을 받은 자는 많되 택함을 입은 자는 적으니라"(마 22:14)

'최소한의 조건, 예복은 준비하였습니까?'

* Meditatio 묵상
오늘 말씀을 통하여 깨닫게 된 것을 짧게 적어보십시오.

- -

- -

헤롯당의 공격

* Lexio 읽기 / 마태복음 22:15-22
가능하면 오늘의 본문을 먼저 읽는 것이 좋지만 바로 아래 글을 읽어도 좋습니다. 충분히 본
문을 이해하도록 배려하며 글을 썼습니다. 혹시 본문을 읽으신 분은 감동이 오는 말씀이나
단어 혹은 느낌을 간단히 적으시면 좋습니다.

> "청함을 받은 자는 많되 택함을 입은 자는 적으니라 이에 바리새
> 인들이 가서 어떻게 하면 예수를 말의 올무에 걸리게 할까 상의
> 하고"(마22:14-15)

'혼인 잔치 비유'를 비롯한 일련의 천국 비유들이 겨냥하는 것이 자신
들임을 바리새인들과 유대 종교지도자들은 알고 있었습니다.

드디어 예루살렘 입성과 함께 더욱 긴장하고 있었던 이들은 오로지
예수 제거라는 목표 아래 집중하기 시작하였습니다. 그것 중의 하나가
헤롯 당원들과의 연대였습니다.

헤롯당은 헤롯대왕의 아들인 헤롯 안티파스를 추종하던 무리들이었
습니다. 이들은 철저하게 로마를 지지하면서 그 노선에 나온 어용정권
과 같은 헤롯의 통치만이 유대가 살 길이라고 믿었던 이들입니다. 그런
의미에서 유대 민족주의자들이었던 바리새인들과는 상극 관계에 있었
습니다. 그런데 예수 제거 깃발 아래 서로 타협한 것입니다. 그것의 결

과물이 바로 이 시험이었던 것입니다.

> "자기 제자들을 헤롯 당원들과 함께 예수께 보내어 말하되... 가
> 이사에게 세금을 바치는 것이 옳으니이까 옳지 아니하니이까"
> (마22:16–17)

여전히 가이사에게 세금을 바치는 문제에 거부감을 갖고 있었던 바리새인들은 헤롯당이 이 시험을 주도하도록 한 것은 당연한 일로 보입니다. 하지만 주님은 그들의 내면을 다 알고 계셨습니다.

> "예수께서 그들의 악함을 아시고 이르시되 외식하는 자들아 어찌
> 하여 나를 시험하느냐"(마22:18)

이어 말씀하신 예수의 대답은 명확하였습니다. 가이사의 형상이 새겨진 동전을 보면서 "가이사의 것은 가이사에게, 하나님의 것은 하나님께 바치라"(마22:21)는 말씀으로 매듭지으셨습니다. 어떻게 보면 세상 나라와 하나님 나라의 이중적 삶을 살 수 밖에 없는 우리들에 대한 주님의 배려이기도 했습니다. 믿는다는 것은 이토록 기막힌 자비와 배려에 참여하는 것이란 사실이 행복하게 합니다.

'두 왕국을 섬기는 삶을 주님은 이해하십니다. 참 기막힌 배려이십니다. 그렇지 않습니까?'

---

* Meditatio 묵상
오늘 말씀을 통하여 깨닫게 된 것을 짧게 적어보십시오.

사두개파의 공격

* Lexio 읽기 / 마태복음 22:23-33
가능하면 오늘의 본문을 먼저 읽는 것이 좋지만 바로 아래 글을 읽어도 좋습니다. 충분히 본
문을 이해하도록 배려하며 글을 썼습니다. 혹시 본문을 읽으신 분은 감동이 오는 말씀이나
단어 혹은 느낌을 간단히 적으시면 좋습니다.

"부활이 없다 하는 사두개인들이 그 날 예수께 와서 물어 이르
되… 그런즉 그들이 다 그를 취하였으니 부활 때에 일곱 중의 누
구의 아내가 되리이까"(마22:23,28)

이번에는 사두개인이었습니다. 사두개인은 다윗 시대의 대제사장 사
독에게서 유래한 것으로 알려지는데 주로 대제사장의 가족이거나 친인
척들이 대부분이었습니다. 성전과 관련된 모든 이익행위와 관련이 있
었고 그런 까닭에 매우 세속적이고 물질적이었습니다. 그런 까닭이었
는지 모르지만 사두개인들은 내세를 믿지 않았습니다.

권력과 부를 가진 사두개인, 그런 점에서 역시 바리새인들은 사두개
인들과는 상종하지 않았습니다. 특히 바리새인들은 사두개인들과 달리
내세를 믿고있었습니다. 그런데 바리새인들이 사두개인들 조차 예수
제거 깃발 아래로 받아들인 것입니다.

드디어 사두개파의 타당성을 말하는 기막힌 물음, 부활의 난감한 상
황을 말하는 질문을 던집니다. 소위 형사취수제가 모세의 가르침인데

칠 형제가 차례로 죽으면서 어쩔 수 없이 첫 번째 형수와 계속 결혼하게 된 황당한 설정을 한 것입니다. 그리고 던진 질문이었습니다.

"그런즉 그들이 다 그를 취하였으니 부활 때에 일곱 중의 누구의 아내가 되리이까"(마22:28)

그 당시까지 이 질문은 바리새파 역시 별 뾰족한 답을 할 수 없는 질문이었습니다. 그 회심의 질문을 던진 것입니다. 하지만 주님의 대답은 여전히 명료하였습니다.

"예수께서 대답하여 이르시되 너희가 성경도, 하나님의 능력도 알지 못하는 고로 오해하였도다 부활 때에는 장가도 아니 가고 시집도 아니 가고 하늘에 있는 천사들과 같으니라"(마22:29-30)

한 마디로 말해 부활은 육체적인 것이 아니라는 말이었고 현재 가치를 넘어선 다른 종류라는 말이었습니다. 모든 것을 현세, 물질, 세속적인 것만 생각하던 사두개인들은 예수의 이 말씀에 감탄합니다. 설득된 것입니다.

'세속적이고 육체적인 기준으로 하나님 나라를 생각합니다. 우리가 하나님 나라를 오해하고 신앙을 세속적으로 만드는 이유입니다. 어떻게 생각하십니까?'

* Meditatio 묵상
오늘 말씀을 통하여 깨닫게 된 것을 짧게 적어보십시오.

율법사의 공격

* Lexio 읽기 / 마태복음 22:34-40
가능하면 오늘의 본문을 먼저 읽는 것이 좋지만 바로 아래 글을 읽어도 좋습니다. 충분히 본
문을 이해하도록 배려하며 글을 썼습니다. 혹시 본문을 읽으신 분은 감동이 오는 말씀이나
단어 혹은 느낌을 간단히 적으시면 좋습니다.

> "예수께서 사두개인들로 대답할 수 없게 하셨다 함을 바리새인들
> 이 듣고 모였는데"(마22:34)

대제사장들과 바리새인들은 자신들의 주장을 버리면서까지 연대한
헤롯당에 이어 사두개파의 공격도 무산되자 심각해졌습니다. 그때 바
리새인들이 꺼낸 카드는 "율법사"였습니다. 성경에 정통한 사람이었습
니다. 역시 그의 질문은 이전의 질문들과 달리 매우 합리적이고 날카로
왔습니다.

> "그 중의 한 율법사가 예수를 시험하여 묻되 선생님 율법 중에서
> 어느 계명이 크니이까"(마22:35-36)

주님은 그 질문 앞에 매우 선명하게 "모든 율법과 예언서의 골자"(공
동번역/마22:40)를 말씀하셨습니다.

> "네 마음을 다하고 목숨을 다하고 뜻을 다하여 주 너의 하나님을
> 사랑하라 하셨으니 이것이 크고 첫째 되는 계명이요 둘째도 그와

같으니 네 이웃을 네 자신 같이 사랑하라"(마22:37-39)

완벽한 대답이었습니다. 성경은 그 율법사의 어떤 반응도 적어놓지 않았습니다. 할 말이 없을 만큼 분명하였던 것입니다. 왜냐하면 예수님의 이 대답은 구약을 완벽하게 정통한 말씀이기 때문이었습니다.

우선 첫째 계명으로 하신 말씀은 쉐마 명령으로 기록된 신명기 말씀이었고 둘째 계명은 레위기에 기록된 말씀으로 새롭게 재해석된 말씀이었습니다.

> "너는 마음을 다하고 뜻을 다하고 힘을 다하여 네 하나님 여호와
> 를 사랑하라"(신6:5)

> "네 이웃 사랑하기를 네 자신과 같이 사랑하라 나는 여호와이니
> 라"(레19:18)

완벽한 지식이었습니다. 그것이 율법사의 반응을 적지 않은 이유였던 것입니다.

'어떤 것으로도 예수를 이길 수 없습니다. 진리이기 때문입니다. 우리가 믿는 진리입니다. 잊지 마십시오.'

* Meditatio 묵상
오늘 말씀을 통하여 깨닫게 된 것을 짧게 적어보십시오.

논쟁의 끝

* Lexio 읽기 / 마태복음 22:41-46
가능하면 오늘의 본문을 먼저 읽는 것이 좋지만 바로 아래 글을 읽어도 좋습니다. 충분히 본
문을 이해하도록 배려하며 글을 썼습니다. 혹시 본문을 읽으신 분은 감동이 오는 말씀이나
단어 혹은 느낌을 간단히 적으시면 좋습니다.

> "이 두 계명이 온 율법과 선지자의 강령이니라 바리새인들이 모
> 였을 때에"(마22:40-41)

마지막 카드와도 같았을지 모르는 한 율법사의 공격이 수포로 돌아
가자 바리새인들이 다시 모였습니다. 하지만 이제는 주님의 차례였습
니다. 드디어 주님이 질문을 던졌습니다.

> "너희는 그리스도에 대하여 어떻게 생각하느냐 누구의 자손이
> 냐"(마22:42)

바리새인들은 매우 당연한 듯이 "다윗의 자손이니다"(마22:42)라고
대답합니다. 바로 그때 주님이 시편 110편 말씀을 인용하셨는데, 이상
한 말씀이었습니다.

> "여호와께서 내 주에게 말씀하시기를 내가 네 원수들로 네 발판
> 이 되게 하기까지 너는 내 오른쪽에 앉아 있으라 하셨도다"(시110:1)

이 말씀은 다윗의 시편으로 다윗이 "내 주"라고 부르는 말씀을 인용하신 것입니다. 놀랍게도 "내 주"에서 "주"는 '아도나이'로 표기되었는데 오로지 여호와 하나님에게만 붙이는 표현이었습니다. 그런데 주님이 그 "주"가 바로 "그리스도"라고 설명하신 것입니다. 기막힌 말씀이었습니다.

> "주께서 내 주께 이르시되 내가 네 원수를 네 발 아래에 둘 때까지 내 우편에 앉아 있으라 하셨도다 하였느냐 다윗이 그리스도를 주라 칭하였은즉 어찌 그의 자손이 되겠느냐"(마22:44-45)

바로 그 순간 바리새인들은 아무런 말도 할 수 없었습니다. 자신들이 도무지 알 수 없는 지식, 말씀의 깊이 앞에 압도당한 것입니다. 그들이 갖고 있는 지식의 한계였습니다. 논쟁의 끝이었습니다.

> "한 마디도 능히 대답하는 자가 없고 그 날부터 감히 그에게 묻는 자도 없더라"(마22:46)

'어떤 토론이나 논의도 가능합니다. 모든 자유주의적 논쟁도 가능합니다. 예수 그리스도는 진리이시기 때문입니다. 변할 수 없는 역사적 사실이기 때문입니다. 믿으십니까?'

* Meditatio 묵상
오늘 말씀을 통하여 깨닫게 된 것을 짧게 적어보십시오.

형제라 하라

* Lexio 읽기 / 마태복음 23:1-12
가능하면 오늘의 본문을 먼저 읽는 것이 좋지만 바로 아래 글을 읽어도 좋습니다. 충분히 본문을 이해하도록 배려하며 글을 썼습니다. 혹시 본문을 읽으신 분은 감동이 오는 말씀이나 단어 혹은 느낌을 간단히 적으시면 좋습니다.

> "한 마디도 능히 대답하는 자가 없고 그 날부터 감히 그에게 묻는
> 자도 없더라"(마22:46)

논쟁이 끝나자 주님은 바리새인을 비롯한 종교지도자들의 문제점들을 지적하기 시작하셨습니다. 교정이 필요했던 것입니다. 리더의 문제가 모든 문제의 중심이라고 주님이 생각했던 것으로 보입니다. 첫 마디가 기막혔습니다.

> "무엇이든지 그들이 말하는 바는 행하고 지키되 그들이 하는 행
> 위는 본받지 말라"(마23:3)

'말만 하고 행하지 않는다'(마23:3)는 말씀이었습니다. 이어 주님이 예로 드신 경우들은 약간은 부담스럽게 보이는 말씀이었습니다.

"랍비"라 칭함 받는 것이 자연스런 사람들을 지적하면서 "너희는 랍비라 칭함을 받지 말라"(마23:8)고 말씀하신 것입니다. 그 이유를 주님

252

은 "너희는 형제"(마23:8)이기 때문이라고 덧붙이셨습니다.

우리는 누군가의 선생 혹은 리더, 멘토이길 좋아합니다. 그런데 오히려 형제로 살아가라고 말씀하신 것입니다. 이상하게 들릴지 모르지만 참 아름다운 일입니다. 하긴 주님 역시 우리를 친구라 부르기 좋아하셨습니다. 형제, 친구 모두 같은 아름다운 표현입니다.

"이제부터는 너희를 종이라 하지 아니하리니 종은 주인이 하는
것을 알지 못함이라 너희를 친구라 하였노니"(요15:15)

심지어 주님은 아버지라는 호칭도, 지도자라 칭함 받는 것도 거절할 것을 요청하셨습니다. 이미 우리 안에 깊이 뿌리박혀 있는 섬김 받으려는 자세, 힘을 행사하고 싶은 태도 등이 진리를 흐리게 할 가능성 때문이었을 것입니다. 주님의 말씀은 명쾌하고 아름다웠습니다.

"너희 중에 큰 자는 너희를 섬기는 자가 되어야 하리라 누구든지
자기를 높이는 자는 낮아지고 누구든지 자기를 낮추는 자는 높아
지리라"(마23:11-12)

'높아지려 하지 말고 군림하려하지 말고 낮아지는 것이 주님을 따르는 제자의 길입니다. 잊지 마십시오.'

* Meditatio 묵상
오늘 말씀을 통하여 깨닫게 된 것을 짧게 적어보십시오.

제 10 부

종말론 특강

독설(毒舌)1 : 화 있을진저

* Lexio 읽기 / 마태복음 23:13-25

가능하면 오늘의 본문을 먼저 읽는 것이 좋지만 바로 아래 글을 읽어도 좋습니다. 충분히 본
문을 이해하도록 배려하며 글을 썼습니다. 혹시 본문을 읽으신 분은 감동이 오는 말씀이나
단어 혹은 느낌을 간단히 적으시면 좋습니다.

"화 있을진저 외식하는 서기관들과 바리새인들이여 너희는 천국
문을 사람들 앞에서 닫고 너희도 들어가지 않고 들어가려 하는
자도 들어가지 못하게 하는도다"(마23:13)

예수님이 서기관들과 바리새인들을 향하여 외치는 말씀은 독설이었
습니다. 예수님이 보실 때 그들은 천국의 문을 가로 막고 지옥으로 인
도하는 이들이었던 것입니다.

"화 있을진저 외식하는 서기관들과 바리새인들이여 너희는 교인
한 사람을 얻기 위하여 바다와 육지를 두루 다니다가 생기면 너
희보다 배나 더 지옥 자식이 되게 하는도다"(마23:15)

도대체 어쩌다가 성경을 깊이 연구하고 율법을 잘 지키던 이들이 이
같은 모습이 된 것입니까?

이미 주님이 그들을 말할 때 반복적으로 수식한 표현처럼 "외식" 곧
"위선"(공동번역/마23:13) 때문입니다. 이 같은 외식과 위선의 이유를

주님은 내면의 잘못된 욕심에서 나온 것이라고 지적하셨습니다.

> "화 있을진저 외식하는 서기관들과 바리새인들이여 잔과 대접
> 의 겉은 깨끗이 하되 그 안에는 탐욕과 방탕으로 가득하게 하는
> 도다"(마23:25)

"탐욕과 방탕", 곧 이 세상 것에 대한 욕망이 불러일으킨 것이었습니다. 세상을 사랑한 것입니다. 그 결과 그들의 눈이 먼 것입니다. 주님의 표현처럼 "맹인"(마23:17,19,24) 혹은 "눈 먼 인도자"(마23:16)가 된 것입니다.

보지 못하게 된 것입니다. 주님이 예로 드신 다음의 말씀이 그들의 무지와 어리석음을 잘 표현합니다.

> "화 있을진저 눈 먼 인도자여 너희가 말하되 누구든지 성전으로
> 맹세하면 아무 일 없거니와 성전의 금으로 맹세하면 지킬지라 하
> 는도다"(마23:16)

무엇이 우리 안에 있느냐가 중요합니다. 만약 그것이 탐욕과 방탕이라면 그 결론은 뻔한 것입니다.

'내 안을 들여다보십시오. 무엇이 있는지 살펴보십시오. 탐욕과 방탕이 있지 않습니까?'

* Meditatio 묵상
오늘 말씀을 통하여 깨닫게 된 것을 짧게 적어보십시오

독설(毒舌)2 : 뱀들아 독사의 새끼들아

* Lexio 읽기 / 마태복음 23:25-33

가능하면 오늘의 본문을 먼저 읽는 것이 좋지만 바로 아래 글을 읽어도 좋습니다. 충분히 본문을 이해하도록 배려하며 글을 썼습니다. 혹시 본문을 읽으신 분은 감동이 오는 말씀이나 단어 혹은 느낌을 간단히 적으시면 좋습니다.

> "화 있을진저 외식하는 서기관들과 바리새인들이여 잔과 대접의 겉은 깨끗이 하되 그 안에는 탐욕과 방탕으로 가득하게 하는도다"(마23:25)

우리 안의 가득한 "탐욕과 방탕"의 결과로 눈이 멀게 되었다고 주님은 상징적으로 말씀하셨습니다. 그러므로 다시 눈을 뜨고 보는 방법은 내면의 정결에 있다고 말씀하신 것입니다.

> "눈 먼 바리새인이여 너는 먼저 안을 깨끗이 하라 그리하면 겉도 깨끗하리라"(마23:26)

예수님이 쓰신 또 다른 표현은 무덤입니다.

> "화 있을진저 외식하는 서기관들과 바리새인들이여 회칠한 무덤 같으니 겉으로는 아름답게 보이나 그 안에는 죽은 사람의 뼈와 모든 더러운 것이 가득하도다"(마23:27)

아예 그들을 죽은 존재로 묘사한 것입니다. "사람의 뼈와 모든 더러운 것이 가득"한 존재, 그 표현만으로도 끔찍합니다. 하지만 조금 더 살피면 단순히 죽은 존재가 아니라 "사람의 뼈와 모든 더러운 것"이 순교한 선지자들을 상징하고 있음을 알 수 있습니다.

> "너희는 예언자들의 무덤을 단장하고 성자들의 기념비를 장식해 놓고는 '우리가 조상들 시대에 살았더라면 조상들이 예언자들을 죽이는 데 가담하지 않았을 것이다' 고 떠들어댄다. 이것은 너희가 예언자를 죽인 사람들의 후손이라는 것을 스스로 실토하는 것이다. 그러니 너희 조상들이 시작한 일을 마저 하여라."
> (공동번역/마23:29-32)

아예 주님은 그들의 근원을 뱀과 독사로 비유하여 "뱀들아 독사의 새끼들아"(마23:33)라고 말씀하시며 심판을 이야기하신 것입니다.

이 같은 주님의 말씀을 들으며 깨닫게 되는 것은 불의한 자들이 겉모습을 위장한 채 기독교의 가치를 위장하고 왜곡하며 존재한다는 사실입니다. 우리가 바르게 서 있어야 하는 이유임을 알 수 있습니다.

'겉모습에 현혹되지 말고 그 존재를 볼 수 있는 영적인 분별력이 필요합니다. 우리가 정결해야 하는 이유입니다.'

* Meditatio 묵상
오늘 말씀을 통하여 깨닫게 된 것을 짧게 적어보십시오.

독설(毒舌)3 : 예루살렘아 예루살렘아

* Lexio 읽기 / 마태복음 23:34-24:2
가능하면 오늘의 본문을 먼저 읽는 것이 좋지만 바로 아래 글을 읽어도 좋습니다. 충분히 본문을 이해하도록 배려하며 글을 썼습니다. 혹시 본문을 읽으신 분은 감동이 오는 말씀이나 단어 혹은 느낌을 간단히 적으시면 좋습니다.

"뱀들아 독사의 새끼들아 너희가 어떻게 지옥의 판결을 피하겠
느냐"(마23:33)

예수님의 이 같은 표현이 지나쳐보일지 모르지만 더 위험하고 힘든 부분은 예루살렘에 대한 예언 부분입니다.

"보라 너희 집이 황폐하여 버려진 바 되리라"(마23:38)

주님이 예루살렘 성전의 파괴를 예언한 것입니다. 매우 정확하고 구체적으로 제자들에게 성전을 가리키며 확정(마24:2)하시기까지 합니다. 그렇다면 도대체 예루살렘 성전이 잘못한 것은 무엇입니까? 이런 질문을 던지지 않을 수 없습니다. 물론 23장 전체의 묘사에서 알 수 있지만 특히 35절을 주의할 필요가 있습니다.

"그러므로 의인 아벨의 피로부터 성전과 제단 사이에서 너희가
죽인 바라갸의 아들 사가랴의 피까지 땅 위에서 흘린 의로운 피
가 다 너희에게 돌아가리라"(마23:35)

예루살렘, 성전, 제사가 엄청난 문제를 일으켰다고 주님이 말씀하신 것입니다. 아벨, 제사로 인해 발생한 살인이었습니다. 예루살렘의 문제였습니다.

또 한 가지 주의 깊게 봐야할 것이 "너희가 죽인 바라갸의 아들 사가랴"라는 말인데, 이는 살인이란 표현입니다. 여기서 사가랴는 역대기하 24장에 나오는 "여호와의 전 뜰 안에서 돌로 쳐 죽임"당한 스가랴로 생각할 수 있지만 누가복음 3장에 나오는 세례 요한의 아버지인 제사장 사가랴로 보는 것이 옳습니다. 특히 시제상 "너희가 죽인"이란 표현에서 알 수 있듯이 최근에 벌어진 일임을 암시하기 때문입니다.

실제로 성경은 사가랴를 "하나님 앞에 의인이니 주의 모든 계명과 규례대로 흠이 없이 행하는"(눅1:6) 아비야 반열의 제사장으로 기록하고 있습니다. 그렇다면 일부 신약학자들이 주장하는 것처럼 "성전과 제단 사이에서" 죽인 것은 마치 제단 안에서 하나님이 죽이신 것처럼 꾸몄다는 얘기입니다. 매우 정직하고 바른 사가랴를 제거하는 일이 성전에서 벌어졌다는 말입니다. 예루살렘이 죄악의 근원이 된 것입니다. 성전이, 예배가, 교회가 죄악이 된 것입니다. 예루살렘 성전 붕괴의 이유였습니다.

'성전이 중요한 것입니까? 사람이 중요한 것입니까? 바르지 못한 자들의 교회를 하나님이 기뻐하시겠습니까?'

* Meditatio 묵상
오늘 말씀을 통하여 깨닫게 된 것을 짧게 적어보십시오.

종말론 특강1 : 미혹

* Lexio 읽기 / 마태복음 24:3-5,23-28

가능하면 오늘의 본문을 먼저 읽는 것이 좋지만 바로 아래 글을 읽어도 좋습니다. 충분히 본문을 이해하도록 배려하며 글을 썼습니다. 혹시 본문을 읽으신 분은 감동이 오는 말씀이나 단어 혹은 느낌을 간단히 적으시면 좋습니다.

> "너희가 이 모든 것을 보지 못하느냐 내가 진실로 너희에게 이르
> 노니 돌 하나도 돌 위에 남지 않고 다 무너뜨려지리라"(마24:2)

'예루살렘 성전이 붕괴되어 사라지다.' 그것은 종말을 의미하는 것과 같았습니다. 제자들이 질문하지 않을 수 없었습니다.

> "우리에게 이르소서 어느 때에 이런 일이 있겠사오며 또 주의 임
> 하심과 세상 끝에는 무슨 징조가 있사오리이까"(마24:3)

드디어 주님이 종말론 특강을 제자들에게 하시기 시작했습니다. 그 시작은 미혹에 대한 것이었습니다.

> "너희가 사람의 미혹을 받지 않도록 주의하라 많은 사람이 내 이
> 름으로 와서 이르되 나는 그리스도라 하여 많은 사람을 미혹하리
> 라"(마24:4-5)

"나는 그리스도다." 이것이 미혹의 핵심이라고 주님이 말씀하시면

서 그 어떤 표적을 보이면서 다가오더라도 그리스도가 아님을 강조하셨습니다.

> "그 때에 사람이 너희에게 말하되 보라 그리스도가 여기 있다 혹은 저기 있다 하여도 믿지 말라 거짓 그리스도들과 거짓 선지자들이 일어나 큰 표적과 기사를 보여 할 수만 있으면 택하신 자들도 미혹하리라"(마24:23-24)

오히려 주님은 매우 시각적으로 그리스도의 재림을 예언하셨습니다. 물론 주변의 많은 징조와 현상이 있어야 하겠지만 그 모습을 매우 현실적으로 묘사하셨습니다.

> "그 때에 인자의 징조가 하늘에서 보이겠고 그 때에 땅의 모든 족속들이 통곡하며 그들이 인자가 구름을 타고 능력과 큰 영광으로 오는 것을 보리라"(마24:30)

이 정도로 확인되기 전까지는 믿지 말 것을, 미혹되지 말 것을 요청하신 것입니다. 그러므로 구름타고 오는 것을 직접 보지 않았다면 그는 그리스도가 아닙니다.

'자칭 하나님 혹은 그리스도라 주장하는 이들을 보면서 믿는 것은 무지의 극치입니다. 잊지 마십시오.'

---

* Meditatio 묵상
오늘 말씀을 통하여 깨닫게 된 것을 짧게 적어보십시오.

종말론 특강2 : 불법

* Lexio 읽기 / 마태복음 24:6-22
가능하면 오늘의 본문을 먼저 읽는 것이 좋지만 바로 아래 글을 읽어도 좋습니다. 충분히 본
문을 이해하도록 배려하며 글을 썼습니다. 혹시 본문을 읽으신 분은 감동이 오는 말씀이나
단어 혹은 느낌을 간단히 적으시면 좋습니다.

> "많은 사람이 내 이름으로 와서 이르되 나는 그리스도라 하여 많
> 은 사람을 미혹하리라"(마24:5)

종말의 특징 중에 하나는 스스로 하나님 혹은 그리스도라 주장하는
자들이 등장하는 것입니다. 그것만이 아니라 눈에 보이는 현상으로 난
리와 전쟁 소문 그리고 기근과 지진이 빈번해지나 이것들은 시작의 현
상일 뿐 종말은 아니라고 말씀하셨습니다.

> "난리와 난리 소문을 듣겠으나 너희는 삼가 두려워하지 말라 이
> 런 일이 있어야 하되 아직 끝은 아니니라... 이 모든 것은 재난의
> 시작이니라"(마24:6,8)

그리고 매우 분명하게 종말 곧 "끝"에 대하여 주님이 언급하셨습니
다. 그것은 복음에 대한 이야기였습니다.

> "이 천국 복음이 모든 민족에게 증언되기 위하여 온 세상에 전파

되리니 그제야 끝이 오리라"(마24:14)

여기서 우리가 주의해야 할 매우 중요한 종말의 현상이 하나 더 있습니다. 불법이 성하므로 벌어지는 '사랑 실종 현상'입니다.

"불법이 성하므로 많은 사람의 사랑이 식어지리라"(마24:12)

성경이 말하고 있는 초지일관된 메시지는 종말이 오고 있다는 것입니다. 그리고 종말의 현상은 더욱 깊어질 것이라고 말합니다.

그런데 우리는 오해합니다. 세상이 좋아지고 천년왕국이 올 것 같은 기대를 하는 것입니다. '더 좋아질 것이다.' 이 같은 장밋빛 꿈을 꾸며 삽니다. 하지만 성경은 '그렇지 않다. 종말이 오고 있다.'고 말한다는 사실입니다. 이것을 놓쳐서는 안 됩니다.

그렇다면 이제 우리는 어떻게 살아야 합니까? 주님은 "끝까지 견디는 자"(마24:13)의 삶을 요청하셨습니다. 하나님의 사람으로 끝까지 견디고 걸어가는 삶을 사는 것 말입니다.

'불법이 지배하는 이 세상을 사는 당신의 힘은 주님이 말씀하신 사랑입니까? 그렇습니까?'

* Meditatio 묵상
오늘 말씀을 통하여 깨닫게 된 것을 짧게 적어보십시오.

종말론 특강3 : 그 날과 그 때

* Lexio 읽기 / 마태복음 24:29-43
가능하면 오늘의 본문을 먼저 읽는 것이 좋지만 바로 아래 글을 읽어도 좋습니다. 충분히 본문을 이해하도록 배려하며 글을 썼습니다. 혹시 본문을 읽으신 분은 감동이 오는 말씀이나 단어 혹은 느낌을 간단히 적으시면 좋습니다.

> "그 때에 인자의 징조가 하늘에서 보이겠고 그 때에 땅의 모든 족
> 속들이 통곡하며 그들이 인자가 구름을 타고 능력과 큰 영광으로
> 오는 것을 보리라"(마24:30)

'주님이 다시 오신다!' 이어 주님은 임박한 주님의 재림을 말씀하셨습니다.

> "내가 진실로 너희에게 말하노니 이 세대가 지나가기 전에 이 일
> 이 다 일어나리라"(마24:34)

이 같은 말씀은 당장 이루어지지 않았습니다. 그런 까닭에 자신만 아는 종말론을 주장하는 자들이 많아졌습니다. 그렇다면 왜 주님의 재림은 지연되고 있는 것입니까? 베드로의 대답을 인용하지 않을 수 없습니다.

> "주의 약속은 어떤 이들이 더디다고 생각하는 것 같이 더딘 것이
> 아니라 오직 주께서는 너희를 대하여 오래 참으사 아무도 멸망하

지 아니하고 다 회개하기에 이르기를 원하시느니라"(벧후3:9)

아무도 멸망 받지 않기를 원하시는 주님의 소망이 이미 이루어질 심판의 날을 유보시켰다는 말입니다. 그렇다면 언제 주님이 재림하시는 것입니까? 이 같은 질문에 주님은 매우 명확하게 말씀하셨습니다.

"그 날과 그 때는 아무도 모르나니 하늘의 천사들도, 아들도 모르고 오직 아버지만 아시느니라"(마24:36)

심지어 주님은 "아들도", 예수 그리스도 자신도 모른다는 강력한 표현을 하셨습니다. 그러므로 그 날과 그 때를 적시해서 말하는 자들은 모두가 예외 없이 이단입니다. 오로지 하나님만 아시는 비밀이기 때문입니다. 그렇다면 아무도 알 수 없는 종말을 언급하신 이유는 무엇입니까? 종말론적인 태도를 가지고 살라는 말씀이었습니다. 늘 깨어서 긴장하고 하나님의 사람으로 살 것을 기대하셨기 때문이었습니다. 우리가 놓친 내용입니다.

"깨어 있으라 어느 날에 너희 주가 임할는지 너희가 알지 못함이니라"(마24:42)

'깨어있어야 합니다. 정신 차리고 제대로 된 크리스천으로 살아야 합니다. 아시겠습니까?'

* Meditatio 묵상
오늘 말씀을 통하여 깨닫게 된 것을 짧게 적어보십시오.

....

....

종말론 특강4 : 지금의 문제

* Lexio 읽기 / 마태복음 24:44-51

가능하면 오늘의 본문을 먼저 읽는 것이 좋지만 바로 아래 글을 읽어도 좋습니다. 충분히 본문을 이해하도록 배려하며 글을 썼습니다. 혹시 본문을 읽으신 분은 감동이 오는 말씀이나 단어 혹은 느낌을 간단히 적으시면 좋습니다.

> "그러므로 깨어 있으라 어느 날에 너희 주가 임할는지 너희가 알
>
> 지 못함이니라"(마24:42)

'어느 날에 주님이 오실지 모른다!' 그때부터 사람들의 관심은 "어느 날" 곧 '언제'에 집중되었습니다. 수없이 많은 재림 불발 예언의 경우가 발생했습니다.

지금도 우리는 '언제'에 관심이 있습니다. 마치 전쟁이 나면 미리 어떻게 대처할지를 준비하려는 태도와 같습니다. 사재기를 하듯이 말입니다. 하지만 주님은 이 같은 태도가 잘못되었음을 지적하셨습니다. 다음의 말씀을 읽으면 알 수 있습니다. 도둑이 언제 도둑질하러 올지 모른다고 예를 들면서 이어 하신 말씀입니다.

> "이러므로 너희도 준비하고 있으라 생각하지 않은 때에 인자가
>
> 오리라"(마24:44)

좀 더 자세히 주님은 설명을 덧붙이셨습니다. 주인이 종에게 집안일을 맡겼는데 그 종은 악한 종이어서 "주인이 더디 오리라"(마24:48) 생각하고 자기 마음대로 먹고 마시고 즐기고 산 이야기였습니다. 그런데 주님이 "생각하지 않은 날 알지 못하는 시각에"(마24:50) 오신 것입니다.

어쩌면 악한 종은 여전히 주인이 돌아오는 날을 예측하지 못한 것을 억울해할지 모릅니다. 우리는 늘 이렇게 생각합니다.

하지만 중요한 것은 '그 날'이 언제인가가 아니라 지금입니다. 언제 오실지보다 오늘 지금을 신실하게 사는 것이 중요합니다. 사실 '그 날'이 언제인지는 알 필요도 없습니다. 지금을 하나님의 사람으로 행복하게 살고 있으면 되기 때문입니다. 그래서 주님은 그런 삶의 태도를 가진 종은 복이 있다고 말씀하신 것입니다.

"어떻게 하여야 그 종이 과연 충성스럽고 슬기로운 종이겠느냐?
주인이 돌아올 때에 자기 책임을 다하고 있다가 주인을 맞이하는
종이 아니겠느냐? 그런 종은 행복하다."(공동번역/마24:45~46)

'지금 주님과 함께 동행 하는 신실한 삶의 추구가 즐거우십니까? 그러면 됐습니다. '언제'가 '그 날'인지는 중요하지 않습니다.'

* Meditatio 묵상
오늘 말씀을 통하여 깨닫게 된 것을 짧게 적어보십시오.

_____

_____

종말론 특강5 : 기다림의 행복

* Lexio 읽기 / 마태복음 25:1-13
가능하면 오늘의 본문을 먼저 읽는 것이 좋지만 바로 아래 글을 읽어도 좋습니다. 충분히 본문을 이해하도록 배려하며 글을 썼습니다. 혹시 본문을 읽으신 분은 감동이 오는 말씀이나 단어 혹은 느낌을 간단히 적으시면 좋습니다.

> "그 때에 천국은 마치 등을 들고 신랑을 맞으러 나간 열 처녀와
> 같다 하리니"(마25:1)

유대 풍습을 볼 때 열 처녀는 신부의 들러리로 보입니다. 신부를 위하여 신랑을 기다리는 역할을 하였습니다. 언제 올지 모르는 신랑을 기다리면서 등불을 들고 마중나간 것입니다. 그런데 신랑이 더디 왔습니다. 기다리던 열 처녀는 모두 졸며 잠이 듭니다. 당연한 일이었습니다.

> "신랑이 더디 오므로 다 졸며 잘새"(마25:5)

그런데 한 밤중에 갑자기 신랑이 나타났습니다. 열 처녀는 등불을 켜고 신랑을 맞이해야 했습니다. 다섯 명의 처녀는 기름을 충분히 준비해 놓은 까닭에 아무런 문제가 없었지만 나머지 다섯 명의 처녀는 등불을 켤 수가 없었습니다. 기름을 준비하지 못한 것이었습니다. 기름을 빌려 달라고 준비한 처녀들에게 부탁하였지만 나눠 줄만큼 충분하지 못했습니다. 어쩔 수 없이 기름을 사러간 사이에 신랑은 나타났고 혼인 잔치

는 시작되었습니다. 그리고 문이 닫힌 것입니다.

> "그들이 사러 간 사이에 신랑이 오므로 준비하였던 자들은 함께
> 혼인 잔치에 들어가고 문은 닫힌지라"(마25:10)

졸고 자는 것은 문제가 되지 않습니다. 중요한 것은 준비하는 것입니다. 기다림의 자세입니다. 주님이 언제 오든 상관없이 사는 것입니다. 그렇다면 주님이 "미련한 자들"이라고 표현한 다섯 처녀는 왜 기름을 준비하지 못한 것입니까? 두말 할 것도 없이 그들은 '언제'에 대해 미리 예측한 것입니다. '언제'가 중요한 것이었을 뿐 '지금'은 중요하지 않았던 것입니다.

들러리들 역시 신부와 마찬가지로 즐거워하고 설렘으로 모든 것을 준비하고 기다려야 하는 것을 놓쳤던 것입니다. 기다림이 즐겁고 행복하다는 것을 몰랐던 것입니다.

분명히 믿음으로 천국에 가는 것은 중요합니다. 하지만 동시에 오늘 여기서 천국을 누릴 수도 있습니다. 그것이 기독교입니다. 그런데 우리는 그것을 자주 놓칩니다.

'여유 있게 사십시오. 여유 있게 주를 사랑하십시오. 여유 있게, 넉넉하게 주님을 위해 살아가십시오.'

* Meditatio 묵상
오늘 말씀을 통하여 깨닫게 된 것을 짧게 적어보십시오.

종말론 특강6 : 태도

* Lexio 읽기 / 마태복음 25:14-30
가능하면 오늘의 본문을 먼저 읽는 것이 좋지만 바로 아래 글을 읽어도 좋습니다. 충분히 본문을 이해하도록 배려하며 글을 썼습니다. 혹시 본문을 읽으신 분은 감동이 오는 말씀이나 단어 혹은 느낌을 간단히 적으시면 좋습니다.

> "또 어떤 사람이 타국에 갈 때 그 종들을 불러 자기 소유를 맡김과 같으니 각각 그 재능대로 한 사람에게는 금 다섯 달란트를, 한 사람에게는 두 달란트를, 한 사람에게는 한 달란트를 주고 떠났더니"(마25:14-15)

소위 달란트 비유입니다. 주인이 세 명의 종들에게 금 다섯 달란트, 두 달란트 그리고 한 달란트를 주고 떠납니다. 그렇게 주인으로부터 달란트를 받은 종들 중 다섯 달란트 받은 종은 그 즉시로 장사하여 다섯 달란트를 남겼습니다. 두 달란트 받은 종도 그렇게 하였습니다. 문제는 한 달란트를 받은 종이었습니다. 그는 그 돈을 땅에 파묻고 주인이 올 때까지 아무런 행동도 하지 않은 것입니다.

드디어 돌아온 주인은 결과를 물었습니다. 나름대로 다섯 달란트와 두 달란트를 남긴 종들에게는 "충성"(마25:21,23)되다고 말씀하시며 자신의 즐거움으로 초청합니다. 반면에 아무 것도 하지 않은 한 달란트 받은 종에게는 "무익한 종"이라고 하시며 "바깥 어두운 데로"(마25:30) 내쫓습니다.

주님의 종말론 특강 중 이 이야기의 핵심은 무엇입니까? 그것을 알기 위하여 다섯 달란트와 두 달란트 남긴 종들을 칭찬하신 주님의 말씀에 집중할 필요가 있습니다.

> "그 주인이 이르되 잘하였도다 착하고 충성된 종아 네가 적은 일
> 에 충성하였으매 내가 많은 것을 네게 맡기리니 네 주인의 즐거
> 움에 참여할지어다"(마25:21)

주인은 재미있게도 "적은 일"이라고 표현하였습니다. 금 다섯 달란트와 두 달란트는 나름 큰 액수인데 "적은 일"이라고 한 이유는 그 돈이 종들의 것이 아니기 때문이었습니다. 그것이 불어나도 그들의 것이되지 않기 때문입니다. 한 달란트 받은 종이 게을렀던 이유일지 모릅니다. 그런데 다섯 달란트와 두 달란트 받은 종은 자신의 일처럼 생각한 것입니다. 주인의 일이 자신들의 일이었던 것입니다.

행복한 삶, 행복한 청지기, 얼마나 많이 남겼느냐가 아니라 어떤 태도를 가졌느냐에 주님은 집중하시는 것입니다. 종말의 삶을 어떻게 살 것인지 그 대답이 보이는 부분입니다.

'주님의 일에 대한 나의 태도는 어떻습니까?'

* Meditatio 묵상

오늘 말씀을 통하여 깨닫게 된 것을 짧게 적어보십시오.

종말론 특강7 : 적극적인 선

* Lexio 읽기 / 마태복음 25:31-40

가능하면 오늘의 본문을 먼저 읽는 것이 좋지만 바로 아래 글을 읽어도 좋습니다. 충분히 본문을 이해하도록 배려하며 글을 썼습니다. 혹시 본문을 읽으신 분은 감동이 오는 말씀이나 단어 혹은 느낌을 간단히 적으시면 좋습니다.

"인자가 자기 영광으로 모든 천사와 함께 올 때에 자기 영광의 보좌에 앉으리니 모든 민족을 그 앞에 모으고 각각 구분하기를 목자가 양과 염소를 구분하는 것 같이 하여"(마25:31-32)

'목자가 양과 염소를 구분하듯이 악인과 의인을 구분하는 날이 온다!' 이 본문이 말하고 있는 내용입니다.

"그들은 영벌에, 의인들은 영생에 들어가리라"(마25:46)

그렇다면 '어떻게 구분 하는가?'의 질문이 생깁니다. 그런 점에서 볼 때 주님이 하신 그 구분 방법이 좀 이상합니다. 천국에 들어가는 의인을 구분하는 방법 말입니다.

"내가 주릴 때에 너희가 먹을 것을 주었고 목마를 때에 마시게 하였고 나그네 되었을 때에 영접하였고 헐벗었을 때에 옷을 입혔고 병들었을 때에 돌보았고 옥에 갇혔을 때에 와서 보았느니라"

(마25:35-36)

이해가 되지만 이해가 안 됩니다. 왜냐하면 여기서 '나'는 예수 그리스도가 아니라 "내 형제 중에 지극히 작은 자"(마25:40)라고 말씀하시기 때문입니다. 그러니까 작고 보잘 것 없는 그 "작은 자"들과 예수님 자신을 동일시한 것입니다. 그래서 의인들 역시 '저희들이 언제 주님을 도왔습니까?'라고 반문했던 것입니다.

사실 바울도 매우 당황했던 부분입니다. 다메섹 도상에서 예수님을 만났을 때였습니다. 그때 바울 역시 같은 소리를 듣습니다.

"사울아 사울아 네가 왜 나를 박해하느냐"(행22:7)

직접 예수를 박해한 적이 없는 바울은 당황할 수밖에 없었을 것입니다. 하지만 주님은 자신과 크리스천을 동일시하신 것이었습니다. 그렇다면 종말의 시대에 주님을 위해 사는 것은 의외로 쉬울 수 있습니다. 이 세상의 고통 당하는 이들을 돕는 것이 주님을 사랑하는 방법일 수 있기 때문입니다. 참 기막힌 일입니다.

'그렇다면 보이는 예수이신 이웃, "작은 자"들에 대한 나의 태도는 어떻습니까?'

* Meditatio 묵상
오늘 말씀을 통하여 깨닫게 된 것을 짧게 적어보십시오.

종말론 특강8 : 무관심의 악

* Lexio 읽기 / 마태복음 25:41-46
가능하면 오늘의 본문을 먼저 읽는 것이 좋지만 바로 아래 글을 읽어도 좋습니다. 충분히 본
문을 이해하도록 배려하며 글을 썼습니다. 혹시 본문을 읽으신 분은 감동이 오는 말씀이나
단어 혹은 느낌을 간단히 적으시면 좋습니다.

> "주여 우리가 어느 때에 주께서 주리신 것을 보고 음식을 대접하
> 였으며 목마르신 것을 보고 마시게 하였나이까 어느 때에 나그네
> 되신 것을 보고 영접하였으며 헐벗으신 것을 보고 옷 입혔나이까
> 어느 때에 병드신 것이나 옥에 갇히신 것을 보고 가서 뵈었나이
> 까"(마25:37-39)

의인들은 무슨 대가를 바라고 섬긴 것이 아니었습니다. 하지만 그들
은 돌보는 일을 게을리 하지 않았습니다. 당연한 일처럼 여겼습니다.
그것이 주님을 섬기는 것이었습니다.

이어진 주님의 말씀은 사실 좀 긴장해서 주의할 필요가 있습니다. 심
판과 형벌의 문제이기 때문입니다. 자세히 읽어보십시오.

> "저주를 받은 자들아 나를 떠나 마귀와 그 사자들을 위하여 예비
> 된 영원한 불에 들어가라 내가 주릴 때에 너희가 먹을 것을 주지
> 아니하였고 목마를 때에 마시게 하지 아니하였고 나그네 되었을

때에 영접하지 아니하였고 헐벗었을 때에 옷 입히지 아니하였고
병들었을 때와 옥에 갇혔을 때에 돌보지 아니하였느니라"

(마25:41-43)

이 말씀을 들은 이들이 '언제 돌보지 않았느냐'고 주님께 강력하게 항
의하였습니다. 그런데 주님의 대답은 의외로 간단하였습니다.

"이 지극히 작은 자 하나에게 하지 아니한 것이 곧 내게 하지 아
니한 것이니라"(마25:45)

긴장이 되는 말씀입니다. 왜냐하면 "작은 자" 곧 옥에 갇히고, 가난
하고, 병들고, 아파하는 자들을 돌보지 않는 것이 일반적이기 때문입니
다. 우리 역시 그리 심각하게 생각하지 않고 살기 때문입니다. 그런데
주님은 자신을 그들과 동일시하고 계시기 때문입니다.

더 긴장해야 하는 이유는 만일 눈에 보이는 예수가 있었다면 반드시
도왔을 것이기 때문입니다. 우리의 지식과 이성으로 넘어서는 지점에
예수 그리스도가 있었던 것입니다. 우리의 무관심의 영역에 말입니다.

'예수가 보이십니까? 작은 자 예수가 보이십니까?'

* Meditatio 묵상
오늘 말씀을 통하여 깨닫게 된 것을 짧게 적어보십시오.

- -

- -

긴장의 신앙

* Lexio 읽기 / 마태복음 26:1–5,14–16

가능하면 오늘의 본문을 먼저 읽는 것이 좋지만 바로 아래 글을 읽어도 좋습니다. 충분히 본문을 이해하도록 배려하며 글을 썼습니다. 혹시 본문을 읽으신 분은 감동이 오는 말씀이나 단어 혹은 느낌을 간단히 적으시면 좋습니다.

> "예수께서 이 말씀을 다 마치시고 제자들에게 이르시되 너희가
> 아는 바와 같이 이틀이 지나면 유월절이라 인자가 십자가에 못
> 박히기 위하여 팔리리라 하시더라"(마26:1-2)

예수님이 종말론 특강을 마치신 후 하신 예언은 '십자가에 못 박히기 위하여 팔릴 것'에 대한 것이었습니다.

그런데 기막힌 것은 이 엄청난 종말에 대한 가르침이 선포되고 십자가와 구원에 대한 이야기가 전해지고 있어도 어떤 이들에게는 아무런 의미가 없었습니다. 그들은 오직 자기 자신들만을 보고 있었습니다.

> "그 때에 대제사장들과 백성의 장로들이 가야바라 하는 대제사장
> 의 관정에 모여 예수를 흉계로 잡아 죽이려고 의논하되"(마26:3-4)

사람들을 살리기 위하여 하나님의 대리자로 부름 받은 대제사장의 관정에서 '사람을 죽이는 음모'가 벌어지고 있는 것은 그 자체로 기막힌

일입니다. 악을 통제할 수 없는 지경에 이미 이른 것이었습니다.

그런데 더 기막힌 것은 거룩해 보이는 종교를 가면으로 쓰고 악을 행하는 그들과 달리 놀랍게도 예수님 곁에 있는 악 때문입니다. 가룟 유다의 경우처럼 말입니다.

> "그 때에 열둘 중의 하나인 가룟 유다라 하는 자가 대제사장들에
> 게 가서 말하되 내가 예수를 너희에게 넘겨 주리니 얼마나 주려
> 느냐"(마26:14-15)

악의 경계선은 없습니다. 예수의 제자가 예수를 무너뜨리는 칼로 나타난 것을 보면 알 수 있듯이 말입니다.

오늘날도 마찬가지입니다. 무너지고 있는 교회와 목사들의 위기, 교회의 지도자들과 세상에서 근사하게 보였던 크리스천 지도자들의 붕괴에서 보듯이 악의 침투 경계는 없습니다. 자신할 수 없는 이유입니다.

'"깨어 있으라"(마25:13) 주님이 하신 말씀입니다. 준비하고, 깨어서 늘 긴장해야 합니다. 긴장을 잃은 교회와 크리스천은 언제 붕괴될지 모르기 때문입니다.'

* Meditatio 묵상
오늘 말씀을 통하여 깨닫게 된 것을 짧게 적어보십시오.

누구와 아무

* Lexio 읽기 / 마태복음 26:6-13
가능하면 오늘의 본문을 먼저 읽는 것이 좋지만 바로 아래 글을 읽어도 좋습니다. 충분히 본
문을 이해하도록 배려하며 글을 썼습니다. 혹시 본문을 읽으신 분은 감동이 오는 말씀이나
단어 혹은 느낌을 간단히 적으시면 좋습니다.

> "예수께서 베다니 나병환자 시몬의 집에 계실 때에 한 여자가 매
> 우 귀한 향유 한 옥합을 가지고 나아와서 식사하시는 예수의 머
> 리에 부으니"(마26:6-7)

매우 돌발적인 상황이었습니다. 그것도 매우 귀하고 값진 향유를 예
수님의 머리에 부었기 때문입니다. '허비'로 보였습니다. 살짝만 뿌려도
될 일이었으니까 당연한 반응이었습니다.

어떤 제자들은 가난한 자들을 들먹였습니다. 요한복음은 그를 가룟
유다라 지칭하고 있습니다(요12:4). 그렇다할지라도 그 얘기는 매우 설
득력 있었습니다. 분명 허비였습니다.

그러나 더 이상한 것은 예수님의 반응이었습니다. 가난한 자들은 언
제든지 도와줄 수 있다는 말씀을 하신 것도 이상했지만 이어지는 말이
이상했습니다. 대단한 칭찬을 덧붙이셨기 때문입니다.

"이 여자가 내 몸에 이 향유를 부은 것은 내 장례를 위하여 함이
니라 내가 진실로 너희에게 이르노니 온 천하에 어디서든지 이
복음이 전파되는 곳에서는 이 여자가 행한 일도 말하여 그를 기
억하리라 하시니라"(마26:12-13)

그 여인의 행위는 우연히 벌어진 것이 아니라 매우 의도적으로 예수
님의 장례를 상징하는 것이었다고 주님이 보신 것입니다. 아무도 눈치
채지 못하고 있던 상황에서 그 여인은 예수님의 죽음을 알고 있었던 것
입니다. 열두 제자와도 달리 예수님을 깊이 알고 있는 사람이었던 것입
니다.

조금만 주의하면 이런 사람들은 한 둘이 아닙니다. 예루살렘 입성 때
나귀를 준비한 사람 '누구'(마21:2-3), 유월절 만찬 자리를 미리 준비한
사람 '아무'(마26:18)와 같은 사람들 말입니다. 예수님의 이름 없는 사
람들 말입니다.

오늘날도 있습니다. 드러나 있는 크리스천이 아니라 드러나지 않은
하나님의 사람들 말입니다. 그 아름다운 사람들 말입니다.

"'누구'이든 '아무'이든 하나님의 사람이 있다는 것이 힘이 되지 않습
니까?'

* Meditatio 묵상
오늘 말씀을 통하여 깨닫게 된 것을 짧게 적어보십시오.

- -

- -

나를 믿을 수 없다

* Lexio 읽기 / 마태복음 26:17-24
가능하면 오늘의 본문을 먼저 읽는 것이 좋지만 바로 아래 글을 읽어도 좋습니다. 충분히 본
문을 이해하도록 배려하며 글을 썼습니다. 혹시 본문을 읽으신 분은 감동이 오는 말씀이나
단어 혹은 느낌을 간단히 적으시면 좋습니다.

> "성안 아무에게 가서 이르되 선생님 말씀이 내 때가 가까이 왔으
> 니 내 제자들과 함께 유월절을 네 집에서 지키겠다 하시더라 하
> 라"(마26:18)

예수님에게는 숨어있는 사람들이 있었습니다. 완벽하게 예수님께 속
해있는 사람들이었습니다. 비록 "아무"라고 표현되고 있지만 예수의
사람들이었습니다.

"아무"가 준비해놓은 자리에서 제자들이 유월절 만찬을 하게 되었
습니다. 그 자리에서 하신 예수님의 말씀은 예수의 십자가 이후 사명
과 전략에 대한 것이 아니었습니다. 비극적인 배신에 대한 이야기였습
니다.

> "그들이 먹을 때에 이르시되 내가 진실로 너희에게 이르노니 너
> 희 중의 한 사람이 나를 팔리라"(마26:21)

당연히 가룟 유다를 지칭하는 것이었습니다. 정확하게 주님은 "나와 함께 그릇에 손을 넣는 그"(마26:23)라고 말씀하셨습니다.

나머지 제자들은 그 말씀의 뜻을 잘 몰랐던 것 같습니다. 오히려 마치 자신이 예수를 팔려했던 것이 들킨 것처럼 반응하였습니다.

"그들이 몹시 근심하여 각각 여짜오되 주여 나는 아니지요"
(마26:22)

제자들이 이렇게 반응한 것은 그들 역시 예수를 팔 수 있다는 것을 반증하는 것인지도 모르겠습니다. 그것이 너무 지나친 해석이라면 최소한 그들 역시 자기 자신을 믿을 수 없다는 것을 시인한 것이라 할 수 있습니다.

'믿을 수 없다.'

그 믿을 수 없는 사건은 아시다시피 베드로의 예수 부인과 저주, 제자들의 줄행랑 사건 등을 통해서 증명됩니다. 그런 까닭에 지금 예수님의 질문에 스스로 근심하는 것은 정직한 반응이었습니다.

'정직하게 자신을 돌아보십시오. 이 제자들의 근심이 우리에게도 있지 않습니까?'

* Meditatio 묵상
오늘 말씀을 통하여 깨닫게 된 것을 짧게 적어보십시오.

나는 아니지요?

* Lexio 읽기 / 마태복음 26:25-30

가능하면 오늘의 본문을 먼저 읽는 것이 좋지만 바로 아래 글을 읽어도 좋습니다. 충분히 본문을 이해하도록 배려하며 글을 썼습니다. 혹시 본문을 읽으신 분은 감동이 오는 말씀이나 단어 혹은 느낌을 간단히 적으시면 좋습니다.

"그들이 몹시 근심하여 각각 여짜오되 주여 나는 아니지요 대답
하여 이르시되 나와 함께 그릇에 손을 넣는 그가 나를 팔리라"

(마26:22-23)

"주여 나는 아니지요"라고 묻는 제자들의 물음에 예수님은 유다를
지목하여 대답을 하셨습니다. 그런데 유다가 물었습니다. "나는 아니
지요?"

"예수를 파는 유다가 대답하여 이르되 랍비여 나는 아니지요 대
답하시되 네가 말하였도다 하시니라"(마26:25)

얼핏 읽으면 예수님이 애매모호하게 대답하신 것처럼 보입니다. 하
지만 "네가 말하였도다"는 주님의 표현은 매우 분명한 긍정의 표현
이었습니다. 그런 까닭에 오해를 살 수 있는 개역성경의 번역과 달리
NIV는 "Yes, it is you."라고 번역했습니다. '그래 바로 너다.'

이런 점을 볼 때 현대인의 성경이 실감나게 번역했습니다.

"그때 예수님을 팔아넘길 유다가 '선생님, 저입니까?' 하고 묻자
예수님은 '그렇다.' 하고 대답하셨다."(현대인의성경/마26:25)

유월절 만찬은 계속 되었습니다. 여전히 유다는 거기에 있었습니다.

"그들이 먹을 때에 예수께서 떡을 가지사 축복하시고 떼어 제자
들에게 주시며 이르시되 받아서 먹으라 이것은 내 몸이니라"
(마26:26)

예수님이 말씀하시고 건넨 바로 그 떡을 유다가 받습니다.

"예수께서... 조각을 적셔서 가룟 시몬의 아들 유다에게 주시니
조각을 받은 후 곧 사탄이 그 속에 들어간지라"(요13:26-27)

마지막 기회였습니다. 마지막까지 주님은 유다를 붙잡고 계셨던 것입
니다. 그런데 유다는 예수를 받아들일 수 없었습니다. 아, 아쉽습니다.

'유다의 지경까지 이르지 마십시오. 매일 깨어있어야 합니다. 꼭 그
리해야 합니다.'

* Meditatio 묵상
오늘 말씀을 통하여 깨닫게 된 것을 짧게 적어보십시오.

인간적이신 주님

* Lexio 읽기 / 마태복음 26:31-38
가능하면 오늘의 본문을 먼저 읽는 것이 좋지만 바로 아래 글을 읽어도 좋습니다. 충분히 본
문을 이해하도록 배려하며 글을 썼습니다. 혹시 본문을 읽으신 분은 감동이 오는 말씀이나
단어 혹은 느낌을 간단히 적으시면 좋습니다.

> "그 때에 예수께서 제자들에게 이르시되 오늘 밤에 너희가 다 나
> 를 버리리라 기록된 바 내가 목자를 치리니 양의 떼가 흩어지리
> 라 하였느니라"(마26:31)

"너희가 다 나를 버리리라" 주님은 제자들로부터 버림받을 것에 대
해 알고 계셨습니다. 하지만 그 흔한 배신감으로 휩싸이지 않았습니다.
그 얄팍한 절망감에 사로잡히지도 않았습니다.

베드로가 큰 소리쳤습니다. "모두 버릴지라도"(마26:33) 이처럼 자신
은 절대로 버리지 않겠노라고 외치는 소리를 들으면서도 모든 것을 알
고 계신 주님이 그 벌어질 진실을 말하지만 낙심하시지 않았습니다. 이
어 모든 제자들이 베드로와 같이 소리를 질렀지만 주님은 다 알고 계셨
습니다. 그들의 배신을 알고 계셨습니다.

그리고 점차 결정적인 순간이 다가오고 있었습니다. 모든 것이 무너
져버리는 순간, 심지어 사랑하던 사람들, 제자들까지 버리고 떠나는 비

참함의 순간 말입니다.

그때 찾아온 외로움, 주님은 제자들과 함께 겟세마네로 나아갔지만 사실 홀로였습니다. 갑자기 외로움이 예수님을 엄습하였습니다. 그것은 슬픔이었습니다.

> "베드로와 세베대의 두 아들을 데리고 가실새 고민하고 슬퍼하사
> 이에 말씀하시되 내 마음이 매우 고민하여 죽게 되었으니 너희는
> 여기 머물러 나와 함께 깨어 있으라"(마26:37-38)

당황스럽습니다. 하나님이신 예수님의 외로움이기 때문입니다. 그래서 다행이기도 합니다. 우리와 같은 괴로움과 외로움이 보이기 때문입니다. 지극히 인간적인 하나님이시기 때문입니다.

사실 인간적이라는 말은 하나님적이라는 말과 같다고 봐야 합니다. 우리의 인간됨은 하나님의 형상됨에 기초하기 때문입니다. 우리의 슬픔과 눈물과 기쁨과 감격은 하나님이 가지신 성품이라는 말이기 때문입니다. 그래서 지금 우리의 외로움이 우리의 문제로 끝나지 않는 것입니다.

'주님이 인간적이라는 사실이 얼마나 좋습니까? 우리를 알고 계시다는 말이니까 말입니다.'

* Meditatio 묵상
오늘 말씀을 통하여 깨닫게 된 것을 짧게 적어보십시오.

- -

- -

한 시간의 영성

* Lexio 읽기 / 마태복음 26:36-40
가능하면 오늘의 본문을 먼저 읽는 것이 좋지만 바로 아래 글을 읽어도 좋습니다. 충분히 본문을 이해하도록 배려하며 글을 썼습니다. 혹시 본문을 읽으신 분은 감동이 오는 말씀이나 단어 혹은 느낌을 간단히 적으시면 좋습니다.

- -

- -

> "베드로가 이르되 내가 주와 함께 죽을지언정 주를 부인하지 않
> 겠나이다 하고 모든 제자도 그와 같이 말하니라"(마26:35)

베드로와 제자들은 이렇게 소리쳤지만 그들은 실제 아무 것도 할 수 없는 존재들이었습니다. 앞으로 읽겠지만 그들은 주를 부인하고 저주하고 도망쳤습니다.

그렇다면 그들은 자신들이 그렇게 행동할 것을 몰랐을까요? 물론 몰랐을지 모릅니다. 그들은 분명 진정성 있게 고백했을 것입니다. 그것만큼은 주님이 알고 계셨으리라 생각합니다.

겟세마네, 그곳에서 죽을 만큼 괴로움으로 기도할 때 주님 곁에는 제자들이 있었습니다. 그 주님의 기도소리가 그들을 힘들게 하였을 것입니다.

> "고민하고 슬퍼하사... 내 마음이 매우 고민하여 죽게 되었으니

너희는 여기 머물러 나와 함께 깨어 있으라"(마26:37-38)

분명히 제자들은 그 주님의 아픔과 처절함에 함께 하고 싶었을 것입니다. 하지만 그들은 참여할 수 없었습니다. 그 처절한 예수 앞에서 그들은 곧 잠에 빠져들었습니다.

"제자들에게 오사 그 자는 것을 보시고 베드로에게 말씀하시되
너희가 나와 함께 한 시간도 이렇게 깨어 있을 수 없더냐"(마26:40)

"한 시간도" 깨어 있을 수 없는 모습, 그것이 제자들이었습니다. 여전히 제자들은 주를 부인하지 않고 주님과 함께 죽을 수 있을 것이라 생각하고 있는지 모르겠습니다. 하지만 "한 시간도" 깨어있지 못하는 지금의 모습은 미래를 예측할 수 있는 것이었습니다.

'지금의 모습'은 나의 미래를 예측할 것입니다. "한 시간도" 깨어있지 못하는 영성은 비참한 저주와 부인 그리고 도망침으로 나타날 것이기 때문입니다. 그러므로 지금 나는 어떤 존재인지를 찬찬히 살펴볼 필요가 있습니다.

'나는 지금 어떤 모습의 크리스천입니까? 한 시간이라도 주님과 함께할 영성을 갖고 계십니까?'

* Meditatio 묵상
오늘 말씀을 통하여 깨닫게 된 것을 짧게 적어보십시오.

주를 위해 살 수 있을까

* Lexio 읽기 / 마태복음 26:40-46

가능하면 오늘의 본문을 먼저 읽는 것이 좋지만 바로 아래 글을 읽어도 좋습니다. 충분히 본
문을 이해하도록 배려하며 글을 썼습니다. 혹시 본문을 읽으신 분은 감동이 오는 말씀이나
단어 혹은 느낌을 간단히 적으시면 좋습니다.

"너희가 나와 함께 한 시간도 이렇게 깨어 있을 수 없더냐"

(마26:40)

'깨어 있을 수 없다.' 이것이 제자들이었습니다. 우리의 착각이 깨지
는 지점이기도 합니다.

쉽게 말해서 우리가 오늘을 살면서 '한 시간이라도' 깨어 있을 수 있
는가, 하나님의 사람답게 절제하고 견디고 이기며 살아가고 있는가를
보면 자신이 어떤 크리스천인지 알 수 있기 때문입니다.

'의지'의 문제가 아니었습니다. 그들의 마음은 강력하였습니다. 주
님도 그것은 인정하였습니다. 그들의 진정성은 의심하지 않았습니다.

"시험에 들지 않게 깨어 기도하라 마음에는 원이로되 육신이 약
하도다"(마26:41)

분명히 마음은 원하고 있었습니다. 하지만 그들의 의지, 곧 마음, 그들의 생각은 그들의 육체를 지배할 만큼 강력하지가 않았습니다. 나약하게 길들여진 세속화된 육체였던 것입니다.

주님은 제자들이 자는 것을 보시고 깨어 기도하기를 요청하셨지만 여전히 마찬가지였습니다. "한 시간도" 깨어있을 수 없었습니다. 그리고 다시 찾아왔을 때였습니다. 그들은 또 자고 있었습니다. 그런데 주님의 반응이 애틋했습니다.

> "다시 오사 보신즉 그들이 자니 이는 그들의 눈이 피곤함일러라"
> (마26:43)

이것이 제자들의 모습이자 바로 우리의 모습이고, 이 분이 바로 우리들의 주님이십니다.

우리는 준비되고 훈련되어야 합니다. 왜냐하면 결정적인 순간에 우리는 비참한 존재가 될 수 있기 때문입니다. 그래서 지금이 중요합니다. 내가 어느 정도 준비된 존재인지 알 수 있기 때문입니다. 정말 주를 위해 살 수 있는지 지금을 보면 알 수 있기 때문입니다.

'주를 위해 살 수 있겠습니까? 가능할 것 같습니까?'

* Meditatio 묵상
오늘 말씀을 통하여 깨닫게 된 것을 짧게 적어보십시오.

....

....

기막히신 주님

* Lexio 읽기 / 마태복음 26:47-56
가능하면 오늘의 본문을 먼저 읽는 것이 좋지만 바로 아래 글을 읽어도 좋습니다. 충분히 본문을 이해하도록 배려하며 글을 썼습니다. 혹시 본문을 읽으신 분은 감동이 오는 말씀이나 단어 혹은 느낌을 간단히 적으시면 좋습니다.

> "이에 제자들에게 오사 이르시되 이제는 자고 쉬라 보라 때가 가
> 까이 왔으니 인자가 죄인의 손에 팔리느니라 일어나라 함께 가자
> 보라 나를 파는 자가 가까이 왔느니라"(마26:45-46)

자고 있었던 제자들, 도무지 신뢰할 수 없었던 제자들에게 하신 주님의 말씀은 "함께 가자"였습니다. 주님은 무너져 내렸고 고작 한 시간도 깨어있지 못한 제자들을 포기한 적이 없었던 것입니다. 참 기막힌 일입니다.

드디어 가룟 유다가 대제사장들과 군사를 이끌고 왔을 때였습니다. 유다가 예수의 입을 맞추면 체포하는 것으로 약속되어 있었습니다. 그런데 바로 그때 예수님이 기막히게 유다를 대하셨습니다.

> "친구여 네가 무엇을 하려고 왔는지 행하라"(마26:50)

예수에게 유다는 여전히 친구였습니다. 지금이라도 유다는 돌아올

수 있었던 것입니다. 참 기막힌 일입니다.

그 상황에서 "예수와 함께 있던 자 중의 하나"(마26:51), 곧 베드로가 칼을 들어 내리쳤는데 대제사장의 종 말고의 귀가 베입니다(요18:10). 순식간의 일이었습니다. 그때에도 주님은 놀랍게 반응하셨습니다.

> "대제사장의 종을 쳐 그 오른쪽 귀를 떨어뜨린지라... 그 귀를 만 져 낫게 하시더라"(눅22:50-51)

뿐만 아니라 이어지는 말씀이 기막혔습니다.

> "네 칼을 도로 칼집에 꽂으라 칼을 가지는 자는 다 칼로 망하느니 라 너는 내가 내 아버지께 구하여 지금 열두 군단 더 되는 천사를 보내시게 할 수 없는 줄로 아느냐"(마26:52-53)

주님의 목적은 심판과 멸망이 아니었습니다. 우리를 대속하는 것이 목적이었습니다. 우리를 살리는 것이 그 분의 존재 이유였습니다. 그런 점에서 지금 예수의 행동은 지극히 당연한 것이었습니다.

'우리를 위해 이렇게 행동하신 분이 우리 주님이란 사실이 기막히지 않습니까?'

* Meditatio 묵상
오늘 말씀을 통하여 깨닫게 된 것을 짧게 적어보십시오.

- -

- -

가볍거나 무지하거나

* Lexio 읽기 / 마태복음 26:57-68
가능하면 오늘의 본문을 먼저 읽는 것이 좋지만 바로 아래 글을 읽어도 좋습니다. 충분히 본문을 이해하도록 배려하며 글을 썼습니다. 혹시 본문을 읽으신 분은 감동이 오는 말씀이나 단어 혹은 느낌을 간단히 적으시면 좋습니다.

"이에 제자들이 다 예수를 버리고 도망하니라"(마26:56)

예수가 체포되는 것을 보면서 제자들은 다 도망쳤습니다. "한 시간도" 같이 기도할 수 없는 제자들의 무게였습니다. 당연한 것이었습니다.

그런데 거기에 소위 수제자로 여겨졌던 베드로가 있었습니다. 하지만 거기에 있었을 뿐 비참한 모습이었습니다. 우리가 "멀찍이" 영성이라고 부르는 모습이었습니다.

"베드로가 멀찍이 예수를 따라 대제사장의 집 뜰에까지 가서 그 결말을 보려고 안에 들어가 하인들과 함께 앉아 있더라"(마26:58)

그 엄청난 모략과 음모의 자리에 있던 베드로. 대제사장과 그들은 예수를 잡아 죽이기 위한 모든 종류의 죄목들을 만드는 작업을 시도하였습니다. 하지만 그들의 증언과 모함은 하나도 증거로서 효과가 없었습니다.

"대사제들과 온 의회는 예수를 사형에 처하려고 그에 대한 거짓 증거를 찾고 있었다. 많은 사람이 와서 거짓 증언을 하였지만 이렇다 할 증거를 얻지 못하였다."(공동번역/마26:59-60)

바로 그 때였습니다. 결정적인 증언을 하였습니다. 그 증언을 한 자는 바로 예수 자신이었습니다. 대제사장이 던진 "네가 하나님의 아들 그리스도"(마26:63)인가 하는 질문에 대한 대답 속에 그 증언이 있었습니다.

"예수께서 이르시되 네가 말하였느니라 그러나 내가 너희에게 이르노니 이 후에 인자가 권능의 우편에 앉아 있는 것과 하늘 구름을 타고 오는 것을 너희가 보리라"(마26:64)

더 이상의 모함도 필요 없었습니다. 예수의 이 말로 충분했습니다. 대제사장은 참람하다고 말하며 옷을 찢었지만 이 말씀은 사실이었던 것입니다. 어쩌면 대제사장을 향한 마지막 은혜였는지도 모릅니다. 그런데 이것을 받아들일만한 존재가 아니었습니다. 애꿎은 옷만 찢은 것이었습니다.

'우리는 베드로처럼 가볍거나 대제사장 가야바처럼 무지합니다. 그렇지 않습니까?'

* Meditatio 묵상
오늘 말씀을 통하여 깨닫게 된 것을 짧게 적어보십시오.

저주에 대한 다른 해석

* Lexio 읽기 / 마태복음 26:69-75
가능하면 오늘의 본문을 먼저 읽는 것이 좋지만 바로 아래 글을 읽어도 좋습니다. 충분히 본문을 이해하도록 배려하며 글을 썼습니다. 혹시 본문을 읽으신 분은 감동이 오는 말씀이나 단어 혹은 느낌을 간단히 적으시면 좋습니다.

> "베드로가 멀찍이 예수를 따라 대제사장의 집 뜰에까지 가서 그
> 결말을 보려고 안에 들어가 하인들과 함께 앉아 있더라"(마26:58)

베드로는 떠날 수 없었습니다. 그래서 겟세마네 동산에서 도망쳤지만 다시 주님이 잡혀간 대제사장 관정으로 온 것입니다. 그렇다고 해서 자신이 누구인지를 밝힐 수 없었던 베드로는 "멀찍이" 있었습니다. "바깥 뜰"에 있었습니다. 그것이 최선이었습니다. 그런데 어떤 여종이 알아본 것입니다.

> "베드로가 바깥 뜰에 앉았더니 한 여종이 나아와 이르되 너도 갈
> 릴리 사람 예수와 함께 있었도다"(마26:69)

다시 그는 예수를 부인하였습니다(마26:69). 그 순간 베드로는 그 자리를 떠나야 했지만 그리하지 못하였습니다. 이상하게도 더 가까이 주님께로 나아갑니다. "바깥 뜰"에서 "앞문"까지 이동한 것입니다. 그것이 실수였습니다. 그를 다른 여종이 확실히 알아본 것입니다. 또 부인

하였던 이유입니다(마26:72).

그런데 그것이 끝이 아니었습니다. 더 많은 증인들이 나왔습니다. 베드로를 예수와 한 패라고 사람들이 외친 것입니다. 꼼짝없이 들통 나는 상황이었습니다. 그때 어쩔 수 없는 비참한 베드로의 발언이 나왔습니다. 저주였습니다.

> "그가 저주하며 맹세하여 이르되 나는 그 사람을 알지 못하노라
> 하니 곧 닭이 울더라"(마26:74)

문맥상 예수를 저주하는 것이 분명했습니다. 사람들도 그리 들었을 것입니다. 하지만 베드로는 자신을 저주하고 있었습니다. 재미있게도 여기서 "저주"로 쓰인 헬라어 단어가 '아나데마티조'이기 때문입니다. 이 단어는 '바로 자신이 저주를 받는다'는 의미를 갖고 있기 때문입니다.

그러니까 그는 부인하는 자신을 바라보며 자신이 저주받기를 자청했던 것입니다. 그런데 닭이 운 것입니다. 그를 용서한다는 주님의 속삭임이었습니다. 그가 "심히 통곡"(마26:75)했던 이유입니다.

'부인하면서 끝까지 좇아가는 베드로가 부러워졌습니다. 그러지 못하는 우리 자신 때문입니다. 그렇지 않습니까?'

* Meditatio 묵상
오늘 말씀을 통하여 깨닫게 된 것을 짧게 적어보십시오.

- -

- -

멋있지만 아쉬운

* Lexio 읽기 / 마태복음 27:1-10
가능하면 오늘의 본문을 먼저 읽는 것이 좋지만 바로 아래 글을 읽어도 좋습니다. 충분히 본
문을 이해하도록 배려하며 글을 썼습니다. 혹시 본문을 읽으신 분은 감동이 오는 말씀이나
단어 혹은 느낌을 간단히 적으시면 좋습니다.

> "새벽에 모든 대제사장과 백성의 장로들이 예수를 죽이려고 함
> 께 의논하고 결박하여 끌고 가서 총독 빌라도에게 넘겨 주니라"
>
> (마27:1-2)

모든 것이 일사천리로 진행되었습니다. 특히 예수의 신성모독 발언
은 분명한 죄목이었기 때문입니다. 곧 예수는 총독 빌라도에게 넘겨졌
습니다. 끝이었습니다.

그때에 유다가 매우 진실하게 "스스로 뉘우쳐" 나옵니다. 자신이 잘
못 판단한 것을 안 것입니다. 유다는 모든 것을 다시 원래로 돌려놓고
싶었습니다.

> "그 때에 예수를 판 유다가 그의 정죄됨을 보고 스스로 뉘우쳐 그
> 은 삼십을 대제사장들과 장로들에게 도로 갖다 주며 이르되 내가
> 무죄한 피를 팔고 죄를 범하였도다 하니"(마26:3-4)

하지만 끝난 상황이었습니다. 그것을 안 유다는 자신이 저지른 이 어

리석은 상황에 책임지고 싶었습니다. 그때 그가 선택할 수 있는 것은 스스로 목숨을 끊는 것이었습니다.

"유다가 은을 성소에 던져 넣고 물러가서 스스로 목매어 죽은지라"(마26:5)

자신의 잘못에 대한 책임이었습니다. 이미 예수님이 알고 계셨습니다. 불쌍했던 것입니다. '가룟 유다!'

"그는 차라리 세상에 태어나지 않았더라면 더 좋을 뻔했다."

(공동번역/마26:24)

어떻게 보면 멋있습니다. 자기의 잘못에 대해 할복자살하듯이 책임을 졌으니까 말입니다. "스스로" 자기의 잘못을 안고 갔으니까 말입니다.

하지만 아쉽습니다. 왜냐하면 유다의 생애에는 예수 그리스도가 없기 때문입니다. 오로지 유다 자신만 존재하기 때문입니다. 혼자, 스스로, 자기 힘으로 살고 죽었으니까 말입니다. 그런 의미에서 "태어나지 않았더라면 더 좋을 뻔" 한 것인지도 모릅니다.

'오로지 예수 그리스도에게 의존하십시오. 그 분 없이 단 하루도 살지 마십시오. 나는 그리 할 것입니다.'

* Meditatio 묵상
오늘 말씀을 통하여 깨닫게 된 것을 짧게 적어보십시오.

제 12 부

아름다운 예수

악 자체가 되다

* Lexio 읽기 / 마태복음 27:11-22

가능하면 오늘의 본문을 먼저 읽는 것이 좋지만 바로 아래 글을 읽어도 좋습니다. 충분히 본문을 이해하도록 배려하며 글을 썼습니다. 혹시 본문을 읽으신 분은 감동이 오는 말씀이나 단어 혹은 느낌을 간단히 적으시면 좋습니다.

> "내가 너희에게 이르노니 이 후에 인자가 권능의 우편에 앉아 있
> 는 것과 하늘 구름을 타고 오는 것을 너희가 보리라"(마26:64)

대제사장들과 유대교 지도자들에게 예수의 이 발언은 견딜 수 없이 참람한 죄였습니다. 다른 죄목들은 의미가 없었습니다. 그런데 그들이 빌라도에게 고소한 죄는 그것이 아니었습니다. 엉뚱한 것들이었습니다.

> "고발하여 이르되 우리가 이 사람을 보매 우리 백성을 미혹하고
> 가이사에게 세금 바치는 것을 금하며 자칭 왕 그리스도라 하더이
> 다"(눅23:2)

그들은 예수를 반 로마주의자로 몰아붙였습니다. 물론 예수는 반 로마주의자가 아니었습니다. 순전히 모함이었습니다. 그리고 "왕 그리스도"라는 죄목을 붙였습니다. 이것은 메시야에 대한 얘기가 아니라 정치적 메시야(그리스도)를 기대하고 있던 음모론을 말하는 것이었습니다.

유월절마다 벌어졌던 반 로마 소요사태처럼 꾸미려 한 것입니다.

갑자기 로마에 우호적인 대제사장과 유대인들의 모습이 이상한 것을 빌라도는 금방 알아차렸습니다. 무죄라는 것이 금방 보였습니다.

"빌라도가 대제사장들과 무리에게 이르되 내가 보니 이 사람에게 죄가 없도다"(눅23:4)

그래서 빌라도가 생각해냈던 것이 유월절 특사 카드였습니다. 흉악한 범죄자 바라바를 내세운 것입니다. 그런데 그들은 바라바를 살리고 예수를 십자가에 못 박으라는 것이었습니다. 음모였습니다. 동원된 것이었습니다.

"그 동안 대사제들과 원로들은 군중을 선동하여 바라빠를 놓아주고 예수는 죽여달라고 요구하게 하였다"(공동번역/마27:20)

십자가에 매달아야 했습니다. 오로지 그 이유 때문이었습니다(참조/하정완, 청년십계명, 나눔사, 38-39쪽).

'이미 그들은 예수가 메시야인 것을 알고 있었던 것으로 보입니다. 십자가에 매달려는 집착에서 알 수 있습니다. 악 자체가 된 것입니다. 주의하셔야 합니다.'

* Meditatio 묵상
오늘 말씀을 통하여 깨닫게 된 것을 짧게 적어보십시오.

빌라도, 타협하는 순간

* Lexio 읽기 / 마태복음 27:23-31
가능하면 오늘의 본문을 먼저 읽는 것이 좋지만 바로 아래 글을 읽어도 좋습니다. 충분히 본
문을 이해하도록 배려하며 글을 썼습니다. 혹시 본문을 읽으신 분은 감동이 오는 말씀이나
단어 혹은 느낌을 간단히 적으시면 좋습니다.

> "빌라도가 이르되 어찜이냐 무슨 악한 일을 하였느냐 그들이 더
> 욱 소리 질러 이르되 십자가에 못 박혀야 하겠나이다 하는지라"
>
> (마27:23)

빌라도는 예수가 죄 없다는 것을 알고 있었습니다. 그들의 음모 역시
눈치 채고 있었습니다. 더욱이 자신의 아내가 꿈 얘기를 한 터라 가능
한 피하고 싶었습니다.

> "총독이 재판석에 앉았을 때에 그의 아내가 사람을 보내어 이르
> 되 저 옳은 사람에게 아무 상관도 하지 마옵소서 오늘 꿈에 내가
> 그 사람으로 인하여 애를 많이 태웠나이다 하더라"(마27:19)

하지만 그들이 막무가내로 지르는 소동 앞에 빌라도는 그들의 말을 받
아들여야 했습니다. 민란이 날 것 같은 기세로 보였기 때문이었습니다.

빌라도는 "나는 무죄하다"(마27:24)고 선언하며 손을 씻고 그 범죄에

서 벗어나고자 하였습니다. 더욱이 이스라엘 백성들이 외치는 함성이 그를 안심하게 했을지도 모릅니다.

> "백성이 다 대답하여 이르되 그 피를 우리와 우리 자손에게 돌릴 지어다"(마27:25)

어떤 이들은 빌라도 역할론을 말하며 빌라도를 옹호하지만 그는 치명적인 잘못을 범한 것입니다. 그는 바른 리더, 재판관이 아니라 불의하더라도 군중을 따라 반응하는 어리석은 리더였습니다. 포퓰리즘의 화신이었습니다. 그런 까닭에 빌라도란 이름은 평생에 붙어 다니는 수치가 됩니다.

> "본디오 빌라도에게 고난을 받으사 십자가에 못 박혀 죽으시고"
> (사도신경 중)

빌라도가 타협하는 순간 더 이상의 선은 존재하지 않았습니다. 예수에게 채찍을 가한 후 넘겨준 이유였습니다.

> "이에 바라바는 그들에게 놓아 주고 예수는 채찍질하고 십자가에 못 박히게 넘겨 주니라"(마27:26)

'끝까지 하나님의 사람으로, 끝까지 믿음을 가진 리더로 살아야 합니다. 끝까지! 아셨습니까?'

* Meditatio 묵상
오늘 말씀을 통하여 깨닫게 된 것을 짧게 적어보십시오.

구레네 시몬, 억지로

* Lexio 읽기 / 마태복음 27:32
가능하면 오늘의 본문을 먼저 읽는 것이 좋지만 바로 아래 글을 읽어도 좋습니다. 충분히 본문을 이해하도록 배려하며 글을 썼습니다. 혹시 본문을 읽으신 분은 감동이 오는 말씀이나 단어 혹은 느낌을 간단히 적으시면 좋습니다.

"나가다가 시몬이란 구레네 사람을 만나매 그에게 예수의 십자가를 억지로 지워 가게 하였더라"(마27:32)

얼핏 보면 구레네 시몬은 재수 없는 사람처럼 보입니다. 우연히 예수를 대신해서 억지로 십자가를 졌으니 말입니다.

구레네 사람 시몬, 구레네는 지중해에서 약 15km 떨어져 있는 지금의 리비아 수도인 트리폴리(Tripoli)의 옛 지명입니다. 그래서 성서학자들은 시몬을 흑인이었을 것이라고 추측합니다.

그런데 기막힌 사실이 있습니다. 마가복음에는 구레네 시몬의 가족에 대하여 말하고 있는데, "알렉산더와 루포의 아버지"(막15:21)라고 표기하고 있습니다. 이 기록은 매우 중요합니다. 로마서에 있는 내용 때문입니다.

"주 안에서 택하심을 입은 루포와 그의 어머니에게 문안하라 그

의 어머니는 곧 내 어머니니라"(롬16:13)

"억지로" 십자가를 진 사건 이후 구레네 시몬과 그의 아내가 예수를 믿은 것으로 보입니다. 그리고 어느 사이엔가 초대교회의 중요한 역할을 하고 있었던 것입니다. 바울이 루포의 어머니, 곧 구레네 시몬의 아내를 어머니처럼 여기고 있으니까 말입니다. 더 놀라운 것은 이것이 "억지로"의 결과라는 사실입니다.

왜 이런 일이 벌어진 것입니까? 억지로였고, 수동적이었는데 말입니다. 가장 큰 이유는 하나님이 살아계시기 때문입니다. 그리고 사실이기 때문입니다.

가만히 보면 우리는 능동적 믿음이 부족합니다. 그럼에도 불구하고 시도할 필요가 있습니다. 구레네 시몬처럼이라도 "억지로"라도 말입니다.

그렇습니다. 이미 무엇이 안 되어도 "억지로"라도 하는 것이 신앙이고, 아름다움입니다. 하나님이 살아계시기 때문입니다. 그 분이 일하시기 때문입니다.

'우리는 완벽한 신앙을 갖고 싶어하지만 누구나 "억지로" 시작합니다. 우리는 근본적인 죄인이기 때문입니다. 그러므로 "억지로"라도 하는 것이 중요합니다. 잊지 마십시오.'

* Meditatio 묵상
오늘 말씀을 통하여 깨닫게 된 것을 짧게 적어보십시오.

저들이 몰랐던 것

* Lexio 읽기 / 마태복음 27:33-43
가능하면 오늘의 본문을 먼저 읽는 것이 좋지만 바로 아래 글을 읽어도 좋습니다. 충분히 본문을 이해하도록 배려하며 글을 썼습니다. 혹시 본문을 읽으신 분은 감동이 오는 말씀이나 단어 혹은 느낌을 간단히 적으시면 좋습니다.

> "그에게 예수의 십자가를 억지로 지워 가게 하였더라 골고다 즉
> 해골의 곳이라는 곳에 이르러"(마27:32-33)

예수의 곁에는 "억지로" 십자가를 짊어진 구레네 시몬만 있었습니다. 베드로, 야고보, 요한 등 모든 제자들이 그의 곁에 있지 않았습니다. 예수는 그렇게 외롭게 십자가에 못 박히셨습니다.

> "그들이 예수를 십자가에 못 박은 후에 그 옷을 제비 뽑아 나누고
> 거기 앉아 지키더라"(마27:35-36)

사람들은 그런 예수 그리스도가 이해되지 않았습니다. 오병이어로 오천 명을 먹이고 모든 병자들을 고쳤으며 심지어 죽은 자도 살리셨던 분이었습니다. 그런데 지금은 자신을 구원하지 못하고 있기 때문입니다. 사람들이 조롱하기 시작하였습니다.

> "지나가는 자들은 자기 머리를 흔들며 예수를 모욕하여 이르되
> 성전을 헐고 사흘에 짓는 자여 네가 만일 하나님의 아들이어든

자기를 구원하고 십자가에서 내려오라"(마27:39-40)

대제사장들과 서기관, 장로들은 자신들이 승리한 것으로 생각했습니다. 마음껏 희롱하였습니다.

"그가 남은 구원하였으되 자기는 구원할 수 없도다 그가 이스라
엘의 왕이로다 지금 십자가에서 내려올지어다 그리하면 우리가
믿겠노라"(마27:42)

그들은 아무런 뜻도 없이 희롱하는 이 같은 말을 던진 것입니다. 그런데 엄청난 말이었습니다.

"남은 구원하였으되 자기는 구원할 수 없도다!" 저들은 모르고 있었습니다. 자신을 "구원할 수 없는 것"이 아니라 스스로 '자신을 구원하지 않은 것'을 몰랐던 것입니다. 오로지 우리를 살리기 위하여, 뿐만 아니라 저들도 살리기 위하여 자신을 구원하지 않은 것을 몰랐던 것입니다.

하지만 주님은 아랑곳하지 않으셨습니다. 기꺼이 우리를 위하여 죽으셨습니다. 우리를 이토록 사랑하신 것입니다.

'주님의 이 사랑을 아는 것 외에 어떤 다른 것을 알고 싶으십니까? 이것으로 충분하지 않습니까?'

* **Meditatio 묵상**
오늘 말씀을 통하여 깨닫게 된 것을 짧게 적어보십시오.

_____

_____

강도가 갑자기

* Lexio 읽기 / 마태복음 27:44
가능하면 오늘의 본문을 먼저 읽는 것이 좋지만 바로 아래 글을 읽어도 좋습니다. 충분히 본문을 이해하도록 배려하며 글을 썼습니다. 혹시 본문을 읽으신 분은 감동이 오는 말씀이나 단어 혹은 느낌을 간단히 적으시면 좋습니다.

> "그가 남은 구원하였으되 자기는 구원할 수 없도다 그가 이스라
> 엘의 왕이로다 지금 십자가에서 내려올지어다 그리하면 우리가
> 믿겠노라"(마27:42)

이 비아냥거림의 현장에 예수와 함께 좌우에 못 박힌 강도들이 있었습니다. 그런데 어이없게도 그들까지 예수를 비웃는 것이었습니다.

> "함께 십자가에 못 박힌 강도들도 이와 같이 욕하더라"(마27:44)

죽음 앞에 겸손 따위는 없었습니다. 그들은 소망 없는 천상 죄인들이었습니다.

그런데 이상한 기록이 다른 복음서에 남아있는데, 저주하고 희롱하던 강도들 중에 하나가 예수를 받아들인 것입니다. 갑자기 말입니다.

> "우리는 우리가 행한 일에 상당한 보응을 받는 것이니 이에 당연

하거니와 이 사람이 행한 것은 옳지 않은 것이 없느니라 하고 이
르되 예수여 당신의 나라에 임하실 때에 나를 기억하소서"

(눅23:41-42)

주님도 지체 없이 이 강도의 구원을 선포하셨습니다.

"예수께서 이르시되 내가 진실로 네게 이르노니 오늘 네가 나와
함께 낙원에 있으리라 하시니라"(눅23:43)

갑작스레 벌어진 일이었습니다. 도대체 무슨 일이 벌어졌길래 그 강
도가 예수를 인정한 것인지 우리는 알 수 없습니다. 하지만 분명한 것
은 그가 처음 저주하던 언어를 거두고 예수를 인정한 것입니다.

'갑자기'

다른 말로는 설명할 방법이 없습니다. 그런데 이런 변화를 보는 우리
도 갑자기 행복해집니다. '변화'가 일어났기 때문입니다. '변화'하였기
때문입니다. 그런 변화를 주님은 자연스럽게 받아들였습니다. 그것이
더 행복하게 합니다.

'행복하지 않습니까? 갑자기 변할 수 있다는 것이 말입니다.'

* Meditatio 묵상
오늘 말씀을 통하여 깨닫게 된 것을 짧게 적어보십시오.

아름다운 예수

* Lexio 읽기 / 마태복음 27:45-56
가능하면 오늘의 본문을 먼저 읽는 것이 좋지만 바로 아래 글을 읽어도 좋습니다. 충분히 본
문을 이해하도록 배려하며 글을 썼습니다. 혹시 본문을 읽으신 분은 감동이 오는 말씀이나
단어 혹은 느낌을 간단히 적으시면 좋습니다.

> "십자가에 못 박고 그 옷을 나눌새 누가 어느 것을 가질까 하여
> 제비를 뽑더라 때가 제삼시가 되어 십자가에 못 박으니라"
>
> (막15:24-25)

"제삼시" 오늘날 시간으로 오전 9시입니다. 예수님은 오전 9시에 십자가에 못 박히시고 매달리셨습니다. 고통은 극심한 것이었습니다. 동시에 앞에서 살핀 것처럼 엄청난 희롱과 모욕은 그 고통에 기름을 붓는 것이었습니다. 이 엄청난 조롱도 이때 이루어진 것이었습니다.

> "그가 남은 구원하였으되 자기는 구원할 수 없도다"(마27:42)

"제육시" 곧 정오 12시가 되었습니다. 어둠이 임하였습니다. 세 시간 동안 이어졌습니다.

> "제육시로부터 온 땅에 어둠이 임하여 제구시까지 계속되더니"
>
> (마27:45)

"제구시" 곧 오후 3시에 예수님이 죽으셨습니다. 죽기 직전 그의 고통은 극한의 것이었습니다. 단순히 육체의 고통과 조롱과 모욕의 문제를 넘어 찾아온 것은 비참함과 버림받음이었습니다.

> "제구시쯤에 예수께서 크게 소리 질러 이르시되 엘리 엘리 라마
> 사박다니 하시니 이는 곧 나의 하나님, 나의 하나님, 어찌하여 나
> 를 버리셨나이까 하는 뜻이라"(마 27:46)

오전 9시부터 오후 3시까지 6시간 동안 주님은 극한의 고통을 당하신 것입니다. '자신을 구할 수 있는 존재'의 내려놓음이었습니다. 그것이 죽음이었습니다.

> "예수께서 다시 크게 소리 지르시고 영혼이 떠나시니라"(마 27:50)

그런데 또 다른 시작이었습니다. 우리를 살리는 완성이었습니다. 그가 저주받아 죽으심으로 우리를 대속하는 것이었습니다. 아름다운 저주였습니다.

'이 아름다운 예수를 사랑하십니까?'

* Meditatio 묵상
오늘 말씀을 통하여 깨닫게 된 것을 짧게 적어보십시오.

그도 제자였다

* Lexio 읽기 / 마태복음 27:57-66
가능하면 오늘의 본문을 먼저 읽는 것이 좋지만 바로 아래 글을 읽어도 좋습니다. 충분히 본문을 이해하도록 배려하며 글을 썼습니다. 혹시 본문을 읽으신 분은 감동이 오는 말씀이나 단어 혹은 느낌을 간단히 적으시면 좋습니다.

"예수께서 다시 크게 소리 지르시고 영혼이 떠나시니라"(마27:50)

'예수가 죽다!' 단순한 죽음이 아니었습니다. 우선 대제사장, 서기관과 장로들, 바리새인들 심지어 사두개인들까지 참여하고 그들에 의해 동원된 유대인 백성들에게마저 버림받은 죽음이었습니다. 사람들은 빌라도 법정에서 벌어졌던 살벌한 상황을 기억하고 있었습니다. 베드로는 그 분위기에 짓눌려 예수를 부인하고 저주까지 하였습니다.

더욱이 예수는 로마에 의해 정치적인 잘못을 저지른 반란음모죄로 처형되었습니다. 그가 매달린 십자가에는 "유대인의 왕 예수"(마27:37)라는 죄패가 붙어 있었습니다. 그런 까닭에 빌라도는 경비병들로 하여금 예수의 무덤을 지키게 하였습니다.

이처럼 살벌한 상황에서 예수를 아는 사람이라고 나타나는 것은 매우 위험한 일이었습니다. 그런데 빌라도에게 찾아간 이가 있었습니다. 아리마대 요셉이었습니다.

그런데 놀라운 사실이 또 있습니다. 그도 예수의 제자였다는 사실입니다. 예수의 숨겨진 제자였는지, 혹은 예수의 비선조직이었는지 모르지만 제자였습니다.

> "저물었을 때에 아리마대의 부자 요셉이라 하는 사람이 왔으니
> 그도 예수의 제자라"(마27:57)

그는 거침없이 빌라도에게 예수의 시체를 요청하였습니다. 그리고 자신이 묻히려고 준비했던 새 무덤(마27:60)에 예수의 시신을 모셨습니다. 성경은 놀랍게도 "그도 예수의 제자라"고 기록하고 있습니다. 도망가고, 숨고, 부인하고, 저주하고, 심지어 팔아넘긴 제자들 앞에 아리마대 요셉 같은 이가 있었습니다. 그도 제자였습니다. 그만이 아니라 또 있었습니다.

> "그 때에 무덤 맞은편에는 막달라 여자 마리아와 다른 마리아가
> 앉아 있었다."(공동번역/마27:61)

막달라 마리아를 비롯한 또 다른 마리아가 있었습니다. 그들도 또 다른 "예수의 제자"라 할 수 있을 것입니다. 그렇지 않습니까?

'진정한 예수의 제자는 이들 중 누구라고 생각하십니까?'

* Meditatio 묵상

오늘 말씀을 통하여 깨닫게 된 것을 짧게 적어보십시오.

평생 부끄러웠을 것이다

* Lexio 읽기 / 마태복음 28:1-10
가능하면 오늘의 본문을 먼저 읽는 것이 좋지만 바로 아래 글을 읽어도 좋습니다. 충분히 본
문을 이해하도록 배려하며 글을 썼습니다. 혹시 본문을 읽으신 분은 감동이 오는 말씀이나
단어 혹은 느낌을 간단히 적으시면 좋습니다.

> "안식일이 다 지나고 안식 후 첫날이 되려는 새벽에 막달라 마리
> 아와 다른 마리아가 무덤을 보려고 갔더니"(마28:1)

물불을 가리지 않는 여인들이었습니다. 누가복음은 좀 더 자세히 설
명하고 있는데, 거기에 막달라 마리아와 요안나와 야고보의 모친 마리
아, 그리고 함께한 몇 명의 여자들(눅24:10)이 있었음을 기록하고 있습
니다.

그들이 갔을 때 예수님은 이미 부활한 상태였고, 그곳을 지키던 경비
병들은 혼비백산한 상태였습니다.

> "지키던 자들이 그를 무서워하여 떨며 죽은 사람과 같이 되었더
> 라"(마28:4)

다른 복음서와 달리 마태복음은 예수 부활의 상황이 어떠했는지를
짐작하는 기록을 쓰고 있습니다.

"큰 지진이 나며 주의 천사가 하늘로부터 내려와 돌을 굴려 내고
그 위에 앉았는데 그 형상이 번개 같고 그 옷은 눈 같이 희거늘"
(마28:2-3)

천사는 주님이 제자들에게 하셨던 예언을 반복하여 말하였습니다.

"빨리 가서 그의 제자들에게 이르되 그가 죽은 자 가운데서 살아
나셨고 너희보다 먼저 갈릴리로 가시나니 거기서 너희가 뵈오리
라 하라"(마28:7)

여자들은 그 소식을 듣고 제자들에게 전하기 위해 가고 있었는데 예
수께서 그들을 만납니다. 자신을 드러내신 것입니다. 이 부분에 대해
마가복음은 자세히 설명하는데 주님의 등장은 이들 중 특별히 막달라
마리아에게 보이기 위함이었습니다(막16:9).

예수의 죽음과 부활에 제자들은 없었습니다. 대신에 막달라 마리아
와 여인들, 아리마대 요셉, 심지어 억지로 십자가를 진 구레네 시몬만
이 보입니다. 참 재미있는 일입니다.

'열두 제자는 주님의 고난과 십자가, 죽음에 동참하지 않았습니다.
그래도 제자라는 사실이 놀랍습니다. 하지만 평생 부끄러웠을 것입니
다. 그렇지 않았겠습니까?'

* Meditatio 묵상
오늘 말씀을 통하여 깨닫게 된 것을 짧게 적어보십시오.

플랜 B, 성공한 것입니까?

* Lexio 읽기 / 마태복음 28:11-15
가능하면 오늘의 본문을 먼저 읽는 것이 좋지만 바로 아래 글을 읽어도 좋습니다. 충분히 본문을 이해하도록 배려하며 글을 썼습니다. 혹시 본문을 읽으신 분은 감동이 오는 말씀이나 단어 혹은 느낌을 간단히 적으시면 좋습니다.

"큰 지진이 나며 주의 천사가 하늘로부터 내려와 돌을 굴려 내고 그 위에 앉았는데 그 형상이 번개 같고 그 옷은 눈 같이 희거늘 지키던 자들이 그를 무서워하여 떨며 죽은 사람과 같이 되었더라"(마28:2-4)

"죽은 사람과 같이" 되었던 경비병들은 대제사장들에게 달려갔습니다. 비록 그 경비병들은 대제사장들의 요청에 따라 파견된 빌라도의 군인들이었지만 지금 이 상황은 종교적인 것으로 인식했던 것으로 보입니다. 아니, 다른 설명이 불가능했을 것입니다.

그런데 놀랍게도 대제사장들과 장로들은 예상한 것처럼 행동했습니다. 사실 빌라도에게 경비병을 요청한 것도 이 같은 이유 때문이었습니다.

"대제사장들과 바리새인들이 함께 빌라도에게 모여 이르되 주여 저 속이던 자가 살아 있을 때에 말하되 내가 사흘 후에 다시 살아나리라 한 것을 우리가 기억하노니 그러므로 명령하여 그 무덤을

사흘까지 굳게 지키게 하소서 그의 제자들이 와서 시체를 도둑질
하여 가고 백성에게 말하되 그가 죽은 자 가운데서 살아났다 하
면 후의 속임이 전보다 더 클까 하나이다"(마27:62-64)

대제사장들과 장로들은 바로 경비병들을 매수하였습니다.

"군인들에게 돈을 많이 주며 이르되 너희는 말하기를 그의 제자
들이 밤에 와서 우리가 잘 때에 그를 도둑질하여 갔다 하라"
(마28:12-13)

군인들은 돈을 받은 후 가르친 대로 행동하였습니다. 사람들은 군인
들의 거짓 증언을 믿었습니다.

"군인들이 돈을 받고 가르친 대로 하였으니 이 말이 오늘날까지
유대인 가운데 두루 퍼지니라"(마28:15)

이렇게 덮었습니다. 그들의 '플랜 B'대로 차질 없이 진행되었습니다.
하지만 정말로 차질 없이 된 것입니까? 이 엄청난 사실, 죽은 자의 부
활을 군인들로부터 전해 들었음에도 불구하고 이렇게 반응을 보이는
것이 기이할 뿐입니다.

'사람이 이토록 음흉해질 수 있다는 사실이 놀랍기만 합니다. 우리도
그리 될 수 있다는 것을 잊지 마십시오.'

* Meditatio 묵상
오늘 말씀을 통하여 깨닫게 된 것을 짧게 적어보십시오.

주님, 고맙습니다

* Lexio 읽기 / 마태복음 28:16-20

가능하면 오늘의 본문을 먼저 읽는 것이 좋지만 바로 아래 글을 읽어도 좋습니다. 충분히 본문을 이해하도록 배려하며 글을 썼습니다. 혹시 본문을 읽으신 분은 감동이 오는 말씀이나 단어 혹은 느낌을 간단히 적으시면 좋습니다.

> "군인들이 돈을 받고 가르친 대로 하였으니 이 말이 오늘날까지
> 유대인 가운데 두루 퍼지니라"(마28:15)

이것이 진실처럼 퍼졌습니다. 왜냐하면 그들은 권력자였고 모든 언론을 장악하고 있었을 것이기 때문입니다. 그래서 조작하였고 그 조작한 정보를 유포시킨 것입니다. 이 같은 것 때문에 제자들이 몸을 사리고 두려워하며 숨어 있었던 것인지도 모릅니다.

이후 부활하신 예수님은 40일 동안 승천하시기 전까지 여전히 지상 사역을 하셨습니다. 삼 년의 공생애가 제자들에게 집중된 것이었다면 부활하신 후 40일은 광범위하였습니다. 바울의 편지에서 그 일단을 볼 수 있습니다.

> "장사 지낸 바 되셨다가 성경대로 사흘 만에 다시 살아나사 게바
> 에게 보이시고 후에 열두 제자에게와 그 후에 오백여 형제에게
> 일시에 보이셨나니 그 중에 지금까지 대다수는 살아 있고 어떤
> 사람은 잠들었으며 그 후에 야고보에게 보이셨으며 그 후에 모든

사도에게와 맨 나중에 만삭되지 못하여 난 자 같은 내게도 보이셨느니라"(고전15:4-8)

드디어 40일이 지났습니다. 예수님은 약속한대로 갈릴리 어느 산에서 제자들과 만났습니다. 그리고 제자들이 보는 가운데 승천하셨습니다. 사도행전 1장이 매우 자세히 예수의 승천 장면을 기록하고 있습니다.

그런데 주의할 것은 매우 이상한 어떤 제자들의 모습에 대한 기록입니다.

"열한 제자가 갈릴리에 가서 예수께서 지시하신 산에 이르러 예수를 뵈옵고 경배하나 아직도 의심하는 사람들이 있더라"
(마28:16-17)

예수의 부활을 목격한 이들이었지만 40일을 지나는 동안 흔들렸던 것입니다. 흔들리는 존재들이었습니다. 예수가 그들에게 지상명령을 이야기 하였지만 그 명령만으로 끝낼 수 없었던 이유입니다. 성령을 통하여 늘 함께 하는 것, 그것이 필요하다는 것을 주님은 알고 계셨습니다. 우리가 아무 것도 아니라는 것을 알고 계셨던 것입니다. 놀라운 주님이십니다.

'주님, 고맙습니다. 이토록 우리를 생각하시니 끝까지 걸어갈 수 있을 것 같습니다. 주님, 사랑합니다.'

* Meditatio 묵상
오늘 말씀을 통하여 깨닫게 된 것을 짧게 적어보십시오.

- -

- -

마태복음 이야기

왕이신 예수 그리스도

예수님이 부활하신 후 제자들을 중심으로 한 신앙공동체인 초대교회
는 여러 계층의 사람들로 이루어졌을 것임을 추측할 수 있습니다. 그들
중에는 제자들처럼 원래 유대인으로서 기독교로 개종한 이들이 있었을
것입니다. 그리고 또 다른 한 그룹은 이방인들이었습니다. 동시에 계층
적으로 볼 때는 상류계층부터해서 하층민까지 있었습니다.

이 같은 다양성은 다양한 질문을 발생시켰을 것이고 더욱이 세속적
인 세계관과 기독교적 세계관의 충돌이 불가피했을 것입니다.

일반적으로 마가복음은 고난과 핍박으로 인해 도피적 경향을 보이는
교회에게 주님의 수난을 강조함으로 현재 삶의 중요성을 부각시키려고
했습니다. 누가복음은 구속사라는 큰 틀에서 이방인들을 위해 쓰여 졌
다고 보고 있으며, 요한복음은 영지주의 등 헬라철학의 영향을 받은 세
대 앞에서 변증해야하는 사명감을 가지고 쓰여 졌다고 말할 수 있습니
다. 그런 점에서 마태복음은 개종하는 유대인들을 위한 초대교회의 교
리문답서 혹은 교과서로 편찬된 것이라고 봅니다.

구약의 성취

예수를 메시야로 고백하면서 많은 유대인들이 개종하였지만 그들의 고민은 구약과 신약의 관계였습니다. 더 자세히 말하면 구약의 예언이 폐지될 리 없는 하나님의 약속인데 그것이 어떻게 예수 그리스도와 관계가 있으며 성취되는가 하는 질문이 그들을 사로잡고 있었습니다. 그러므로 마태복음의 관심은 구약과 신약의 관계성, 언약의 성취를 설명하는데 있다고 볼 수 있습니다.

그런 관점에서 볼 때 마태복음 첫 장에 나오는 예수의 족보는 누가복음의 예수의 족보와 확연히 다른 기술을 택합니다. 우선 누가복음을 보면 예수의 족보가 예수로부터 시작되어 아브라함, 더 나아가 아담, 그리고 마지막으로 하나님에게까지 이릅니다. 누가복음의 의도가 매우 정확하게 드러나는 대목입니다. 모든 인류의 하나님이심을 드러내므로 이방인 혹은 계층과 관계 없음을 시사 합니다. 반면에 마태복음의 족보를 유대인에게 매우 중요한 두 인물 아브라함과 다윗을 중심으로 시작합니다.

"아브라함과 다윗의 자손 예수 그리스도의 계보라"(마1:1)

당연히 독자들은 처음 읽는 순간 자신이 믿고 있는 예수가 어떤 위치를 갖고 있는지를 알게 됩니다. 하지만 이 같은 족보보다 더 중요한 것은 이 모든 것들이 구약의 성취라는 점을 강조하는 것입니다. 그래서 마태는 족보를 다 열거한 후에 예수의 탄생이 구약의 성취임을 강조합니다.

"이 모든 일의 된 것은 주께서 선지자로 하신 말씀을 이루려 하

심이니"(마1:22)

    이 같은 기술은 마태복음의 매우 중요한 특징입니다. 마태는 책 전
체에서 매우 중요한 순간마다 9번에 걸쳐 "주께서 선지자로 하신 말씀
을 이루려 하심"이라는 문구를 달아서 구약의 성취임을 강조합니다.

예수 탄생 (마1:23 – 사7:14의 성취):
"그러므로 주께서 친히 징조를 너희에게 주실 것이라 보라 처녀
가 잉태하여 아들을 낳을 것이요 그의 이름을 임마누엘이라 하리
라"(사7:14)

탄생 장소 (마2:5-6 – 미5:2의 성취):
"베들레헴 에브라다야 너는 유다 족속 중에 작을지라도 이스라엘
을 다스릴 자가 네게서 내게로 나올 것이라 그의 근본은 상고에,
영원에 있느니라"(미5:2)

애굽 피난 (마2:14-15 – 호11:1의 성취):
"이스라엘이 어렸을 때에 내가 사랑하여 내 아들을 애굽에서 불
러냈거늘"(호11:1)

헤롯의 유아 학살 (마2:16-18 – 렘31:15의 성취):
"나 여호와가 이같이 말하노라 라마에서 슬퍼하며 통곡하는 소리
가 들리니 라헬이 그 자식을 위하여 애곡하는 것이라 그가 자식
이 없으므로 위로 받기를 거절하는도다"(렘31:15)

갈릴리 거주 (마4:13-16 – 사9:1-2의 성취):

"전에 고통하던 자에게는 흑암이 없으리로다 옛적에는 여호와께
서 스불론 땅과 납달리 땅으로 멸시를 당케 하셨더니 후에는 해
변 길과 요단 저편 이방의 갈릴리를 영화롭게 하셨느니라 흑암에
행하던 백성이 큰 빛을 보고 사망의 그늘진 땅에 거하던 자에게
빛이 비치도다"(사9:1-2)

이외에도 마태복음 8:16-17, 12:17-21, 13:35, 21:4-5, 26:56,
27:9-10 등에서 구약의 성취라는 점을 강조하면서 기록합니다. 이 같
은 사실들을 볼 때 마태는 구약에 매우 정통했음을 알 수 있습니다. 이
로 인해 우리는 구약의 예언이 신약에서 성취된 것에 대한 자료들을 풍
부하게 얻게 된 것입니다. 마태는 이 같은 사실을 강조하기 위하여 예
수님이 하신 말씀을 직접 인용하여 적습니다.

"내가 율법이나 선지자를 폐하러 온 줄로 생각하지 말라 폐하러
온 것이 아니요 완전하게 하려 함이라 진실로 너희에게 이르노니
천지가 없어지기 전에는 율법의 일점 일획도 결코 없어지지 아니
하고 다 이루리라"(마5:17-18)

예언의 핵심: 왕이신 예수님

예수의 족보에서 아브라함으로 시작함으로 구약의 성취를 강조한 것
이라면 이어 다윗을 통하여 예수가 왕이시며 다윗적 메시야 되심을 강
조하려 했음을 알 수 있습니다(마1:21, 2:2,6, 4:15-17, 21:5,9, 22:44-
45, 26:64, 27:11,37). 하지만 그동안 유대인들의 소망과 약간 다른 점

이 있다면 정치적인 의미의 왕이 아니라 '하늘나라의 왕'으로서 기술됩니다. 이 같은 기술은 다른 복음서와 달리 마태복음에서만 32번이 나옵니다(브루스 윌킨슨, 한눈에 보는 성경, 603). 그 멋있는 묘사 중에 26장을 소개하면 이렇습니다.

> "예수께서 이르시되 네가 말하였느니라 그러나 내가 너희에게 이르노니 이 후에 인자가 권능의 우편에 앉아 있는 것과 하늘 구름을 타고 오는 것을 너희가 보리라"(마26:64)

분명히 마태가 처음에는 유대인이라는 협소한 관점에서 시작하였지만 그 범위가 넓어져갔음을 의미합니다. 그런 관점에서 마태복음을 자세히 보면 점점 확장되어져가는 복음의 대상과 범위를 확인할 수 있습니다.

> 마 2:1-12 동방박사들의 경배
> 마 4:15 이방의 갈릴리에서 자라다
> 마 8:10 로마 백부장을 칭찬 "이스라엘 중 아무에게서도 이만한 믿음을 만나보지 못하였노라"
> 마 12:17-21 이사야 인용 "이방인들이 그 이름을 바라리라"
> 마 24:14, 26:13, 28:19 모든 민족 "너희는 가서 모든 민족을 제자로 삼아…"

이 같은 것은 단순히 마태복음이 유대인을 위한 편견을 가진 책이 아니라는 것을 증명합니다. 마태 역시 유대 혹은 이 땅을 너머 하나님 나라의 왕으로서 예수를 강조함으로 우리가 어떤 존재이며 어떤 위치에 있는지를 알려주려는 의도가 있었던 것입니다.

하늘에 계신 아버지

바로 이런 이유 때문에 마태는 자신의 정체성(유대인 혹은 오늘 우리들)이 어느 한 곳에 머물거나 제한되지 않는 시각을 드러냅니다. 그 대표적인 표현이 "하늘에 계신 아버지"입니다. 놀랍게도 이 같은 표현은 마태복음에 11번 이상 등장합니다(5:16,45,48; 6:1,9; 7:11; 10:32-33; 18:10,14; 23:9, 하나님 아버지/6:8). 이때 예수님은 주로 "하늘에 계신 너희 아버지"(5:16,45,48; 6:1; 7:11; 18:14)라는 표현을 사용하십니다.

반면에 "하늘에 계신 아버지"라는 표현이 다른 복음서에서는 마가복음에 한 번(막11:25/서서 기도할 때에 아무에게나 혐의가 있거든 용서하라 그리하여야 하늘에 계신 너희 아버지도 너희 허물을 사하여 주시리라)과 요한복음에 두 번(요8:42; 20:17), 누가복음에 한 번(눅11:2)기록 된 것이 전부입니다.

더 중요한 것은 주기도문을 가르치실 때 주님이 하신 표현입니다. 주님은 매우 단도직입적으로 "너희는 이렇게 기도하라 하늘에 계신 우리 아버지여"(6:9)라고 부르게 하십니다. 이 기록은 주기도문이 기록된 누가복음에서 단순히 "너희는 기도할 때에 이렇게 하라 아버지여"(눅11:2)라는 표현과 좀 다릅니다. 마태복음은 매우 분명하게 하나님이 아버지 되심과 그 아버지가 하늘 곧 온 세상을 뛰어넘는 우주적 존재이심을 말함으로 우리가 어떤 존재인지를 가르치고 있는 것입니다.

다섯 가지 가르침

마태복음의 중심에 흐르고 있는 매우 중요한 것은 예수님의 다섯 가지 가르침입니다. 그리고 우리는 마태복음이 특별하게 기록한 예수님의 다섯 가지의 가르침을 통하여 무엇을 강조하고 있는지를 알 수 있습니다.

> 산상수훈(5:3-7:27)
> 열두제자 파송 말씀(10:5-42)
> 하나님 나라 비유(13:3-52)
> 천국 입성의 자격-제자의 삶(18:3-35)
> 감람산 가르침(24:4-25:46)

그런데 이 다섯 가지 가르침을 관통하고 있는 매우 중요한 내용은 하나님 나라에 속한 왕적 자녀로서의 정체성에 대한 이야기입니다. 또한 어떻게 살 것인지에 대한 문제도 강조합니다.

1. 산상수훈(5:3-7:27)
5:9 화평하게 하는 자는 복이 있나니 그들이 하나님의 아들이라 일컬음을 받을 것임이요
6:31-33 그러므로 염려하여 이르기를 무엇을 먹을까 무엇을 마실까 무엇을 입을까 하지 말라 이는 다 이방인들이 구하는 것이라 너희 하늘 아버지께서 이 모든 것이 너희에게 있어야 할 줄을 아시느니라 그런즉 너희는 먼저 그의 나라와 그의 의를 구하라 그리하면 이 모든 것을 너희에게 더하시리라

2. 열두제자 파송 말씀(10:5-42)

10:31 두려워하지 말라 너희는 많은 참새보다 귀하니라

3. 하나님 나라 비유(13:3-52)

13:11 천국의 비밀을 아는 것이 너희에게는 허락되었으나 그들에
게는 아니되었나니

4. 천국 입성의 자격-제자의 삶(18:3-35)

18:18-19 진실로 너희에게 이르노니 무엇이든지 너희가 땅에서
매면 하늘에서도 매일 것이요 무엇이든지 땅에서 풀면 하늘에서
도 풀리리라 진실로 다시 너희에게 이르노니 너희 중의 두 사람
이 땅에서 합심하여 무엇이든지 구하면 하늘에 계신 내 아버지께
서 그들을 위하여 이루게 하시리라

5. 감람산 가르침(24:4-25:46)

25:45 내가 진실로 너희에게 이르노니 이 지극히 작은 자 하나에
게 하지 아니한 것이 곧 내게 하지 아니한 것이니라

너무 쉽습니다. 하나님의 자녀로서, 하나님 나라의 백성으로서 자녀
답게 살라는 것입니다. 우리의 시각이 협소하게 좁혀진 채로 살지 말라
는 이야기입니다. 이 같은 예수님의 말씀은 마태복음의 특징이기도 합
니다. 몇 부분만 소개하면 이렇습니다.

5:11-12 나로 말미암아 너희를 욕하고 박해하고 거짓으로 너희
를 거슬러 모든 악한 말을 할 때에는 너희에게 복이 있나니 기뻐
하고 즐거워하라

5:16 이같이 너희 빛이 사람 앞에 비치게 하여 그들로 너희 착한 행실을 보고 하늘에 계신 너희 아버지께 영광을 돌리게 하라

5:29 만일 네 오른 눈이 너로 실족하게 하거든 빼어 내버리라

5:40-41 또 너를 고발하여 속옷을 가지고자 하는 자에게 겉옷까지도 가지게 하며 또 누구든지 너로 억지로 오 리를 가게 하거든 그 사람과 십 리를 동행하고

6:31 그러므로 염려하여 이르기를 무엇을 먹을까 무엇을 마실까 무엇을 입을까 하지 말라

18:22 예수께서 이르시되 네게 이르노니 일곱 번뿐 아니라 일곱 번을 일흔 번까지라도 할지니라

25:35-36 내가 주릴 때에 너희가 먹을 것을 주었고 목마를 때에 마시게 하였고 나그네 되었을 때에 영접하였고 헐벗었을 때에 옷을 입혔고 병들었을 때에 돌보았고 옥에 갇혔을 때에 와서 보았느니라

이것이 기독교입니다. 이렇게 살아야 합니다. 고급 윤리와 삶, 우리를 지배하는 가치여야 합니다.

왕 되신 예수님

반복하여 이야기 하지만 마태복음은 우리가 누구인지, 어떻게 살 것인지를 강조하고 있습니다. 그리고 매우 중요한 주님의 말씀 두 가지를 뒷부분에 기록하였습니다. 하나는 예수님이 누구시며 어떤 일을 하실 것인지에 대한 이야기였습니다. 대제사장의 뜰에서 조롱 받으실 때 하신 예수님의 말씀에서 알 수 있습니다.

> "예수께서 이르시되 네가 말하였느니라 그러나 내가 너희에게 이르노니 이 후에 인자가 권능의 우편에 앉아 있는 것과 하늘 구름을 타고 오는 것을 너희가 보리라"(마26:64)

그리고 마태는 복음서를 마무리하면서 우리가 해야 할 일을 정확하게 적어 놓았습니다. 그것은 왕 되신 주님의 위임이었습니다. 반드시 해야 할 일이라는 것을 강조한 것이었습니다.

> "예수께서 나아와 말씀하여 이르시되 하늘과 땅의 모든 권세를 내게 주셨으니 그러므로 너희는 가서 모든 민족을 제자로 삼아 아버지와 아들과 성령의 이름으로 세례를 베풀고 내가 너희에게 분부한 모든 것을 가르쳐 지키게 하라 볼지어다 내가 세상 끝날까지 너희와 항상 함께 있으리라 하시니라"(마28:18-20)